U0574712

代表制与国家治理

王续添　主　编

张广生　孙　龙　副主编

SSAP 社会科学文献出版社
SOCIAL SCIENCES ACADEMIC PRESS(CHINA)

目 录

代表制的理论视野

中国代表制的历史发展

中国代表制的制度建构

中国代表制的当代实践

港台地区代议制实践

代议制的国别比较

代表制的理论视野

选举代表制、专家治国与后资本文明：哈贝马斯的历史政治学[*]

张广生[**]

内容摘要：面对西方发达国家选举代表制与政治意志形成过程分离的困境，卢曼的政治社会学诉诸一种功能主义的诊断策略与专家治国的救治药方；哈贝马斯的历史政治学则把卢曼式的系统论批判地整合进一种结构－功能的历史分析视野当中，借由这一视野，我们才能在反思社会组织原则所能容纳的文明建构潜力的基础上，诊断发达国家的危机症候，预断未来社会分化与聚合的整体方向。

关键词：选举代表制　专家治国　后资本文明　哈贝马斯　历史政治学

当代西方的观察家们对发达资本主义国家治国理政成就及其可持续性的评价往往诉诸两个标准：一个是效绩标准；另一个是程序标准。所谓效绩标准，主要是指一个国家调控内外局势，以实现自己治理目标的能力；程序标准，主要是指一个国家通过法定的代表制从多数人中持续产生治国理政活动担当者的能力。这两条标准各自分立地看似乎都有自洽的逻辑，但如果要整合在一起来观察当代西方，则出现了问题，如果一个国家的法定代表制的运作过程不能产生治国理政的主要担当者，同时，非由法定代

---

* 本文曾发表于《国外理论动态》2015 年第 5 期。

** 张广生，中国人民大学国际关系学院政治学系教授；主要研究领域为政治学理论（政治哲学）、政治社会学（精英的社会基础及其流动模式）、比较政治学（文明与政体的兴衰）。

表制产生的治国理政活动的实际承担者却在持续发挥自己调控的功能，不断达成自己的治理目标，那么，试图把两个标准整合在一起就必然遇到难以克服的理论困难。克服这一理论困难的一种办法就是，用实质效绩标准统摄形式程序标准。这一理论思路的典型代表是卢曼（Niklas Luhmann）。卢曼认为，那种寄希望于用议会代表制的参与把政治行政系统与社会联系在一起，从而增强政治行政机构的反思性的理论思路还停留在古代欧洲。相反，在现代社会中，政治行政系统、经济系统和文化系统的分化已经赋予了政治行政机构以社会整体的控制中心功能。① 这种理论倾向于认为，代表制过程对政治行政过程的正当化，至多是一种形式主义的理性化，如果这种形式理性化成为国家实际治理活动的负担，我们就应该把传统上赋予代表制过程的过度权重放在一边，转而关注更加实质性的过程，也即国家治理过程，事实上，这个过程不仅在维持和创造秩序，而且在创造这一秩序的正当性。问题是，仅仅从政治行政中心的视角把社会看作一个控制系统，是否能完全理解社会变迁过程，特别是涉及一个社会“生死”的“危机”问题呢？社会系统，是否不仅仅是一种机械物理秩序，而且，也不仅仅是植物与动物维持生存层次上的生物群落秩序，实际上更是一种意义秩序呢？如果，社会中的人们认为社会秩序丧失了本应拥有的意义，他们是否会拒绝仅仅有生物群落或物理结构的秩序，转而选择从这种空洞的世界中抽身退隐，或者为改变这种无意义的“秩序”而革命呢？② 社会的生死是否与社会正当性的认同息息相关呢？舍去社会认同的概念，我们是否还能理解社会危机与社会变革的概念呢？

一　选举代表制与专家治国

如果对涂尔干式的提问仅仅采用韦伯式的回答，那么，我们并不能驳

---

① 无论当代欧洲发达国家政治行政系统是否可以自我正当化，选举代表制带给它的决策负担过载却是事实。参见 Niklas Luhmann, *Political Theory in the Welfare State*, Walter de Gruyter Press, 1990, p. 50。

② 危机与革命是相互联系的，观察和判断当代欧洲发达国家是否存在危机，不仅要关注社会功能 - 结构的客观层面，而且还要关注社会观念和意识形态的主观层面；哈贝马斯在吸纳卢曼系统论的客观主义功能 - 结构分析策略的同时，批判这种理论所抱持的“社会生物学”偶然论，连接危机的客观性和革命的主观性的理论战略不仅需要一种描述社会变迁的历史类型学，而且需要一种辨识社会演进高下的规范政治学。参见哈贝马斯《重建历史唯物主义》，郭官义译，社会科学文献出版社，2001，第 28—35 页；哈贝马斯：《合法性危机》，刘北成等译，上海世纪出版集团，2009，第 5 页。

倒卢曼。的确，韦伯发现，社会统治的维系，不仅要依赖于暴力所保证的惩罚性权威，而且依赖于社会自愿的服从。所以统治或支配的问题本身就和正当性问题息息相关。韦伯列举了三种正当支配的类型：传统型、卡里斯马型、法理型。有意思的是，韦伯认为，法理型是现代的，而且是“理性”的，虽然这种理性是程序理性的，但却几乎是现代社会得到公认的唯一的理性，因为，据说，关于善恶美丑的价值评判活动在现代社会“理性化”进程的压迫下已经日益退缩到“私人领域”中了。① 到目前为止，卢曼与韦伯还能保持理论上的一致。因为他们都把现代西方社会“理性化”过程主要描述为形式理性的，特别是几乎成为现代西方社会统治正当性唯一标签的法理型支配，事实上已经把更广义的“正当性”问题化简为“合法性”问题，或依法统治问题，也即广义的基本法问题或狭义的宪政问题，只要依据根本的成文法所规定的原则来统治，就是正当的统治。尽管根本法或宪法的订立来自一些更加根本的决断，这些决断当然是先于且高于这些法定程序的，它们自身是在“合法化”之上与之外的决断。② 只要这种根本的决断一经严肃做出，并以明确的实定法的形式表达出来，最重要的“正当化”也即“合法化”的任务就完成了。不仅如此，卢曼比韦伯更坦率地认为，现代社会这种程序理性的“合法化”其实仅仅是社会生存与发展的有限“正当性来源”。这种有限的正当性功能伴随着社会的发展而日益衰减，以至于选举民主这种依照程序理性表达政治意志的过程已经变成了纯粹的装饰，真正能够发现并解决问题的过程已经日益与这种政治意志形成的过程相分离了。③

卢曼的观点并非空穴来风，在当代的欧美现实经验生活中，选举与议会制度，无论其意识形态标识为“自由”还是“民主”，已经越来越丧失反

① 韦伯用“形式”和“实质”的范畴切断了实证法和自然法的联系，从而把现代法律提供的正当性限制为与实证法密切关联的程序正当性，参见哈贝马斯《在事实与规范之间》，童世骏译，生活·读书·新知三联书店，2003，第88、568页。

② 不仅政治的正当性，而且法律的正当性都无法在法律和法学的范围得到根本解决，参见施米特《宪法学说》，刘锋译，上海人民出版社，2005，第98页。

③ 卢曼认为，在当代欧洲发达国家中，真正的决策功能是由政治行政系统履行的，决策过程恰恰是消除其他可能性的过程，它们所产生的否定多于肯定，而且它们越是理性地运作，对其可能性的检验越广泛，它们的否定几率就越高。要求所有人都积极参与它们，就意味着制造挫折，参见 Niklas Luhmann, *Political Theory in the Welfare State*, Walter de Gruyter Press, 1990, p. 48。

思功能[①]，甚至，政党与选举制度作为系统中的结构要素，其结构预想的功能本来就是形式主义的理性化，履行这一程序似乎具有“正当化”的功能，但这种“正当化”只能是形式主义的、律法主义的。这种程序主义就像康德的形式主义的伦理学一样，只能给冲突各方提供达成妥协的形式框架。真正的政治社会问题往往不能被其提出与表达，更遑论通过其得到解决。当代社会的核心反思调控功能是由行政中心发出的，因此，卢曼对当代社会体系运行的观察与解释更倾向于“专家治国论”。[②] 而根据卢曼的看法，发现真正的问题，并解决真正的问题自然就会产生这个社会的正当性。

二　哈贝马斯的历史政治学

哈贝马斯正是在与卢曼和韦伯对话的基础上揭示专家治国理论所遮蔽的当代西方的深度危机的。哈贝马斯不能反驳卢曼这一命题，那就是，哪个政治社会过程能够发现与解决真正的问题，那么，那一进程也是正当性产生的自然进程；哈贝马斯唯一能质疑卢曼的是，在当代西方社会，发现与解决问题并产生正当性的功能主要是由哪些结构与过程来承担的？哈贝马斯当然同意韦伯的意见，统治或支配的正当性类型在欧洲有历史变化，但哈贝马斯争论的是，是否这种支配类型的分析与其诉诸形式化的理想类型策略，不如诉诸马克思所尝试的社会结构的实质类型的历史分析才更能揭示问题？[③]

卢曼系统论的优点是把社会看作一个结构性的系统整体，因此，系统论确实也把“社会的规范结构”纳入自己的概念策略之中。卢曼承认，社会系统的整体分化出经济系统、政治系统和社会文化系统，这些系统之间的结构关系是分析社会系统的关键。

既然，社会系统在一种高度复杂的环境中维持其存在的途径一直表现为，不是改变系统因素或理想价值，就是同时改变两者，以便把自己维持

① 不仅统治精英，甚至普通公民都开始绕过选举民主的政治链条，参见克劳斯·奥菲等《福利国家的矛盾》，郭忠华等译，吉林人民出版社，2011，第30页。

② 既然社会亚系统丧失了对整体社会的代表性，那么，统治行为的解释只能由多元主义蜕化为精英治国与专家治国论，参见哈贝马斯《在事实与规范之间》，童世骏译，生活·读书·新知三联书店，2003，第415页。

③ 只有在发展逻辑上能够对系列组织原则进行排列并确认其进化阶段，卢曼式系统论的复合功能分析才能找到自己的适当地位，参见哈贝马斯《重建历史唯物主义》，郭官义译，社会科学文献出版社，2001，第189页。

在一个新的控制水平上，那么，社会系统通过改变自身的界限和实存以维持自己的存在就表现为，系统的学习过程和转型过程同时也是系统的瓦解与崩溃过程。问题是，我们如何区分革命或帝国的崩溃与一般的结构变迁呢？仅仅参照系统成员的解释，仅仅诉诸系统成员自我或集体对传统价值认同，似乎是不足的，因为，不仅传统的终结与历史连续性的意识形态本身就是历史的和变化的，而且，如此我们就无法区分危机的意识形态和真实的危机经验。社会危机不仅仅是主观的现象，危机的客观性表现为，危机是从无法解决的控制问题中产生的，当社会的系统结构所能允许的解决问题的可能性低于该系统继续生存而要求的限度时，社会才进入真正的危机状态。哈贝马斯认为，必须把行动者的视角与结构的视角联系起来才能发现一种完整理解政治社会过程的理论，凭借这种理论才可以进一步地去理解当代西方社会的危机，在新的理论视野下，社会整合和系统整合成为结构-功能分析的关键词。[①]

一方面，社会整合的意思是，社会系统主要表现为一个具有符号结构的生活世界。它是具有言语和行为能力的主体社会化过程中逐渐形成的社会系统。另一方面，系统整合，涉及的是一个自我调节的系统具有的特殊的控制能力。在这种控制能力的关照下，社会系统表现为它为克服复杂环境维持其界限和实存的能力。哈贝马斯借用帕森斯（Talcott Parsons）的提法，把社会整合与“整合—模式维持”联系起来，把系统整合与“适应—目标达成”联系起来。从生活世界也即社会整合的角度，来分析事件与现状时，系统的非规范因素则被视为制约条件。从系统的角度来分析事件与状况时，理想价值与规范因素则是控制的数据。如果我们仅把社会理解为生活世界就会忽视控制问题；如果仅仅把社会理解为控制系统，我们就会考虑不到这样的事实，即，社会的现实性虽然得到公认，但这种现实性只是被视作变化发展趋向中的一个片段，理解和判断这种现实性，并把这种现实性加以规范，本来就是人类怀有的自然倾向。

卢曼的系统论是从政治行政系统，也即完整社会系统中分化出的控制中心来定义其他社会系统的。面对这样一个社会的整体，卢曼所说的政治行政中心，不仅要解决机械物理与生物群落维生层次上的秩序控制问题，

---

① 在这种理论视野下，行为体和结构并不是简单对应于微观和宏观，社会整合和系统整合的分析都着眼于社会整体，参见哈贝马斯《重建历史唯物主义》，郭官义译，社会科学文献出版社，2001，第218页。

而且还要解决社会价值目标层次上的意义问题，也即社会行为体的认同问题。认同问题虽然从控制中心的视角来说，可以被化约为控制策略的一个环节，但认同问题有着自身的规律，它并不完全服从控制中心的意志与意图。如果认为，通过控制中心进行命令灌输就可以完全操控认同的形塑，那就不仅会让人忽视社会一般运行的规律，而且会遮蔽人们对社会危机原理的认识。危机分析的关键是要把握住规范结构和控制问题之间关系的分析层面。把系统整合与社会整合的视野贯通起来，社会要素的分化与整合就获得了一种进化的逻辑。[①]

社会进化可以从三个方面观察：生产力的提高，系统自主性也即权力的增强，规范结构的变化。在哈贝马斯看来，人类社会系统自主性的积累实际上是把外在自然和内在自然社会化的进程，生产力的提高过程就是人们把外在自然社会化的过程，规范结构的演进就是人们把内在自然社会化的过程。两种社会化过程都需要诉诸话语的有效性与真实性，也即需要用话语来兑现：生产力的提高过程诉诸的是“技术知识”的学习，规范结构的演进依赖的是“实践知识”的学习。[②] 社会进化的基本机制就是不能不学习这样一种能动机制，这两种机制与过程在历史的进化中构成不同类型的独立于外在与内在“环境”的系统，只有对社会系统引入历史分析，我们才能解释社会系统类型的演进，才能把握社会学习过程的双重性，也即社会系统再生产的连续性与断裂性。社会系统的类型是由超越于经济系统、政治行政系统与社会文化系统这些基本构成要素之上的抽象原则，也即社会组织原则所确定的。社会的组织原则主要是从生产力知识和确保认同的规范知识解释系统出发，明确一个社会的学习能力和发展水平，进而限制控制能力增长的可能性。社会组织原则区分了不同的社会结构形态：原始社会、传统社会、资本主义社会（自由资本主义社会、有组织的资本主义社会）和后资本主义社会。社会组织原则决定了，究竟哪个亚系统，是经济系统、政治行政系统，还是社会文化系统，具有功能上的优先性，并主

---

① 把韦伯和马克思的理论结合起来，意识结构、个性结构与社会结构的类型变迁才会纳入进化论的历史理论，参见哈贝马斯《重建历史唯物主义》，郭官义译，社会科学文献出版社，2001，第 237 页；哈贝马斯《合法性危机》，刘北成等译，上海世纪出版集团，2009，第 32 页。

② 现代实证主义哲学与分析哲学把技术经验处理为理论问题，并将其与伦理政治实践问题分开，他们借此排斥实践问题的真理性，参见哈贝马斯《理论与实践》，郭官义、李黎译，社会科学文献出版社，2004，第 331 页。

导社会进化。[①] 不同类型的社会系统拥有不同的社会组织原则，社会组织原则决定了一个社会在不失去认同的条件下的学习能力，控制问题如果在组织原则允许的范围内解决问题，就不会产生危机效应。

三　资本文明的危机诊断

要获得能够理解当代西方现实的理论视野，我们必须追问，在当代西方社会系统中，从整体上发现与解决真正问题的功能究竟是由哪个结构和过程承担的，负担这个最核心功能的结构或过程是否出现了不能克服的危机，我们应该如何理解当代西方社会的发展方向。哈贝马斯与卢曼在一个现实问题的认识上是一致的，那就是现代西方的选举制度，虽然打着“自由”、“民主”的旗号，具有一定的政治“正当化”功能，但其实质上并不是社会体系运转与整合的轴心，使社会体系能不断再生产或变迁的关键是社会的反思与控制功能的交叠结构。

依照哈贝马斯的逻辑，资本主义文明的历史生命力与正当性的承载者，关键在其反思与控制结构的交接层次，也即界于国家和社会的公共空间。公共领域的主要功能是，把个体、家庭的私人领域、社会劳动和商品交换的市民社会私人领域与作为其对立物的主权国家的公共机关沟通连接起来，开辟出一个既超越个人和家庭的私意，又超越市民社会功利主义和主权权威专制主义的公共空间；这一公共空间的制度结构，在欧洲历史上是由文化公共领域、新闻公共领域和议会政治公共领域共同构成的。[②] 理想的公共领域观念把布尔乔亚的意识形态超拔为某种普适价值：首先，它以独立自主的个体为伦理学论证的起点，借助个性主义的教育把占有性个人主义者改造为能够分享品味判断的理性的个体；其次，由于“第三等级”已经被启蒙为理性个体，从而教育文化的公共领域就可以与新闻公共领域连接起来，私人的意见造就的公共舆论就拥有了监督国家主权执行者的理论依据；最后，从新闻公共领域可以被文化公共领域理性化这一理论出发，新闻公

① 哈贝马斯用社会组织原则来理解观念和社会结构的联结及其与社会变迁的关系，某种意义上回应了卢曼功能主义理论的批评，参见 Niklas Luhmann, *Political Theory in the Welfare State*, Walter de Gruyter Press, 1990, p. 226；哈贝马斯：《重建历史唯物主义》，郭官义译，社会科学文献出版社，2001，第 237 页。

② 关于布尔乔亚公共领域的制度结构的演生，参见 Jürgen Habermas, *The Structual Transformation of the Public Sphere*, The MIT Press, 1991, p. 30。

共领域就拥有了改造议会政治公共领域的功能，公共领域的批判功能又提升为某种政治领域的立法功能。①

从18世纪70年代到19世纪70年代，在短暂的欧洲自由资本主义时期，公共领域的意识形态与制度现实之间还有相当的历史对应性，小生产者式的家产核心家庭制度、劳动与资本收益的大体平衡、文化公共领域的批判功能和议会政治公共领域的立法功能的适时联结，都使得布尔乔亚的社会政治理想不仅仅是理想，而且是某种现实。② 但自由资本主义短暂的黄金时代过去后，现在展现的问题是，市场自由主义对社会和国家的瓦解作用，连同社会和国家对这种挑战的应对，使得欧洲发达资本主义国家的社会结构和政治结构发生了转型。首先，为了应对市场失灵，国家行政机关一方面积极用总体计划调节经济循环，另一方面积极创造和改善利用剩余资本的条件，国家早已深深地介入社会，甚至是教育和家庭。③ 同时，商品市场、资本市场与劳动市场已经高度组织化。传统上受市场调控的私人竞争部门之外，强大的公共部门和垄断部门，如军火和航天工业，其投资决策几乎不考虑市场，它们或是由国家直接控制的企业，或是靠政府订单生存的私人公司，这些资本密集型部门的产品定价具有垄断性，这些部门中的工会也具有强大的政治影响力。一言以蔽之，欧洲的政治社会结构发生了“再封建化”的转变，经典的国家公共机构与个体、私人及市场的两分结构已经转变。④ 其次，既然基本社会结构的转变已经造成了建立在公平交换的正义基础上的布尔乔亚意识形态崩溃，既然经济系统与政治系统的重合某种意义上使得生产关系被重新政治化，那么，就政治公共领域来说，一方面，那个积极介入经济社会生活的国家机构拥有比自由资本主义阶段更强的正当化需求，伴随着布尔乔亚普遍主义的价值观，普遍的公民权利、政治选举权的普及使得公民参与不得不越来越依赖形式民主的仪式；另一

① 哈贝马斯指出，布尔乔亚公共领域具有规范与经验的双重内涵，值得注意的是，这一公共领域在理论与意识形态原则上许诺自主，反对一切形式的统治，但实际上，在这种公共性原则的帮助下，却建立了一种政治制度，这一政治制度的社会基础并没有消灭统治，参 Jürgen Habermas, *The Structual Transformation of the Public Sphere*, The MIT Press, p. 88。

② 1873年经济危机的爆发标志着自由资本主义时代的终结，参见 Jürgen Habermas, *The Structual Transformation of the Public Sphere*, The MIT Press, p. 143。

③ 19世纪的西方国家只是维持对内对外的基本“王权”职能，20世纪这些国家因为结构与功能的增添已经成为“社会化”的社会福利国家，参见 Jürgen Habermas, *The Structual Transformation of the Public Sphere*, The MIT Press, p. 147；皮凯迪：《21世纪资本论》，巴曙松等译，中信出版社，2014，第463页。

④ 参见 Jürgen Habermas, *The Structual Transformation of the Public Sphere*, The MIT Press, p. 148。

方面，公民参与必须与政治意志实质形成的过程分开，行政机构的决策越来越独立于公民的直接动机，甚至独立于立法审议机构的烦琐辩论，熊彼特、韦伯和20世纪20年代的制度主义学派不断被回溯，就是为了论证精英或专家治国论。[①]

某种意义上，哈贝马斯和卢曼都看到了布尔乔亚公共领域机制的失败，不过，在卢曼看来，进入有组织的资本主义阶段，“公共领域”式的政治意志形成过程的失败背后的真相是，政治与行政的系统，特别是稳定的行政系统中的精英与专家们，不仅事实上，而且应该是承载反思与调控功能的真正力量。通过这一力量，行政机构不仅能够达成具体治国理政的目标，而且，会实质上创造统治的正当性。至于形式民主，如果要转变成实质民主，那就会使承担决策与反思作用的行政机构承受过载的压力，有崩溃之虞。哈贝马斯的质疑当然是，行政机构里的行政官是工具理性或形式理性－秩序理性的专家，他们的反思—调控行为也是在这一范围之内的。而更加重要的，关于社会体系是否是好的，如何才能更好地规范性反思非其所长。所以，这些“精英”与“专家”可能主要是“控制”专家，是硬心肠的，不关心文明传承与文化创造。正如韦伯所观察到的，也许这一点符合事实，当欧洲国家由家产制转向现代官僚国家时，习惯法与国家法以及教会法的斗争实际上使法学与行政的知识成为政治精英的主要知识。于是，在国家层面的整合出现了韦伯所谓的“理性化”科层官僚制。在规范知识方面，则整体上处于利维坦肚腹中的诸神之争的局面。卢曼认为，政治行政系统不仅是控制的中心，也是反思的中心；但在哈贝马斯看来，则更是控制中心，因为这个控制中心的主要反思形式可以类型化为“目的－手段”或工具理性的反思。这个系统倾向于把社会文化系统发出的信息视为控制系统中的信息，“把生活中文化再生产结构中有效性要求，诸如真实性、正确性等理解为控制媒介，并且把它们与权力、金钱、信任以及影响放到同一个层面上。它们就会失去其通过话语而能够得到兑现的意义”。[②]

哈贝马斯认为一个社会所能容纳的学习能力取决于该社会的组织原则：（a）是否允许理论问题和实践问题分化开；（b）是否允许非反思性学习向反思性学习的过渡。依照这样的逻辑，现代资本主义社会是有相当的“学

---

① 这种精英或专家治国论倾向于切断民主与政治平等之间的联系，参见哈贝马斯《合法性危机》，刘北成等译，上海世纪出版集团，2009，第162页。

② 哈贝马斯媒介类型的区分是建立于结构－功能区分基础上的，参见哈贝马斯《合法性危机》，刘北成等译，上海世纪出版集团，2009，第8页。

习能力”的。这个类型的社会第一次使经济系统获得了独立地位，社会组织原则不去束缚生产力发展（允许交换原则独立于使用价值）；并且，规范结构也获得了广泛的发展空间，因为新型的组织原则在历史上第一次容纳了普遍主义的价值系统（出离了共同体的市民采用形式主义的道德学说）。但资本文明的组织原则的根本问题是，这种组织原则是与交往伦理学格格不入的；因为，交往伦理学不仅要求规范具有普遍性，而且要求通过话语来对规范利益的普遍性达成共识。[①] 现代欧洲社会虽然允许技术问题与实践问题的分化，但难以允许非反思性的学习向反思性的学习过渡。虽然布尔乔亚的公共领域在资本文明的历史中是短命的，与其说它解决了这一文明的问题，不如说，它更暴露了这种社会组织原则的问题。资本文明在工具理性方面咄咄逼人的力量一直力图摆脱实践理性的规范，它权力增长的结果是破坏人与自己的外在自然也即地球环境间的平衡，破坏人与自己的内在自然（也即人性）的平衡，破坏世界也即不同社会文明间的国际平衡[②]，有识之士如果意识不到这种社会组织原则的危机，那么，人类面临的就是更加危险的，反思能力的危机。

四　结语

在当代发达资本主义社会增长与危机的全球传导效应中，“华盛顿共识”的新自由主义方案，以及中国这样的后发崛起国家对发展模式的新探索，都会给政治家带来深深的理论困惑。有识之士与其集合在福山式的“历史终结”论下侈谈一方的胜利，不如像哈贝马斯那样反思，现代社会的危机征候是否已经从两大冷战阵营交互揭批的公开展示中退隐到了西方内部，而后又伴随着全球化进程扩散到了其他社会之中。如果当代西方的“理性化”困境揭示了这种社会反思与控制功能的双重失调，如果反思与控制正是决定社会整体系统生存与发展的核心功能，那么，“系统危机”就是整体的危机，整体的危机召唤一种全面反思的视野。

---

① 参见哈贝马斯《合法性危机》，刘北成等译，上海世纪出版集团，2009，第112—115页。

② 参见哈贝马斯《重建历史唯物主义》，郭官义译，社会科学文献出版社，2001，第302—305页。

霍布斯论“代表”*

李　石**

内容摘要： 霍布斯继承了西塞罗时代表的理解，并将其对代表的理解和国家学说结合起来。本文结合霍布斯在《比希莫特》中的论述和《利维坦》中对代表理论的建构来阐释其所理解的代表的含义，以及这一理解在其整个政治理论中的作用。

关键词： 霍布斯　代表　国家

关于“代表”的理论是西方政治理论中的重要组成部分。西方思想史上对“代表”这一概念的系统分析可以追溯到古罗马的西塞罗（Marcus Tullius Cicero）。西塞罗借助来自戏剧的隐喻，认为当我们替别人说话时就仿佛戴上了他人的面具，承担了他人的“人格”。他在《论义务》中论述道：“执政官的职责是承担一个城邦的人格，并以其尊严和信仰来维护法律。”① 换句话说，执政官就是这个城邦的代表，而所谓代表就是“以他人的名义说话和行动”。

霍布斯继承了西塞罗对“代表”的理解，认为“代表就是扮演或代表他自己或其他人。代表某人就是承当他的人格或以他的名义行事”。而“某些拟人的行为得到被代表者的承认，于是他便称为代理人，承认他的行动的人就是授权人”。②霍布斯还将他对代表的理解和国家学说结合起来，认为

---

* 本文曾发表于《哲学动态》2013 年第 11 期。

** 李石，中国人民大学国际关系学院政治学系副教授。

① Cicero 1534：Sig. H.，1r. Cf. Cicero 1913：I. 34. 124，p. 126：“Est igitur proprium munus magistratus intellegere se gerere personam civitatis”.

② 霍布斯：《利维坦》，商务印书馆，黎思复、黎廷弼译，1997，第 123 页。

国家的形成就是每一个人与其他人相互订约，将管理自己的权利授予某个人或某个集体，而这个人或这个集体就是所有人的代表，就是国家。因此，人们相互定约授权代表的过程就是形成主权和形成国家的过程。霍布斯的代表理论不仅是其整个政治学说的关键组成部分，也揭开了现代代表理论的序幕。在本文中笔者将结合霍布斯在《比希莫特》[①] 中的论述，以及在《利维坦》中对“代表”理论的建构来阐释霍布斯所理解的“代表”的意义，以及这一理解在他的整个政治理论中的作用和在解读 1640 年英国内战史中的意义。

17 世纪中叶，英国的封建统治陷入了深深的危机。[②] 国王查理一世的统治受到议会派、独立派、平等派等各方面的攻击，英国王权的合法性遭到了前所未有的挑战。与此同时，“谁是人民的合法代表”的问题也在内战中凸显出来。这一问题集中表现在内战中的三个重要时刻，霍布斯在《比希莫特》一书中向我们呈现了这三个时刻。第一个时刻，1642 年 4 月 23 日，英国内战前夕，国王查理一世想进入他在北方的军火库赫尔城，却被国会选任的执政官约翰·霍瑟姆爵士（Sir John Hotham）挡在了城门外；在这一时刻，国王和国会谁是人民的代表的问题被提了出来。第二个时刻，1648 年，国王查理一世战败被俘，被国会宣布为叛国者，等待下议院的审判；霍布斯针对这一事件进一步论证，为什么人民的代表是国王而不是国会。第三个时刻，1653 年 4 月 23 日，克伦威尔解散长期国会，准备就任护国主；在这一时刻，霍布斯根据自己的代表理论否认克伦威尔是人民的代表。下面我们先来看这三个时刻。

一　国王和国会谁是人民的代表?

1642 年 4 月 23 日，国王查理一世带着自己的随从来到赫尔城下，执政官霍瑟姆爵士站在赫尔城的城墙上拒绝国王进入他驻守的赫尔市，国王为此暴跳如雷，宣布他犯了叛国罪，并写信去质问国会，问他们基于什么理

① 《比希莫特》一书是霍布斯晚年完成的一部关于英国内战的作品。书中以对话的形式讨论了内战的原因、内战中保王派与议会派的论战以及主权为何应归于国王等问题。此书以圣经中的陆地怪兽“比希莫特”命名，暗示了与《利维坦》的对应关系。《利维坦》中的国家学说正是在《比希莫特》所描述的主权者缺失的混乱状态下建立起来的。

② 英国内战指的是 1642 年至 1651 年在英国议会派与保皇派之间发生的一系列武装冲突及政治斗争；英国辉格党称之为清教徒革命，马克思主义史观称之为英国资产阶级革命。

由把他拒之门外。关于国王与国会之间的争论，我们来看下面一段引文：

> B：他们（国会）基于什么理由？
>
> A：他们声称：不仅这一个而且英格兰其他任何市镇都不是国王的，而是国王受英格兰人民的委托代管的。
>
> B：但是这与国会有何相干？
>
> A：有关，他们说：因为我们是英格兰人民的代表。
>
> B：我没看出这一论证的力量在哪里：我们代表人民，因此，人民所拥有的一切就都是我们的了。赫尔市的市长代表的是国王。是不是因此国王在赫尔拥有的所有东西都是市长的呢？英格兰人民可以被有限地代表，例如递交请愿书或者类似的事情。这是否能得出结论那些递交请愿书的人有权拥有英格兰所有的市镇呢？这届国会是在什么时候成为英格兰的代表的呢？不是在 1640 年的 11 月 3 日吗？[①] 那谁有权在前一天，也就是 11 月 2 日，不让国王进入赫尔市，并且将赫尔据为己有呢？因为当时还没有召开国会，那赫尔市又属于谁呢？
>
> A：我认为是国王的，不仅仅因为它被称作赫尔河畔国王的城市（King's town upon Hull），而且还因为国王本人当时以及从来都是英格兰人民的代表。如果他不是，那国会还不存在的时候，有谁是呢？
>
> B：他们可能会说，人民那时没有代表。
>
> A：那也就没有共和国；而结果就是，英格兰所有的城镇都是人民的，是你的，我的，任何人都可能分享。你可以通过这看到人民是如何软弱，被国会所用的这些推理裹挟着反叛，而且他们是如此厚颜无耻，这些理由中包含着如此的错误。[②]

从上述引文中我们看到，国会拒绝让国王进入赫尔市的论证是：英格兰的所有城镇都不是国王的，而是国王受英格兰人民的委托代管的；而英格兰国会是人民的代表，所以人民拥有的一切就是国会的，而国会可以按自己的意愿，想做什么就做什么，包括把国王挡在城门外。霍布斯对国会的论证提出了两点质疑：一是，国会在多大程度上代表人民，它的职能是

---

① 1640 年 11 月 3 日国王查理一世迫于压力重新召开中断了 11 年的国会，这届国会存在 13 年之久，史称“长期国会”。

② *The English Works of Thomas Hobbes of Malmesbury*, Vol. 6, edited by Sir William Molesworth, Thomas Hobbes, London, J. Bohn, 1840, pp. 313 – 314.

什么？二是，人民的全权代表，到底是国王，还是国会？

关于第一个论点“国会在多大程度上代表人民”，霍布斯举出反例说：赫尔市的市长是国王的代表，这是否意味着国王拥有的一切都是赫尔市市长的呢？回答当然是否定的。霍布斯认为，与此例类似，国会是人民的代表，却不能说人民所拥有的一切都是国会的。在霍布斯看来，国会只能在某些事情上代表人民，“例如递交请愿书或者类似的事”。换句话说，人民只能被国会有限地代表。

在论述第二个论点时，霍布斯开始质疑国会是否是人民的代表：如果说国会是人民的代表，那在国会召开之前，谁是人民的代表呢？如果说那时没有人民的代表的话，那么按照霍布斯关于代表的理论（如前所述，霍布斯认为人们相互定约授权代表的过程与主权和国家的形成是同一过程），那时就不存在国家，而这显然与事实不相符合。因为，在1640年11月3日国王召开国会之前，是存在国家和主权的。所以，按照霍布斯的论证，人民真正的代表应该是国王，而不是国会。

这里我们似乎看到霍布斯的某些矛盾之处：他在第一个论点中承认国会是人民的代表，在第二个论点中又否认了这一点。国会到底是不是人民的代表呢？实际上霍布斯认为存在着两种代表，他在《利维坦》中从授权的角度区分了这两种代表，他论述道：“授权者有两类：第一类是单纯的授权者，我在前面已经做出定义，说明这就是绝对地承认另一个人的授权者；另一类则是有条件地承认另一人的行为和信约的授权者，也就是担保在另一个人在某时或某时以前不做某事时，他就是授权者。”[①] 这段话中所说的绝对的授权，指的是绝对承认代表的行动，对代表的权限没有限制。从霍布斯的论述来看，既然授权有绝对的授权和有条件的授权两种，那代表也就相应地有全权的代表和有限的代表两种。从霍布斯反驳国会的论证中我们可以看到，霍布斯认为只有国王才是人民的全权代表，国会仅仅是人民的有限代表，其职能不过是递交一下请愿书而已。

在霍布斯的代表理论中，真正对国家和主权的形成具有关键作用的是人民的绝对授权，而不是人民有条件的授权。在《利维坦》中，霍布斯这样来描述国家的形成：“其方式就好像是人人都向每一个其他的人说：我承认这个人或这个集体，并放弃我管理自己的权利，把它授予这个人或这个集体，但条件是你也把自己的权利拿出来授予他，并以同样的方式承认他

① 霍布斯：《利维坦》，商务印书馆，黎思复、黎廷弼译，1997，第127页。

的一切行为。这一点办到之后，像这样统一在一个人格之中的一群人就称为国家，在拉丁文中被称为城邦，这就是伟大的利维坦的诞生……”。引文中的“这个人或这个集体”就是承当这一集体人格的“主权者”，就是所有人的“代表”。因此代表的形成，也就是主权者的形成。那在霍布斯所考察的英国内战时期（也是霍布斯的国家学说形成的时期），英格兰人民的代表是谁呢？或者说应该是谁？为什么？我们来看看霍布斯在国王查理一世即将被砍头时进行的讨论。

二　国王为什么是人民的代表？

1648 年，查理一世在与国会的战争中战败被俘，关押在赫斯特城堡（Hurst Castle），等待审判。长期国会颁布命令，称国王发动反对国会的战争是叛国行为，并组建了高级法庭准备对查理一世进行审判。针对这一历史事件，霍布斯再一次对谁是英格兰人民的代表进行了讨论：

> A：草拟的这条命令被带到议院，在读了三遍之后对其投票表决，“英格兰的上院议员和下院议员在国会里集合在一起，宣布根据王国的根本法，英格兰国王发动反对国会的战争是叛国行为”。投票结果被送交上院议员，他们拒绝同意。愤怒的下院议员再次投票议决：“不论上院议员同意或不同意，委员会的所有成员应按照命令继续行动；在上帝之下，人民，是所有正当权力的源泉；下议院拥有国家的至高权力；下议院所颁布的一切都是法律。”对此下院议员一致同意，没人反对（nemine contradicente）。
>
> B：这些提案不仅反对英格兰国王，而且也反对世界上所有的国王。他们的想法是好的。但是，我相信，在上帝之下所有法律的源泉在于人民。
>
> A：但人民为了他们自己和他们的子嗣，在很久以前通过同意和誓言已经将国家的最高权力交到了他们国王（以及他们的子嗣）的手中；结果传到了人人皆知的他们的合法继承人，这位国王（指国王查理一世——译者）手中。
>
> B：但国会不代表人民吗？
>
> A：是的，为了某种特定的目的，例如，当他们受了委屈的时候被允许向国王递交请愿书，但不能对国王的权力产生不满。此外，国会

从不代表人民除非国王召唤他们，而且也很难想象国王召集一个国会来罢免自己。我们这样来理解这件事，每一个郡和自治市都向国会捐赠了一笔钱；而每个郡的人在他们的郡法庭或者其他地方开会，每个自治市在他们的市政厅开会，各自选出将这笔钱带到国会的人。这些人难道不代表整个国家吗？

B：是的，毫无疑问。

A：你是否认为国会有理由认为他们被这些人所代表？

B：肯定不会，然而我必须承认这两种情况是一样的。[①]

在霍布斯的论证中我们可以看到，霍布斯并没有反对议会派的论点："在上帝之下，人民，是所有正当权力的源泉"。他与议会派的真正分歧在于谁是人民的代表，人民的权利授予了谁。霍布斯在这段论证中给出了英格兰人民的全权代表应该是国王而不是国会的两个论证。第一个论证是一种基于历史的论证：霍布斯认为，从历史来看，是先有国家、国王，后有国会的。所以在国家形成时，人民，为了他们和他们的子嗣，通过同意和誓言将国家的最高权力交到了他们的国王手中而不是国会手中，因为当时还不存在国会。而现任国王是那些古老国王的合法继承人。所以只有现任国王才是英格兰人民合法的代表。第二个论证，国会是由国王召开的，国王是国会的创造者，所以国王不可能制造一个东西来反对自己，不会让国会来替代自己作为英格兰人民的合法代表的地位。

关于"国会"和"国王"谁是人民的真正代表的问题，昆廷·斯金纳（Quentin Skinner）在《霍布斯论代表》[②] 一文中发掘出了霍布斯的第三个论证。昆廷·斯金纳认为，相对于"集体"，霍布斯倾向于认为"个人"更适合做人民的代表。虽然在论述利维坦的诞生时，霍布斯论述说每个人将管理自己的权利授予"这个人或集体"，并没有排除"集体"可以成为人民的代表。但是，根据斯金纳的理解，霍布斯继承了西塞罗将"代表者"看作"扮演者"的观点，认为代表者与被代表者之间必须有相似性，也就是说代表者必须要有一种代表性（representativeness）。那"国会"和"国王"哪一个与"人民"更相像呢？霍布斯对于自然状态的描述，给我们提供了一

① *The English Works of Thomas Hobbes of Malmesbury*, Vol. 6, edited by Sir William Molesworth, Thomas Hobbes, London, J. Bohn, 1840, pp. 353 – 354.

② Skinner, Q., "Hobbes on Representation," *European Journal of Philosophy* 2005 (13): 155 – 184.

个“人民”的图景：人们在订约授权代表之前只是一群“乌合之众”，没有国家和主权的自然状态是人人为敌的状态，那时人们还没有统一在一个人格当中，没有一个人民的全体存在，而一旦人们被统一到一个人格当中，代表就形成了，国家和主权也就形成了。正如霍布斯在《利维坦》中说：“一群人经本群中每一个人个别地同意、由一个人代表时，就成了单一人格；因为这人格之所以成为单一，是由于代表者的统一性而不是被代表者的统一性。”[①] 既然在代表形成之前，人民只是一群乌合之众，不存在一个人民的整体，所以无法将“议会”作为人民整体的微缩模型来代表人民（因为一群“乌合之众”按比例微缩之后也只能是一群“乌合之众”，不能形成一个统一的整体）[②]，而只能以指定一个单一个体的方式来代表那群乌合之众的成员。因此在霍布斯看来，“一个理想的‘代表者’只能是一个具有代表性的个人，他作为每一个被代表者的象征而出现”[③]，而这个个人就是国王。

在论证了“国王”而不是“国会”是人民的合法代表之后，霍布斯进一步批驳了议会派作家的其他论点。根据斯金纳的研究，以亨利·帕克[④]为代表的议会派作家认为，虽然人民作为个体来说权力在君主之下，但人民作为一个整体，拥有高于君主的权力，而国会作为人民的代表也应该拥有高于君主的权力。另外，当人民作为一个整体授权给他们的代表者时，人民可以与主权者对主权的范围和限制进行谈判。霍布斯反对议会派的这些观点，他认为，因为不存在作为整体的人民，所以，人民整体（也即议会）的权力高于君主的权力，人民作为整体可以限定君主的权力等等，这些观点都是无稽之谈。另外，霍布斯还极力反对议会派所推崇的混合君主制。议会派作家认为混合君主制国家存在着“国会”和“国王”两个要素，“国会”作为人民的代表，其权力高于国王。霍布斯反驳道，如果将国会作为人民的代表的话，国家中就会出现两个主权者，这会使国家重新陷入战争状态。

根据霍布斯的上述论证，国王是英格兰人民的合法代表，也是英格兰

---

① 霍布斯：《利维坦》，商务印书馆，黎思复、黎廷弼译，1997，第125页。

② 斯金纳认为正是出于这一原因，霍布斯从不讨论议会派争论的如下问题：应如何分配议员的名额？哪些社会群体应该被囊括其中？如果要想有效地为全体人民说话和行动，代表机构的规模应该多大？如何保证代表机构能准确地反映被代表的全体人民的特征？等等。

③ Skinner, Q., "Hobbes on Representation," *European Journal of Philosophy* 2005 (13): 175.

④ 亨利·帕克（Henry Parker）(1604 - 1652)，宣传家和小册子作者，英国17世纪40年代议会事业最有影响力的作家。从1640年开始，他陆续写了20多本小册子，提出并坚决捍卫议会主权理论。

的合法主权者。然而，在英国内战期间，主权的拥有者不断更换，我们该如何来判断谁是合法的主权者呢？这里我们需要考察霍布斯的主权理论中的一个区分。霍布斯在《利维坦》的第 18 章中系统地建构了他的主权的学说，霍布斯在其中论及了主权权利和主权权力两个概念。霍布斯认为，主权是主权者所拥有的一种权利，这一权利是人人相互定约，将管理自己的权力授予他们的代理人而形成的。霍布斯认为，这一权利一旦形成，臣民便不能再从主权者那里收回管理自己的权利，也就是说臣民没有罢黜他们的主权者、返回乌合之众，或者将这一权利移交其他人的权利。而且，因为主权者没有与任何人订约（是授权人两两相互定约），所以主权者的任何行为都不可能违反人们之间的信约。另外，主权者也不可能侵犯授权人的利益，或违背授权人的意志。因为，主权者的行为是得到授权人的绝对授权的，是代表了授权人的意志和利益的。授权人如果反对或者不服从主权者，就是在违背自己的意志。这就是霍布斯所理解的主权权利。霍布斯在《利维坦》中还详细论述了主权权力的具体内容，其中包括：新闻监察、立法、司法、外交、人事任免、确立奖惩制度，等等。

当霍布斯在《比希莫特》中论及谁是英格兰的合法主权者时，他借助了主权权利与主权权力两个概念的区分。1653 年 4 月 23 日，克伦威尔解散了长期国会，霍布斯在《比希莫特》中论述道："现在没有国会了，谁拥有最高权力呢?""如果你所说的权力是统治的权利，那没人拥有。如果你说的是最强的力量，那显然是克伦威尔，英格兰、苏格兰和爱尔兰的所有军队都服从于这个将军。"① 从这段话中我们可以看到，虽然克伦威尔夺取了国家的最高权力，但霍布斯并不承认他拥有主权权利。因为人们并没有相互定约授予他主权。克伦威尔是通过武力夺得最高权力的，所以，虽然他拥有主权权力，但霍布斯却认为他没有权利统治，没有权利拥有主权，不能成为主权者。在霍布斯看来，统治的权利只应该属于国王。但是，当时查理一世国王已死，他的儿子查尔斯·斯图亚特还在流亡，所以没有人拥有主权权利。

霍布斯认为只有国王才是主权的真正主人的观点还在《比希莫特》中的另一处得到印证。当霍布斯叙述从 17 世纪 40 年代到 60 年代，主权权力在国王查理一世、长期国会、奥利弗·克伦威尔、克伦威尔之子理查德·克伦威尔、残阙国会、国王查理二世之间更替时，他以这样的语句结尾：

---

① *The English Works of Thomas Hobbes of Malmesbury*, Vol. 6, edited by Sir William Molesworth, Thomas Hobbes, London, J. Bohn, 1840, pp. 388 - 389.

“最后主权被它真正的主人夺得。”霍布斯所说的这个真正的主人就是国王查理二世。那克伦威尔在霍布斯的眼中是一个什么角色呢，他为何不能成为人民的代表呢？我们来看看霍布斯在克伦威尔即将就任护国主时的论述。

三　克伦威尔是人民的代表吗？

1653 年 4 月 23 日，克伦威尔解散长期国会，独揽国家的军政大权，为了取得统治的合法性，他为自己安上了一个“保卫人民安全”的“护国主”头衔，霍布斯对此头衔很不以为然：

> B：是的，他确实是有了一个像长期国会一样好的头衔。但长期国会确实代表人民；在我看来，主权实质上是附属于人民的代表的。
>
> A：是的，如果他制造一个代表，就像现在的国王，叫他们一起来接受主权权力，那他就剥夺了他自己的权力；要不然的话就没有代表。国会下议院也从未成为整个国家的代表，而只是平民的代表；下议院也没有权力通过他们的法案和命令强迫任何贵族或牧师服从。
>
> B：克伦威尔仅仅得到一个保卫人民安全的头衔吗？[①]

在霍布斯看来，克伦威尔虽然夺得了国家的最高权力，但是为了取得统治的合法性，克伦威尔显然处于一种两难境地。一方面，根据其权力的来源——武力夺取——克伦威尔不可能成为英格兰人民的代表，因为人民没有向他授权。所以，克伦威尔也就不可能合法地拥有主权，不是合法的主权者。另一方面，克伦威尔又不能制造出一个“代表”，因为那样的话，他就必须将自己武力夺取的最高权力拱手让给他人。我们知道，克伦威尔采取的办法是借助国会，他重新召开国会，将主权让与作为人民代表的国会，再让国会将最高权力授予他。而这种做法也是得不到霍布斯的承认的，因为在霍布斯看来，国会也不能成为人民的全权代表，因为只有国王才有权利拥有主权，才是人民的合法代表。任何以武力夺取原属于国王的主权的人或集体都只能是篡权者，即使披上“保卫人民安全”的外衣，其权力也得不到“正名”。另外，在霍布斯看来，“保卫人民安全”是合法的主权

① *The English Works of Thomas Hobbes of Malmesbury*, Vol. 6, edited by Sir William Molesworth, Thomas Hobbes, London, J. Bohn, 1840, pp. 389 – 390.

者的职权之一。霍布斯将人民的代表，也就是主权者定义为："一大群人相互订立信约、每人都对它的行为授权，以便使它能按其认为有利于大家的和平与共同的防卫的方式运用全体的力量和手段的一个人格。[①]"由此看来，"保卫人民安全"是主权者的责任，属于其主权权力的范围，不是任何人都可以将其作为借口来统治人民的。

四　结语

通过对霍布斯在《比希莫特》和《利维坦》中所讨论的代表理论的分析，我们可以看到霍布斯的代表理论与其整个国家学说一致，都是在维护君主的绝对权力，千方百计地对君主所拥有的绝对权力进行论证。虽然我们今天已经不可能再接受霍布斯关于君主的绝对权力的观点，但不可否认，霍布斯的论证有着很强的说服力。我认为这得益于以下两点。第一，霍布斯给我们描述了一个可信的自然状态。在人们的日常生活中，我们通常看到的是一个个被自己的目的所驱动的个人，人人各自为政，很难看出有一个人民的整体存在，这与霍布斯所描述的自然状态非常相似。当然，议会派作家是不同意这一看法的。他们认为既可以将人民看成一个个的个人，也可以将其看作一个整体。第二，霍布斯将代表的形成等同于国家的形成，这使得他能够借助历史来论证国王就是人民的代表。议会派作家在这一点上与霍布斯也有很大的分歧，他们并不认为国家的形成与人民的代表的形成是同一的；所以，在国家形成之初并不一定就有人民的代表，代表的形成一定要通过选举的形式，所以议会才是人民的真正代表。但是，霍布斯对绝对主权的论证并不完全令人信服，存在着很多疑点。为什么人们在授权他们的代表时不能对其权力进行限制呢？为什么每一个人不能对其代理人提出条件呢？霍布斯强调，构成国家的社会契约是人与人之间相互订约，而不是联合起来与他们的代理人订约。这样一来就可以防止人们联合起来形成可以与国家主权抗衡的力量。即使我们同意霍布斯的看法，也并不妨碍每一个人对其代理人的权力进行限制。这样的话主权者的权力就不是无条件没有限制的了。

总之，霍布斯对"代表"的讨论从人民授权的角度建构主权者的权力，为君主的绝对权力进行了辩护。

---

① 霍布斯：《利维坦》，黎思复、黎廷弼译，商务印书馆，1997，第132页。

中国代表制的历史发展

20世纪20年代章士钊对代议制的批评与改造方案*

郭双林**

内容摘要：20世纪20年代，章士钊发表《论代议制何以不适于中国》《非党》等文章，对近代以来的代议制提出系统批评意见，并提出以无首论、业治论和规复科道制为主要内容的改革方案，引起了社会广泛注意和热烈讨论。作为当时社会的“主导模式”之一，包括马克思主义在内的各种社会主义思潮，对章士钊的批评意见和改造方案产生过不同程度的影响。

关键词：章士钊　代议制　无首论　业治论　科道制

引　言

代议制是一种由选举产生的代表民意的机关来行使国家权力的政治制度。其基本特征是：由通过普选产生的议员组成议会，形式上代表民意行使国家权力；议会议决事项均由议员共同讨论并经多数通过；议会享有立法权、财政权和行政监督权。代议制最早形成于英国，之后美国、法国等相继效仿，逐步成为资本主义国家普遍采用的政治制度。

---

* 原载《安徽大学学报》（哲学社会科学版）2015年第3期，此次收录，略有修改。

** 郭双林，中国人民大学历史学院教授，博士生导师；主要研究方向为中国近现代思想文化史、中西文化交流史，史学理论。

中国人最早知道西方近代的代议制是在第一次鸦片战争时期，当时问世的几部世界地理著作如《四洲志》《海国图志》《瀛环志略》《海国四说》等均对欧美各国的代议制有所介绍。1898年的维新运动曾为代议制登陆中国提供了一次契机，但随着运动的迅速失败而中止。1906年9月清廷宣布预备立宪，并着手建立代议机关，1911年清朝灭亡，这次实行代议制的尝试也就此告终。南京临时政府的成立，为代议制在中国的实践再次提供了机会。但袁世凯上台不久，便处心积虑地破坏这种政治体制。到1915年12月，袁氏干脆连民主形式也抛开，公然复辟帝制。袁死后，北京政府被皖系、直系和奉系军阀轮流掌控，代议制也几近青楼女子，被任意蹂躏、践踏。

早在清末立宪运动期间，章太炎就对代议政治提出了非议。1908年，他又专门写了《代议然否论》《与马良书》等文，对代议政治进行全面批评。不过，当时人们对这种体制还处于渴望之中，所以对章太炎的观点并不十分在意。曾经主张废学革命、激烈排满的章士钊就先后在《帝国日报》上发表一系列文章，不遗余力地向国内介绍英国的代议政治。进入民国以后，章士钊不改初衷。可惜代议政治的实践，实在令国人不堪。1916年年初，陈独秀在《新青年》上便公开声言："政党政治，将随一九一五年为过去之长物，且不适用于今日之中国也。"① 欧战结束时，否定代议制之声已经蔚成风尚。当时一位作者就曾写道："欧战以前，鲜闻不信任议会政治之声，乃今不信任议会政治之声洋洋盈耳，达乎世界。"② 章士钊对代议制的批评，就是在这种大背景下展开的。

就思想渊源论，章士钊批评代议制的理论武器是唯物史观，其改造代议制的主张部分来自章太炎，部分则来自英国的基尔特社会主义和俄国苏维埃社会主义。章士钊关于代议制的批评意见和改造方案之所以能够与当时包括马克思主义在内的各种社会主义思潮发生交织，固然有人事方面的因素（他与早期中国共产党人陈独秀、李大钊和毛泽东、周恩来等均有接触），但更重要的是时代的影响。以赛亚·柏林（Isaiah Berlin）说过："不仅是思想史，就连其他有关意识、观念、行为、道德、政治、美学方面的历史，在很大程度上也是一种主导模式的历史。……因此，为了确定一种文化特征，为了阐明该文化的种属，为了理解人存身其间思考、感受、行

① 陈独秀：《一九一六年》，《新青年》第1卷第5期，1916年1月15日。
② 白坚：《议院政治之危机》，《公正周报》第1卷第1号，1920年4月15日。

动的世界，很重要的一点是，要尽可能地分离出这种文化所遵从的主导模式。”①20 世纪 20 年代是各种新思潮在中国竞相传播的重要时期，其中包括马克思主义在内的各种社会主义是其主流。到 30 年代，唯物史观更成为中国知识界观察、分析社会问题的主要工具之一。可以说，当时包括马克思主义在内的各种社会主义思潮即使不能说是唯一的“主导模式”，至少也是其中之一。在这种情况下，章士钊的思考、感受和行动，几乎不可避免地要受到这一“主导模式”的影响。

一　章士钊对代议制的批评

据章士钊自己说，他在 1920 年与 1921 年之交即“蓄意改造代议制”，后“以疑莫能明，又慑于斯制惰力之未全去，所称宪政祖国之英伦，犹如北辰所在，时论拱焉”，所以才没有公开自己的主张。

1921 年冬，章士钊赴欧洲考察途中曾给章太炎写过一封信。信中首先回顾了清末章太炎否定代议制和自己“浮慕”政党政治的情况，说：“兄集中有《代议然否论》一首，主不设国会。又《与马良书》，及记政闻社员大会破坏状，复于此三致意焉。此皆逊清末年，兄在东京所标大义。时弟习律英伦，浮慕政党政治。兄有此文，竟顽然不省。”接着回顾了代议制在中国实行的情况和自己思想的变化：“斯制既立十年，捉襟见肘，弊害百出。弟从来所持信念，扫地以尽。橘移淮南而化为枳，亦渐闻人深致慨叹！然有人民神圣国会万能诸说，稗贩政治者流，得以奔走号呼，关其口而夺之气，亦遂委蛇委蛇，莫肯颂言其非。”1919 年，章士钊在广州曾偶然谈及议员应该“课资格，受试验”，据说闻者大哗。1920 年，他又在上海的《中华新报》上发表《裁兵与造法》一文，主张裁兵和宪法不由国会订立，引起巨大反响，广州非常国会参议院竟将其除名。对此，章士钊在信中说：“此故不值一钱，然取证议员诸君之抵死不悟，则有余也。今天下大乱，纷纷不能休，军阀与国会，同尸其咎，长此不已，国谁与立？军阀别为一事，至国会者，信无人不以改弦易辙为不能缓。”如何改呢？章士钊提出的办法是：分子殽乱，宜黜暴登良；人数过繁，宜去原额之半或三之一；选法未善，宜改从某制，或如其夙持之一院制论，只设下院，不设上院。但在现

① 〔英〕以赛亚·柏林著，亨利·哈代编《浪漫主义的根源》，吕梁等译，译林出版社，2008，第 10 页。

实生活中，他却“怀之而不敢发”。况且善后之道，不止一端，“如国会去而立法何寄？所谓新党豪氓，惯肆人上者，不使出于国会，宜以何为尾闾？皆需列案考求，未可率尔而道”。第一次世界大战进一步证明“国会之不适于政”，即使威权无上的英国议会，“近来亦且摇摇，论政之士，大持异议”。他此次欧游，就是要前往欧洲各国深入考察各国政治，“外参世界新趋之势，内按吾国已然之情，中本为政宜然之理，发为文章，以讯国人”。他之所以写这封信，一方面是有感于章太炎否定代议制的主张，“建于未立本制之先，始为人人所不能言，中为人人所不敢言，卒为人人所欲言而不知所以为言”；同时也希望章太炎于此之外，“有何新剖，尚望开陈”[①]。可惜的是，这封信后来为邮局所误，未能送达章太炎。

1923 年 1 月，江苏省议会议员通过削减教育经费来增加自己的薪水，引起教育界的公愤。1 月 9 日，南京学生联合会为反对江苏省议会削减教育经费，发动学生捣毁议员王景常住宅，并将另一议员吴辅勋绑起来游行示众。此后几天，南京学生持续发动游行示威，并要求教育基金独立。此即震动一时的“江苏议教之争”。事情发生后，社会各界对江苏省议会的部分议员群起而攻之，但此时路过南京的章士钊与众人看法不同，他在东南大学发表演讲，将这次“议教”风潮的“真”意义“归本于代议制之不适用”[②]。

4 月，章士钊在《申报》上发表《论代议制何以不适于中国》一文，进一步探讨代议制在中国不适用的原因。章士钊指出，代议制是一种舶来品，中国人之所以要引进这种政治制度，“徒以欧洲诸国以此为文明之标识也”。“吾捧心而效之”，目的不外是为“点缀共和”。殊不知，欧洲之所以有这种制度，乃出于事势之偶然，并非创议建国非此不可。以往的政治学家们对代议制不乏推崇比附之词，“以为有当政理，莫或逾是”。在章士钊看来，这些人大都局限于当时的形势立言，而正本清源，并不足以语此。“观夫近日欧贤谈政，掊击代议，几无完肤，可见斯制在欧已邻末路。”欧洲人运用议会已有数百年时间，“社会繁昌，按时有进，虽非理想之绝诣，要不失为实用之良规”。为何一入中国，便由橘而枳？他认为这要根据“事势”来判断。至于说议员的品性高下不同，政识富瘠各异，在章士钊看来，“此特得半近似之谈，不得谓为知本也”。代议的本质是什么呢？章士钊从

① 孤桐：《代议非易案》，《甲寅周刊》第 1 卷第 2 号，1925 年 7 月 25 日。

② 章士钊：《论代议制何以不适于中国》，《申报》1923 年 4 月 18 日。

唯物史观的立场出发，指出是“荷包”。他说：“代议之设，滥觞英伦。当时英王下令征税，入税者因举代表面王，共订税则，所谓不出代议士不纳租税之名言，基于是时。”由此可知，代议与“纳税”二字密不可分。所谓代表，质言之，就是代表入税者的荷包。上自封建，中经产业革命，以至今天工业极盛时代，不论何时，代议均与荷包紧密相连。近代资产集中，所谓荷包，大概为少数资本家所佩戴。荷包大者得士多，尤大者尤多。代议士并非自有荷包，而是为荷包者所客养。所以欧洲各国的政治运动、造党、宴客、布义、竞选等等，傍及声色狗马之好，舆马服饰之盛，规模壮阔，举止豪华，绝非中国人所能想象。而其所花费，皆取资于自己的荷包，与国库无关。英国作为代议制的祖国，其议会议员到 1912 年才分发岁费，每人每年四百英镑，根本不敷所用，所以各议员纷纷以得岁费为耻，争相捐给慈善机构。“皮相之士，深叹彼辈道谊之高，以为莫及。不知彼得以维持其道谊者，别有隐于身后之荷包在。”由于他们不缺“荷包”，所以从政期间不必受贿，可以根据自己的意志办事；在位在野，同样为国家服务，生活不受影响，因此两党可以从容更迭，不必为政争势同水火；制定政略和征集人才也可以从容进行；党资独立，人民不以政党为国蠹，议会与选民间不至于伤情感。“夫代议制，虽于理论为未完，荷包之由来亦未必正，而其得以支持若干年，至今日始生反动，赖有此四者耳。”但在中国，情况完全相反，“议员无行，有猪仔之丑谥，身且求鬻，焉论主义？一也。政客今日失位，明日即同饿莩，摧敌只以图存，不关政义，阴攘阳夺，无所不用其极，二也。无论何党，无一规范差完之机关新闻，无一常识极充之主任干事，三也。人民恨议员悖妄，渎乱刺骨，代议二字，全无意义，四也。何以故？人之从政者有荷包，而我无荷包故”[①]。换言之，即人家的议员经济是独立的，而我们的议员经济则未独立。

为什么说彼有“荷包”而我无“荷包”呢？章士钊接着写道：“吾之四民，士居其首。”所谓士，就是不农不工不商，而专靠农工商养活的人。自三代以来，中国的政治完全被所谓的士所操纵。同样为士所统治，为什么古代平安而现在悖乱呢？章士钊认为，“吾国治群之道，首取平均”。古代官员禄薄，他们所享受的物质生活条件和一般人差不多，且一经致仕，便重归于农。生计上四民的界限并不十分严格。现在的政客与古代的士完全不同，他们对西方的生活方式亦步亦趋，极尽奢华之能事，使中国自古以

① 章士钊：《论代议制何以不适于中国》，《申报》1923 年 4 月 18 日。

来以贵均为特点的传统社会主义遭到严重破坏。以往可供百人享用的食物，现在以供应一人尚嫌不足，其他九十九人非饿死不可。饿死者日增，大乱也就日近。这种现象，始于何时，如何收拾，不得而知。那九十九个人的食物是如何集中到一个人手中的？在章士钊看来，中国是一个农业国家，没有大资本家可以运用经济力量来操纵社会，能够损人利己的人，除了兵、官以外就是议员。而无论是兵、官还是议员，其所耗费，无一为其本身所有；其所取资，无一为其本身所应得。“如是取义，因曰我无荷包。”在这里，中国传统的贵均思想也成了“传统社会主义”，主导模式的影响可以说无处不在。

既然彼有“荷包”而我无“荷包”，而我从事政治的方式纯粹由模仿“荷包”国而来，于是在短时期内便养成一种浮华虚伪的习惯，以求与西方议员的习惯相应。“相应一次，其浮华虚伪之度加高一次。展转相应，展转加高。”以往年收入制钱三十千文用度已足，且有余钱赡养家人，而今年入三千元却不敷所用。人民的道德水准下降了吗？未必。国家的生产能力增加了吗？更不是。“以国力所万不能供给之事，人能所不应获得之资，而为之得之，又似于公德无大损伤，谨厚者不能自了，放纵者无所忌惮。社会之好恶褒惩又无定衡，此诚迫人为毁廉灭耻之务，若决江河，沛然莫御。”在这种情况下，高谈道义毫无意义。“以是观之，由今之道，无变今之俗。内阁云云，国会云云，省议会云云，地无问东西南北，人不论智愚贤否，时不拘古今旦莫，率有等量齐观同出一邱之悲。何也？势至则然也。”他对当时人们“每好指摘人身，而不根求治法，尸祝西宪”的做法不以为然，认为是“自忘本来”。那么，究竟应该如何解决这个问题呢？他的结论是：“一言蔽之，吾为农国，不能妄采工业国之制度。今图改革，请从农始。”①也就是以农国的精神立国，这才是其本质所在！

由此可以看出该文潜藏的内在逻辑：政治腐败的原因，从廉耻等道德层面解释不通，从国会、政党政治等制度层面也解释不通，“荷包”即经济基础才是最根本的原因。

章士钊在不同场合多次谈到代议制的改造问题，具体主张不尽相同，但从总体上看，不外无首论、业治论、恢复科举制和规复科道制四个方面。

---

① 章士钊：《论代议制何以不适于中国》，《申报》1923年4月19日。

二　改造方案之一：无首论

1916年袁世凯死后，黎元洪依法继任总统，但实权掌握在总理段祺瑞手中。二人不和，于是出现所谓的府院之争。1917年，围绕“参战”问题，双方矛盾激化。段祺瑞召开以皖系为首的“督军团会议”，强迫黎元洪同意，并指使所谓的“公民请愿团”包围议会，胁迫议会通过该案，遭到议员们的抵制，参战案陷于难产。在国会和社会舆论的支持下，黎元洪下令将段祺瑞免职，段祺瑞随即指使皖系军阀所在的八省宣布独立。北京政府陷入瘫痪状态。在此情况下，黎元洪请驻徐州的辫子大帅张勋进京调停，张氏乘机复辟帝制，黎元洪被迫下台。此事发生后，许多忧时之士认为总统选举制度有问题，有的主张修改选举法，有的主张仿照瑞士不设总统，而改行委员制。一时议论纷纷，莫衷一是。在这种情况下，章士钊于1923年夏提出了他的无首论。

据章氏说：“无首云者，盖取吾《周易》见群龙之义，谓治道中尽有不尚元首可以为政之一境也。”这种制度并不合乎世界通有之政例，章士钊创立这种主张，意在由中国试行，为天下先。在他看来，自来人类的理想，都是从一些外部现象中产生的。具体到政治方面，尤其明显。比如，一个国家有元首，好像是必然的，其实不然，元首乃由君主递嬗而来。过去柳宗元著《封建论》，说封建制的建立并非圣人的本意，但他并不怀疑君主制。民主共和思想兴起后，对封建主义的批判已经“由方伯连帅而上达君主”，与柳宗元相比是一个很大的进步，但却没有意料到，废君主而代之以元首，元首实际上是“君主之遗”。柳宗元废封建而不敢废君主，是其弱点；共和论者废君主而不敢废元首，又是其弱点。现在章士钊要再往前迈出一步，连元首也要废除，不可谓不大胆！由此看来，他的无首论多少带点无政府主义的色彩。

考虑到一些人或许会怀疑这种无首制究竟能否在中国行得通，章士钊断然回答：没问题！他说，根据柳宗元的《封建论》和英国洛克、法国卢梭的“民约论”，当初设立元首主要是为了息争。但有了元首之后，争持反而日益加剧，所以才有世袭制度。“凡守成者不过中主，甚且昏庸，其民亦隐忍安之，而不肯轻返乎假物必争之始境，别求君长者，率以此也。”但“争存之世，优胜者未必即贤，劣败者未必即不肖。圣贤生于其时，亦何法得保其必进为天下共主？”中国实行民主共和制度已经12年，而“南北争帝以外，宁复有其它寸积？”他甚至断言：“争性不灭，国立总统，实不如立君之较为安宁。”为什么呢？因为君主实行世袭制，数十年甚至数百年才争一次，而共和制度每七年、五年一改选，改选一次即争一次，“而好争者之兽性，或纡或径，或正或负，必同寄集于所大欲之一事，尽量倾泄，人民可计日而数大乱之临期也”。也正因此，以今世之大同，复辟论不仅不能铲除，甚至还时时彰显。所以，他主张无首，“非以吾国治化已隆，远逾欧美，漫行一彼未及行之制。乃正以吾之政争失其正轨，一骨投地，群犬狺狺，不能行欧美所通行之制故”。

考虑到一些人可能会认为中国的共和制度徒有虚名，其与政治相关者，“智不能有为，德不能讲让，水平线上之政识政律一切不具”。就政治制度而言，只有欧美行得通而在中国行不通的，没有欧美行不通而在中国行得通的。对此，章士钊承认：“此盖事实之论，无可诋谰。……吾国政象之恶，以愚所知，且甚于客之言万万。”但他同时反问道：“惟问此之政象，是否以树立总统，可望其自然改善？易而言之，今吾国是否有出类拔萃之人，可以扶植纪纲，整顿民物，草上风行，因使一国之人，欣然而向化？”如果有这样的人，选民们能否辞谢财贿，不畏强暴，齐心合力推举这样的人？章士钊断言：“无论何人，谅不能为正答。”在他看来，凡事有本有原，当时政治的罪恶，其他原因且不论，所受争总统之赐，决不为少。他又反问道：“又问此之政象，若不于所争者加以救治，谓其将以他途徐即于良焉，是否有幸？”他断言：“无论何人，谅亦不能为负答。”既然无法回答以上两个问题，那么也就只有“截断众流，别开新径”，也就是实行无首制①。

正在章士钊讨论无首问题时，英国《泰晤士报》刊载一篇社论，分析中国当时的无政府状况。作者本意是想说明外国人在中国所“蒙其害”，并非排外造成的，而是因威权骤落而导致的无政府状态所造成。但在章士钊看来，这不啻为其主张无首论提供了不可多得的证据。所以他看到该文后，又写了《无首说例》，指出《泰晤士报》之论有三个要点：“一吾国已陷入无政府之实境；二在无政府之下民间事业行之无碍；三外人利于有政府以保其权利，当谋所以复之。”在他看来，除第三点是外国人的主观臆想另当别论外，前两点“实以如炬之目光，照政治之新义”。为什么这么说呢？章士钊指出，“今之无政府，为中外之所同声诟叹者，不谓政史中有一绝新之纪元，伏于其中？”关键在于“有心者潜意伺之，明辨出之，反乎当世之恒

① 行严：《无首论》，《新闻报》1923年7月21日。

情，著为政学之通法已耳!”这一“绝新之纪元”究竟是什么?“即立无首制以新中国是也”。

在此之前，曹锟为贿选总统指使北洋系人员逼总统黎元洪下台。黎元洪去职后，北洋政府内务总长高凌霨自行宣布摄行大总统职权，一日数令，俨然以大总统自居。而外间根本不承认高的这种地位，所以无论报纸函电，不说“非法摄政”，即直呼其名，北洋政府实际上已处于无总统的境地。而民事方面，却一切正常。有鉴于此，章士钊继续写道:“《泰晤士报》所谓为业如故，生产交易种种如故者，乃觇风者之实录，固昭哉其可观也。”以往人们“局于前史之惯例，安于事君之遗习”，虽然提出无首，却苦于没有实例，所以许多人不敢有此想法。“今何幸自然而然，有此七十余日之无首实证，以昭告于天下。继此而往，且不知绵亘至于何日?吾人不能因而著为通则，在政局中别开一径，移一国之智勇辩力，俾于较为可获可畲之地，以耕以菑，免致株守史事之僵迹，粪集人欲之巨痈，出万死不顾一生之计以争之焉。此非庄生所称大惑不解，即其所称大愚不灵者矣。”在章士钊看来，虽然高凌霨“其人一无可取，今能自荐而明无首之例，如古祭祀之有尸，来燕来宁，实式凭焉”①。换句话说，高凌霨摄政，为章士钊提倡无首论提供了绝好的例证。

虽然如此，无首论的内涵究竟是什么，章士钊并没有说清。9 月 18 日，章士钊又发表《元首寄生论》，指出:“寄生者，愚谓元首之职权，使之轻至无可再轻，而仍编次于国宪，期于克举。惟虚其位，而不皇皇焉求人之谋为元首者以实之。所谓大总统选举法，全部废弃，仅就国中政法学各高级机关，如国务院、参议院、大理院、国立北京大学之类，择定数四，以元首一职寄于彼机关之首长。凡为国务总理、参议院议长、大理院院长、北京大学校长者，同时依法具有兼领总统之资格。及瓜期也，将所有同资格者，分书其名而枚卜之，如俗之拈阄然，使举者与被举者无从参以己意。此事年一行之，谁为占得，谁即兼尸，无所谓连任不连任。此在理想，实与《诗》云‘茑与女萝，施于松柏’者，连类而取譬。总统为茑萝，国务总理以至大学校长等职为松柏，是之谓寄生。”② 茑与女萝都是附生在松柏之上的蔓性草本植物，章士钊借此形容总统与国务总理等的关系，意思不能说不明白。

---

① 行严:《无首说例》,《新闻报》1923 年 8 月 27 日。

② 行严:《元首寄生论》,《新闻报》1923 年 9 月 18 日。

三 改造方案之二：业治论

所谓业治，即联业自治。章士钊在业治论方面的著作主要有1923年8月发表于《新闻报》的《业治论——告民治委员会》《业治与农——告中华农学会》，1927年初发表于《甲寅周刊》的《论业治》等文章。[①] 细读这些文章，我们可以对其业治论提出的背景、内容及在当时的反响等情况有一个基本的了解。

在《业治论——告民治委员会》一文中，章士钊谈了自己撰写该文的缘起，说凡是有人群聚集的地方，就会有利益，有利益就会有冲突，为了平息冲突就不得不想办法进行治理。“至所以为治之道，视社会进程之深浅，及当时通人之识解如何，宜有变异。自有群纪以至今兹，每当国家有大变动，制度文为，其沿革诚有不同，然出入之度甚微，儒家因有损益百世可知之论，不足以当变异之目。”易言之，治理社会的方策，随时代变迁而不同，不过总的说来变化并不很大。时至今日，既有的制度已不足以应世变，因此，必须从源头“别立新案”。

从人类产生以来到今天，一共出现过多少种治理方式呢？章士钊没有直接回答这个问题，而是从“政治”这一概念入手进行分析，说：“盖政治云者，以政为治，上一字以状下一字，表著治道之所由施者也。……夫政者，正也。正者，正百官正民皆是也。”由于群智日纷，情伪百出，为治之方往往贤者所见不同。有谓正之宜重法者，是为法治；有谓正之宜重人者，是为人治。以职司言，古来操治柄者，无不为官，所以叫官治；近来谋以民易之者，又名之曰民治。然而无论是法治、人治、官治、民治，“有如帆随湘转，望衡九面”，而“政”为主峰。所以政治是一共通名词，“何政何治，皆其支别”[②]。由此看来，似乎人类社会发展到如今，至少出现过法治、人治、官治、民治等几种治理方式。

---

① 章士钊还写有英文著作《联业救国论》（*Chinese Politics and Professionalism*），惜未能找到，无法评析。另外，在德国考察时，他曾拟撰写一部名为《业治论》的专著，该书共分五章，第一章，业治之起源及大意；第二章，欧洲各国业治论之大要及其实际，下分四目：一沁宗（法兰西）、二基宗（英吉利）、三苏宗（俄罗斯）、四鲁宗（德意志）；第三章，业治论之评骘；第四章，业治主义之适用于中国；第五章，论实施方法。后来因回国奔丧，未能撰就。《孤桐杂记》，《甲寅周刊》第1卷第29号，1926年1月30日。

② 章士钊：《业治论——告民治委员会》，《长沙章氏丛稿癸甲集》，商务印书馆，1929，第172—174页。

既然政治包括法治、人治、官治和民治，而政治已经腐烂，是不是法治、人治、官治和民治也都腐烂了呢？不是。章士钊这篇文章是写给民治委员会的，他强调的只是民治，或者说腐烂掉的是代议政治。他在《业治与农》一文中说："夫政治有二式……距清以前之官僚政治，及民国以来之代议政治是也。"官僚政治的特性"在于人群百业之中，标揭一级曰士，号为谋道不谋食，专以治人食于人为事。其得进而与人家国，以达其不耕而获不菑而畬之的。大抵先经考试，继循资格，二者中程，则天下之事无不可为。……若夫屡试不第，屡不第屡试者，应试以外，一事不为，黄馘槁项以终其身，无所于怨。于是将所谓士者，擘为两半，一无事不为，一不为一事。束发受书，即灼然知斯二者，将来必出一途，举天下智勇辩力最高最富之一部，坐废于颟顸与荒怠之中，而昏然无觉"。至于农、工、商三个阶层，则要出粟米麻丝作器皿通货财以事其上，否则当诛。如此而欲人才得所，国业有序，根本不可能。现在以代议政治取代官僚政治，将考试和资格两项全部废除。考试和资格都有问题，但如果能以此"约束吾侪德性不完之人类，弊果百也，其利犹得五十"。过去由试事做官者，虽说以有事为荣，在官为乐，但以稍稍读书明理之故，有所不为之戒，不敢太过放纵。现在"以不学相宏奖，以道德为腐朽。由是职事上之无事不为，骎骎与伦理上无所不为合辙"。旧官僚政治时代，因"格式有定，不得其阶者相习安之"，于今则"百无障翳，悉从诡遇。无耻冒进之徒，乱流而出，率得美仕，拥厚实，而士林不以为耻，社会不知其非"。这种新式官僚政治，就是从欧洲代议制发展来的。

乍一看好像章士钊是在抨击官僚政治，其实章士钊抨击的重点是新式官僚政治，即近代以来的民主政治。所以他接着说："迩来国人喜言革命，然所革者往往为旧时之善。同时变本加厉，以申其恶。"也就是说，近代以来人们的革命错了。至于说那些代议士究竟代表谁，选民自己也不清楚。他还以自己的经历来予以说明："愚之被选，亦已六年，而选区从未告以何利宜兴，何弊当革，而愚亦从未向选区申报，谓不才所见如此，于意云何？是代表非代表事而为代表人，章章明矣。"这种情况，英国学者柯虞称之为"幻化"。英国内阁大臣均从议员中选任，但其所领之部，非所素习，英国政治学家白芝浩"谓以不识印度在大地何所者，使为殖民部大臣，三日即能通晓理藩纲要，据此诩为内阁制之功能。由今观之，何值一笑？如吾阁不成体制，更不足论"。在他看来，改造代议制已经成为世界范围内仁人志士的一致要求，而改造中国当时实行的非驴非马的代议制，更是迫在眉睫，所以“业治之兴，此其时矣”①。

后来他在《论业治》一文中，进一步对近代民主政治进行抨击，说：“民治者何？吾国学生，近年肆意挦撦，曾为德谟克拉西五字，叫嚣乎南北，即其物是。是物也，盖以近世代议政治为之尸，二十世纪初年（指大战前），产业问题之纷纠日益，议员德性之堕坏日显，巴力门之信望渐次失坠。……洎乎大战，各国政府咸感议会意见多而程序缓，于用兵不便，则径以军权抑之，使不得声。战事告终，社会党麻起，障阻中产阶级之长持魁柄，尤不遗余力。议会政治，经此两厄，近十年来，遂一蹶而不可复振。德谟克拉西云者，在欧陆闻之，几邻诅咒之词……而吾之学生，未审此状，见译文有民字褎然居首也，以谓是即吾徒寤寐以求之物，因相与号呼隳突，缴绕一世，曰德先生，曰德先生（与科学曰赛先生者并举）。吾国捧心效人，自忘其丑，往往如是。”②

既然“政治于字，已归腐烂”，“业治之兴，此其时矣”，那么什么是业治呢？或者说业治包括哪些内容呢？章士钊对此作过多次解释。他在《业治论——告民治委员会》中这样写道：“凡人自占一业，而其同业又力堪自瞻，材堪自治，自为经纬，蔚成一军，退可自守，进可与人家国者，国内一切为其业所包孕之大小事务，宜取而直隶于己部，自董理之，不许他业得侵其权。己部以外，不得更有何机关，或纾或径，以治理本业。而己部之于他业，除在各业公同之范围内，僇力共济外，亦不丝毫有所逾越。此业治之大旨也。”他还以民治委员会为例说明之：“当民治委员会之初设也，外间以商人政府訾之，谓将承接北京摄政内阁所岌岌不保之统治权。民治云云，实与全部政治同其广狭。愚前论此，因窃有疑该会整饬内部，徐徐自表。今知所设委员会，本有多种，民治特居其一耳。……愚前此之疑之者，兹又何惜竭诚以迎之。盖既知以一国经济坚缀于己业所栖息之商，凡于商有关之财政，或为自裕，或供国计，其计划整理之责全引于己。则苟其所计划整理者，以力持之，期于必达，其至少之效力，如最近纱业公债之启于农部与国会，不获通过，纱商坐受其困，以及北京政府加税不已，高利借贷以病商而蠹国者，可无其事。且商会如是，他如工会、农会、教育会种种而亦如是。各业于其所独者，群坚壁以清野；于其所同者，复通力以合作，循至今式之政治组织全然废止，尽能止义灿然大备之业治制，

① 行严：《业治与农——告中华农学会》，《新闻报》1923年8月13日。

② 章士钊：《论业治》，《甲寅周刊》第1卷第38号，1927年1月1日。

相代以兴，亦意中事也。"[①] 在这里，所谓业治就是近代以来的商会、工会、农会、教育会的自我管理。

但章士钊有时又将业治与中国古代的井田制和行会进行比附。如他在谈到《元首寄生论》时就写道："业治如古之井地然，一业譬之一家，分治犹私百亩，其所协力共戴之中枢，则若同养之公田也。默计中枢之所有事，其性将大反乎今之内阁束缚驰骤者之所为，而与出入相友、守望相助、疾病相扶持为一类。"[②] 他这里所说的"中枢"实即国家，这种国家与中国传统的国家不同，与近代国家也不同，倒有点像欧洲早期的城邦国家，而各业则有如当时的市民社会，国家的职能颇似"出入相友、守望相助、疾病相扶持"一类的事务。章士钊又举《淮南子·齐俗训》中一段因人而治、因地制宜的记载为例，认为中国传统文化中有业治的思想资源。西方学者也阐发了业治思想，章士钊认为欧洲学者研究社会学的两派，"一有见于齐，一有见于畸。见齐者注意于人生之同点，主以国力整齐人事，于国家社会主义为近；见畸者注意于人生之异点，主人人各以其性行知能，分途赴功，无取国家干涉之，于愚所谈业治相近"[③]。在这里，业治又和中国传统的因地制宜思想以及欧洲的空想社会主义相仿。

在曾拟撰写的《业治论》和后来发表的《论业治》一文中，他不仅把英国的基尔特社会主义称为业治，而且把当时苏俄实行的苏维埃制度也称为业治。如在《业治论》一书中，有一章就是准备专门写苏维埃政权的。后来在《论业治》一文他仍写道："业治者，欧洲民治崩裂后所起之新流也。……惟民治之势既衰，承之者有业治一派，在英曰几尔特，在俄曰苏维埃，其取义之广狭，手段之激随，各与民情国势相推移，形形色色，尽不一致。而所得合符复析之根本要道，亦曰惟自食其力者为能与闻政治，同时惟自食其力者不能不与闻政治。易词言之，凡有业者，先分治其业为众葛罗布，后合治其国为一总葛罗布而已。此外凡已无业，而徒榨取于民业以为食，以及似有业而实无业，迹其所为，且一一与国民经常生产有防，如世所称波硕亚齐者悉去，是之谓业治，一曰葛罗布制（Group System）。"

对英国式的业治，章士钊给予很高评价，认为是"业治者甚高理想极合人道之政式也"。对苏俄式的业治，则进行了严厉批判，说："业治有其

---

① 章士钊：《业治论——告民治委员会》，《长沙章氏丛稿——癸甲集》，商务印书馆，1929，第 175—176 页。

② 行严：《元首寄生论》，《新闻报》1923 年 9 月 18 日。

③ 章士钊：《再释言》，《长沙章氏丛稿——癸甲集》，商务印书馆，1929，第 72 页。

取义广狭手段激随之不同。苏维埃者，狭而激者也。彼于农工兵而外，几不承有他项正当职业。全国政治，则以此三项人，在各地方分组为苏维埃，大小相合，内外相维以统之。所有政令，壹是秉承于党，党员千人一义。除本业外，党中不得有他种较小结集，以分党力。凡人动作，一以机械律运焉。智识不许成为阶级，并亦无取乎智识（武汉现遍张打倒智识阶级口号）。其下手处，则使各业分为协会，并助之破弃本业自来一切约束，改隶于党。”也就是说，苏俄式的业治实质上是党治。

章士钊批判苏俄式业治的目的，是为了否定当时广东、武汉革命政府实行的工农民主专政：“孙中山者，夙以三民主义噪于世者也。……入民国来，中山见其说雅不中时，又以深入人心之夙义，弃之可惜，则倡为三期之议以济之。三期者，军政、训政与宪政是也。……其后鲍乐庭、加伦入粤，形势突变。之二人者，既亲行苏维埃制有成，当然吐弃欧洲僵然濒死之民治，以为无足收效。……然则该党今所汲汲为之者何也？曰：‘将行业治而失其正’。”也就是说，苏维埃是走上邪道的业治。他将广东、武汉革命政府实行苏维埃制度比诸王莽和王安石变法，说：“天下政事，意正而法非，卒至祸国病民，不可收拾者，往往而有，王莽、王安石之类是也。今党军之于业治亦然。”他历数苏维埃制度的七点不足，以证明苏维埃制度必败无疑。①

在《业治与农》一文中，章士钊曾经对首先实现农业自治，从而实现各业自治充满了希望，指出：农业为各业之一，而且其领域非常大，所以如果治国要从治本做起，就应关注农业。他认为当时的中华农学会应该对中国农业的兴革事宜制定一个全面崭新的计划，而且要将实施这项计划的责任全部承担起来，不要寄希望于别人。对北京农商部内与农业有关的各个职能部门，不要与他们讨论，也不要去申请根本无法解决问题的经费，只需要就自己制定的计划作一逐年预算案，每年公开在地丁钱粮内征收所需的经费，由全国农业团体共同设立总机关，依案支用。总机关拥有独立办事之权，任何人不能干涉。章士钊也知道自己的这一方案不可能立即实现，所以他主张朝这个方向努力，天天讲，多方努力，“幸而成也，举属于农业所应解决之事，悉得依本力而解决之，以农治农，字曰农治。他业之所自为谋也，诚亦如农，则工治商治学治以及某治某治，皆可作如是观。而所号业治，行入功德圆满之域。凡国家社会之所纲维主宰，可悉本是。

① 章士钊：《论业治》，《甲寅周刊》第1卷第38号，1927年1月1日。

而为之农者，独以国本所在之故，领导各业而为之主盟。谋国至此，可无遗憾”[①]。

四　改造方案之三：恢复科举制

章士钊早年是激进的排满革命者，对于科举制度，亦曾予以激烈反对。1903 年，他在所撰《驳〈革命驳议〉》一文中即写道：“科举者愚民之术，有志之士，不入其彀中。”[②] 民国初年，章士钊对科举制度的看法虽有些微变化，但基本持否定态度。如 1915 年他在《共和平议》一文中写道：“苏子瞻曰：‘夫智勇辩力，此四者皆天民之秀杰者也。……先王因俗设法，使出于一。三代以上出于学，战国至秦出于客，汉以后出于郡县吏，魏晋以来出于九品中正，隋唐至今出于科举。’今可益之曰：欧洲自十八世纪以来，出于代议士。至出于代议士，则所谓出，非由王者‘分天下之富贵，与此四者共之’，乃其自有作用，各挟其智勇辩力之量，求进于政事得失之林，非王者招之所能来，麾之所能去者也，于是宪法尚焉。立宪政治云者，无他，亦萃集四者之量，投之政治总体之中，使之调和而淬励焉，以表见其高华多福之群制而已。”[③] 也就是说，“智勇辩力”四者无论是出于学、出于客卿、出于郡县吏、出于九品中正、出于科举，还是出于代议士，虽然形式不同，但总的目标是“萃集四者之量，投之政治总体之中，使之调和而淬励焉，以表见其高华多福之群制”。针对当时废学校复科举的主张，章士钊站在自由主义的立场上予以理解。

1921 年欧游期间，章士钊对科举制度的态度发生了根本的变化，而改变的关键则系受了英国小说家威尔斯（H. G. Wells）的影响。对此，1923 年他在讨论代议制时说过：“若夫英美式之国会，断乎无复自存之值。将来进退人才，分业为治，当立大规模之考核院，以司其成。此制愚在英时，曾与威尔斯讨议及之。彼既发其意于所著《史纲》，而深叹吾国妄废试科为愚不可及。”[④] 在此章士钊说的多少有点含糊，实际上当时是威尔斯率先提出在中国恢复科举制度的问题，与章士钊一起拜访威尔斯的陈源对此有详

① 行严：《业治与农——告中华农学会》，《新闻报》1923 年 8 月 13 日。

② 汉种之中一汉种（章士钊）：《驳〈革命驳议〉》，张枬、王忍之编《辛亥革命前十年间时论选集》第 1 卷下册，生活·读书·新知三联书店，1960，第 691 页。

③ 秋桐：《共和平议》，《甲寅月刊》第 1 卷第 7 号，1915 年 7 月 10 日。

④ 行严：《再论非党》，原载《新闻报》1923 年 10 月 25 日。

细的记载。[1] 自此以后，章士钊对科举制度的态度开始发生变化。

1923 年 8 月他在谈到业治问题时，就对科举制度做了某种程度的肯定，认为“昔之由试事通籍者，虽曰以有事为荣，在官为乐，而以稍稍读书明理之故，有所不为之戒，不敢尽弛。今乃以不学相宏奖，以道德为腐朽，由是职事上之无事不为，骎骎与伦理上之无所不为合辙”。[2] 后来他在《非党》一文中又指出：“今欲去贿，非于受贿之情有以治之，心有以制之，其道无由。然则又如之何而后可？曰，凡所剿袭欧洲工业国虚伪浮滥之政制，悉行罢去，筚路蓝褛，再启山林，德行政事，一惟农国所需是务。讲礼节欲，兴廉励耻，‘黜虚华，进淳朴，听言观行，明试以功，名实不相冒而能否彰……海内新安，民得休息，皆乐吏职而勤农桑，风俗和同，人自修饰。’如史称汉光武初年气象（语见袁宏《后汉纪》），则贿将不期而自戢。”[3] 稍后在《再论非党》一文中他再次指出：“若夫英美式之国会，断乎无复自存之值。将来进退人才，分业为治，当立大规模之考核院，以司其成。……总之，法制之事，以无首、业治、考核三意贯之。”[4] 在此，章士钊所说的“明试以功”、“立大规模之考试院，以司其成”，表面看是要通过考试来选拔人才，实质是要恢复科举考试制度。

不过这一次章士钊没有亲自出马，而是让后期“甲寅派”的骨干之一瞿宣颖来挑这个头。1925 年 7 月，瞿宣颖在《甲寅周刊》第 1 卷第 2 号上公开发表《科举议》一文。在该文中，作者指出，古人之所以创立考试之法，主要是为了纠正选举的弊端，因此考试与选举相辅而行。汉制州郡举茂才孝廉，20 万人以上岁察一人，40 万人以上岁察二人，实际上与民国年间的选举议员差不多。选举主要是考察其行为，考试则考核其言论。自东汉创立策试孝秀，唐代创立投牒自举，才渐渐失去古时乡举里选的精意，于是考试与选举也就渐渐分离。但自科举考试制度确立后，“人才进身之阶，国家取士之则，始臻至公极明一切平等之境”。由唐以来，施行千载，虽然末流多失，但良法美意却始终未失。后人只看到了科举制度的弊端，以为该制度束缚驰骤，埋没真才，殊不知在发现人才方面，除科举制度外，更无其他好的办法。他还列举了科举制度的四个优长之处，即“采毁誉于

① 陈西滢：《中山先生大殡给我的感想》，姜振昌、庄纬编《西滢闲话及其他》，文化艺术出版社，1996，第 4 页。

② 行严：《业治与农——告中华农学会》，《新闻报》1923 年 8 月 12 日。

③ 行严：《非党》，《新闻报》1923 年 10 月 19 日。

④ 行严：《再论非党》，原载《新闻报》1923 年 10 月 25 日。

众口，不若觇器识于片言，月旦未免浮谈，风簷常获真赏。”“乡僻寒士，各有自奋之途，簪笏望门，无由独擅其便。”“衡文有式，众目昭彰，可有无心之幸获，而不能有必得之挟持。”“正途出身，独成气类，杂流自知敛迹，物望遂归士林，经术得殊荣，清议有风力。”在他看来，晚清人们废除科举，主要是怕科举影响新式学堂的发展，应该说顺时通变，固有其由，但因噎废食，亦无可讳言。十余年来，废除科举的后果已经显现出来，因此改革人才使用制度，就势在必行。

改革的出路何在？在恢复科举考试制度。具体说来，即“酌仿科举制度，融合学校选举之精意，……审时势之所宜，参古今之成法，请本汉代诏举贤良及策试孝秀之遗意，兼采明清乡会试制，而大体则规之康、乾两次博学鸿词制科，举行特科一次，以新视听”。[①] 具体考试办法包括乡试和会试两种。（一）乡试：确定各省区特科乡试时间。事前由执政指任的临时考试试官委员会，通过考核录取典试官，组成典试院，负责办理所有特科科场事宜。应试人员不拘资格出身，国内外专门以上学生，年龄在20岁以上者，简任以下官吏，及曾应文官考试，或前清科举人员愿意参加者，均听其便。但曾受褫夺公权处分、届时未经复权者，不得参加考试。应试人员应由本县知事或县议长，在省会城市者由省区长官或省区议长保送，开具三代履历、学校或其他出身及所习科目，于试前若干日汇送主考官处。乡试分两场，头场试“通策”一道或“论”一篇，二场试其所习专科“策问”五道。题目式样由典试院先期呈请核定，届期由主考官比照酌量出题。限一日内缴卷，并禁怀挟。乡试中额，略照国民代表选额分配，即甲等省限65人，乙等省限50人，丙等省限35人，各特别区限20人。远省乡试，得借地举行。蒙古、青海、西藏等省区得临时声请附籍邻省，量予中额。乡试中式举人，比照普通文官考试及格资格，交京外各机关尽先任用，叙资在保举、分发、简任职之前。（二）会试：确定特科会试时间，于京师集中会试各省举人。届时由执政亲临发策，特派总裁一人，副总裁二人，就典试院官选派阅卷官若干人，并聘委襄校官若干人，公同校阅。试场以内务总长为提调官，教育总长、司法总长及大理院长为监察官。会试题为“策问”一道，题式由执政亲定。限一日缴卷，并禁怀挟。会试中额大约相当于乡试中额的五分之一。会试榜发后，由总裁典试院长引见执政，面加考询，亲定等第。以才大堪用、学有本原者为一等，才堪任事者为二等。

① 瞿宣颖：《科举议》，《甲寅周刊》第1卷第2号，1925年7月25日。

一等第一至第三名予以特擢，第四名以下授学士。二等第一名以下并称进士。比照高等文官考试及格资格，交京外各机关尽先试署荐任官。下第举人仍资遣回籍，会试中式进士，均得由执政酌选，补充国民会议代表缺额。此外，另定《科场条例》及举人进士《任用保障条例》以规范之。

杨定襄看到瞿宣颖的《科举议》后，认为瞿氏撰写此文的“指归在于作正气抑倖心”，忧深思远，属于仁者。而当时的实际情况是“人安犷鄙，士便恌偷；又溺于邮贩之辞，袭谬缘愆”。[①] 他担心不就此展开讨论，瞿宣颖的主张将会不容于时，因此专门写了《广科举议》，以广其说。不过，杨定襄对瞿宣颖拟定的具体办法并不完全赞同。在他看来，既然叫特科，就应该仿照制举之法，由行政首长特令征辟，使京外长吏各举所知，咸集国门。然后延聘学术湛深、清望素著者为阅卷官，闭门考试。而不必沿科场故事，按省典试，以免驿骚之诮、供应之烦。征辟之令宜宣示准则，如经术、史学、词章之类皆当明定科目，举主准是以登荐，试官准是以命题。通过考试者参加复试时，应以时务为内容，不再分科。通过复试者分别等级授以职务。凡特科所取，专备献纳讲读顾问著作之选，不必分发部省，责以吏事，一则因为京外官署冗员充斥，未经甄别万难置顿，再则影响学校毕业生的分配和发展。

经瞿宣颖和杨定襄这么前后一鼓荡，是否恢复科举考试竟成一时舆论的热点之一。

五　改造方案之四：规复科道制

1924 年 6 月，章士钊抄录欧游道上寄而未达的信函给章太炎，章太炎在复信中写道：“吾前在日本，逆知代议之制不适于中土。其后归国，竟噤口不言者，盖以众人所咻，契约已定，非一人而能改革。且国会再被解散，言之惧为北方官僚张目，故长此默尔而已。”而现在“国会恶名，播于远近，亦无再成之势，穷而思变，人人皆知之矣”，所以“复理前论，适在今之时”。

章太炎认为，现时国会存在的问题与其在《代议然否论》中所指有所不同。“盖取决多数，其势有必不可行者。”为什么呢？因为如果以议员监督政府官吏，则弹劾查办之事，必将受到牵制而难以执行；如果以人民法

---

① 杨定襄：《广科举议》，《甲寅周刊》第 1 卷第 6 号，1925 年 8 月 22 日。

吏监督议员，一旦过半以上议员犯法，也将无法处置。“是故选区撤回，法庭起诉，可以制少数议员，而不能制多数议员也。”有人认为，如果政党结合，则多数一心，弹劾查办，必无停滞。章太炎也不同意这种看法，他认为中国的政党“以爱憎为取舍”，即使真的进行弹劾查办，亦无益于国。而人民法吏之监督议员，又非政党所能实现。因为如果一半以上的议员犯法，不可能让全国一半以上的选区撤回其所选议员；如果让法庭起诉议员，即使法吏强硬有力，也会因害怕损伤国体而止步。他主张采用多数制来选举元首，批准宪法。“以多数决之而无害者，以其权在全体国民，不在代议士也。”至于监督政府和官吏，则当行少数制，具体说来就是规复科道制：“若其监督政府，则当规复给事中；监督官吏，则当规复监察御史。”何以言之？“分科分道，各司其事，监督之权，始无牵制矣。不幸给事中、御史复有作奸犯科者，不过于一科一道中为之，而非全体为之，则法庭起诉亦易行矣。以科道监督政府官吏，以法吏监督科道，其连及者不广，则无牵制难行之事，比于国会议员，似为胜之也。”

科道制应该如何设置呢？章太炎认为，唐宋给事中不分科，御史不分道，分科分道始于明朝。“今欲使人有专责，事权易举，则分之为宜。”具体来说，将给事中分为十科，九科对九部，一科专对国务院。御史之职，因各省已有自治之制，弹劾省吏，有本省人员负责，所以应按院部而不应按省分道。至于科道员额，明朝置给事中 50 余人，御史 110 余人，现在每科每道各置 4 人即可，合起来共 80 人。

对于科道官的产生方法，章太炎认为，选举与代议同弊，任命由政府爱憎，皆不可取。“今使其人皆出于考试，考试及格，则使之互选，选举已定，则政府加以任命。以先有考试，故选举不能妄投；以先有选举，故任命不能随意。视近代议员，纯出选举，唐宋台谏，直由任命者，其弊必差减矣。”他还对具体的考试办法、任职资格、科道官的待遇和任职年限都做了设计。[①] 可以说，规复科道制是章太炎在这封信中谈论的主要内容，也是其对中国政治制度的一次大胆设计。

据章士钊说，他自得此函后，即“以复科道议密藏于胸。与人论政，辄见谈及。府中计事，亦屡以言察两官宜复为言”。同僚及所接诸友大多依违两可，只有梁士诒坚决反对。梁士诒认为，自古台谏没有不为鹰犬的，“某粗明掌故，兼历政要，深明台谏之制，于国政有百害而无一利。议员固

① 孤桐：《代议非易案》，《甲寅周刊》第 1 卷第 2 号，1925 年 7 月 25 日。

是不良，然比之谏官，不过狐狸；国会亦非佳制，然比之都察，犹是乔木。君家兄弟，同非代议，谋以科道易之，某愚未敢苟同，还请三思，以重国制”[①]。

鉴于这种情况，章士钊专门写了《代议非易案》一文，在抄录章太炎和梁士诒的不同看法后指出：“凡一制初立，利弊盖同伏焉。天下固未有绝良之制，只有利而无弊；天下亦未闻与制相缘之弊，其中竟无克制之方也。梁君所举台谏之失，信有然矣。顾乃举其弊面，而未尝计及其利面也。”他粗略考察了历史上科道制的利弊得失，然后指出：“终清之世，为其言官下一总评：与谓不得其言而言，宁谓得其言而不言也。洎乎末流，虽有如梁君所言，稍为鹰犬。然在其时一般人格之堕坏，内外政事之凌乱，以此衡之，犹为小疵。夫所贵乎有言官者，取其能言，盖不必言之而悉当。自古正人君子，其所苛责笃望于言官者，亦在其以时言之已耳。……未闻以其言之，偶有不惬，而遂疑及台官之不当立也。彼辈攻讦个人，或举发一事，情有出入，本不甚关宏旨，若虑国家存亡危急之秋，有人利之以为爪牙，中伤元良，摇动国本……则权力所存，朝官之可得用为爪牙者何限？纵无台谏，其计未见不行……梁君谓言官奏事，纯以感情冲动为之，漫无牵制，危险太甚……亦甚有理。在昔专制之世，主者以为自一人外，讦参有误，俱是无伤。而今共和之邦，人权至重，英伦所行毁谤之律，吾当仿为。言官所言，不得独居例外。……至学识过低，不足以为言官，则凡无学识者，一切官俱不应为，何止言路？此其救济之法，宜别有在，而决不在本制之废兴间也。”[②] 也就是说，章士钊虽然承认梁士诒所言不无道理，但仍然坚持其规复科道制的基本主张，并想方设法为这一主张寻找理由。

稍后，瞿宣颖也在《甲寅周刊》上发表《代议非易案书后》一文，以为支持。[③]

六　围绕章士钊代议制批评意见和改造方案的讨论

章士钊批评代议制的意见引起了广泛注意和热烈讨论。《论代议制何以不适于中国》本来是章士钊应《申报》特别约请撰写的，但文章尚未见报，

① 孤桐：《代议非易案》，《甲寅周刊》第1卷第2号，1925年7月25日。

② 孤桐：《代议非易案》，《甲寅周刊》第1卷第2号，1925年7月25日。

③ 瞿宣颖：《代议非易案书后》，《甲寅周刊》第1卷第7号，1925年8月29日。

《东方杂志》便组织了两期文章对章士钊予以批驳。而批驳的靶子，均是《申报》将在 4 月 18 日、19 日两日刊出的文章。3 月 25 日，《东方杂志》在第 20 卷第 6 号刊出了章文的主要内容和杨铨的驳论文章，并预告高一涵将有驳论文章刊出。4 月 10 日，《东方杂志》又在第 20 卷第 7 号刊出蒋梦麟的批驳文章。而高一涵的文章，直到 4 月 29 日才在《努力周报》刊出。5 月 7 日，瞿秋白也在中共中央机关报《前锋》上刊文批驳章士钊。看来章士钊否定代议制的做法犯了众怒。在诸多批驳文章中，以杨铨和瞿秋白的文章最有代表性。

杨铨指出："欧美行代议制者，不皆为工业国，若法若意若奥地利匈加利，其农民之数，皆占全国有职业者百分之四十乃至七十以上。美国立国之初，几于全国业农，国内惟少许之家庭工业，其幼稚远胜于今日之中国。然其代议制之成绩，殊不下于工业之英国。故谓美国今日之工业为政治之结果则可，谓美国之政治为工业之结果则不可也。若必谓代议制不适于农业之中国，充其逻辑之结论，是中国非至资本主义发达，将永无建立共和之可能，有是理乎？"在他看来，中国之所以纷乱及代议制之所以失败，有精神和物质两方面原因："在国民则苟安自私，放弃监督之主权；在议员则纵欲无耻，甘为权门之走狗。外无裁制，内多利欲，而议员之不堕落者鲜矣。"不能将原因单单归罪于饭碗问题。"夫声色货利，古亦有之，不限于今日；贪得无厌，西人亦然，不限于中国。而贪赃枉法之官吏议员独多于中华民国，其非单纯之物质问题明矣。故吾人与其以唯物史观为官吏议员原过，毋宁以开门揖盗纵虎食人自责。"杨铨质问道："吾人试旷览全国，舍中华民国之头衔而外，何处更有共和之形迹？在上者日以奖章勋位笼络人材，在下者则'不识不知顺帝之则'。以民主国之元首而模仿立宪君主，以共和国之国民而甘为专制之顺民，南辕北辙，方凿枘圆，欲其不成为非驴非马之国家，得乎？"他特别强调了民意的重要性，认为"居今日而言救国，正本清源，惟有吾人速就中华民国国民之职。民一日不民，则国必一日不国。不此之图，而惟枝节是务，虽更历十年二十年，亦将永无统一和平之希望。官吏可换也，议员可改选也，而无民意监督之，民主共和国终无实现成功之一日"。[①] 说到底，他把培养共和国的公民放在了第一位。

瞿秋白则指出，中国的国会与英国的代议制相比较，除了"国会"两个字是从西文"巴力门"译过来的外，其所代表的人及其所行使的职权绝

① 《代议制的讨论》，《东方杂志》第 20 卷第 6 号，1923 年 3 月 25 日。

不相同。在他看来，中国经济发展的程度尚未到创造资产阶级式代议制之时；即使抽象的数量上的经济发展已经超过当年英法民主主义初兴时的工商业，然而它所处的国际经济地位，也与英法当年大不相同；况且中国原有的农业经济蜕变而入于工业经济的过程，更与当年的英法相异。英法是自然进入工业社会的，不但有经济的独立，而且有由独立而更进一步的侵略倾向。中国工商业的发展，是受动的“外铄”，中国经济不仅丧失其独立地位，几乎完全成为帝国主义经济的附庸。英法小农业也渐渐破产，但因其经济独立，可以逐渐产生机器生产的大农场来代表小农。中国小农的破产，是因外国货物的输入，没有经济独立，便无法缓步从容以自己的力量经营大农场。因此，英国议会中可以渐渐出现大农地主，已经变相的封建诸侯的代表，以及大资本家、工商业银行家的代表；而中国国会中商人既无政权，农民还在睡觉，只剩一班高等流氓。所以中国不但没有采用代议制，而且本来就没有采用代议制的可能。

既然如此，那中国的国会是什么？瞿秋白认为，在中国，“不论国会省会的议员，无不是大军阀小军阀的机械”。瞿秋白承认，中国不是工业国，所以议员没有“荷包”，但这并不是中国不应当采用代议制的理由。在他看来，在一个国家中，国会不外两种作用：一是为统治阶级把持政权或为新兴阶级夺取政权，二是调节统治阶级各部分之间的矛盾或冲突。英国的统治阶级是大地主、资本家，英国议会就代表他们压迫无产阶级；中国的统治阶级是军阀，中国国会就代表他们压迫劳动平民。英国议会中政党的“荷包”由地主资本家供给，中国的政客及选举费由军阀担负。所以中国不是没“荷包”，只是形式不同而已。章士钊认为英国的代议制比中国代议制有四点优长，瞿秋白则认为，前三项仅是英国统治阶级富裕而中国统治阶级穷窘的表征。至于第四项，章士钊站在资产阶级的立场上来立言，所以觉得英国议员不可恨，中国议员可恨。章士钊所说的人民，实即英国资本家，他们处于统治地位，能够运用议会，所以不恨议员；中国大多数人民处于受统治地位，所以恨议员。因此，中国并非没有“荷包”，也无所谓不适用于代议制。瞿秋白还进而探讨了中国何以有如此国会制的原因，并指出章士钊的主张是向后转，他的这种向后转是中国旧士绅阶级垂死的哀鸣。[①] 同样是从唯物史观出发，由于瞿秋白运用了阶级分析方法，于是得出了不同于章士钊的结论。

---

① 秋白：《现代中国的国会制与军阀》，《前锋》第 1 期，1923 年 5 月 7 日。

章士钊改造代议制的方案，同样引起了广泛的讨论。其《无首论》一文见报后，徐佛苏致函章士钊，支持无首论，说“今日之所谓元首，在势已为群盗之赃物”，认为应实行瑞士式的委员制，以合议制代替独裁制。这样不仅可以解决集权问题，而且可以解决武人干政问题。虽然徐佛苏自认为这一主张是对章士钊无首论的补充，但很明显这并不是章的本意，所以他在看到徐佛苏的信后写道：“盖佛苏假定愚所主无首制即为委员制，毫不置疑，实则愚见全然不尔也。夫元首一物，为盗利用，是矣。委员何独不然？”①

对章士钊的“元首寄生论”，当时也有作者指出他太乐观。章士钊以为实行元首寄生后国内就不会再发生争总统的纷扰，文人也有领袖国政的机会，国民可以各依才力分途为业。该作者认为，其实当时全国的军人和政客眼光都集中在大总统这把交椅上，所以把各种卑污苟贱的手段全用出来去争总统。所幸的是总统专属于政界，所以这些卑污苟贱的手段也只在政界卖弄。将来如果把总统的资格放在国务总理、参议院议长、大理院院长、北京大学校长身上，那时军人政客必然把争总统的手段用来争这四种职位，把最高法庭卷入政治旋涡，使司法永无独立的希望；使争权夺利的行为侵入学界，把清纯高洁的教育机关弄得不干不净，那就真不得了。所以“我们实在不敢欢迎”。而元首寄生“未必优于委员制”，实行起来也有许多实际困难。②

对章士钊的“业治论”，当时国内外许多人也表示了不同意见。1921 年夏间，章士钊和陈西滢访问英国时曾拜访英国基尔特社会主义者柯尔（G. D. H. Cole，George，D. H.）、潘悌和威尔斯，以及费边社会主义者萧伯纳等人，其中除潘悌对其业治主张表示赞同外，其他人多持怀疑甚至批评的态度。潘悌认为，在中国实行业治比英国要容易，中国如果真的实现联业自治，不仅能够解决中国的问题，还可以促使西方人反省，“使奉为臬范，起而效法”。③ 作为一个费边社会主义者，萧伯纳则对中国能否实现业治持怀疑态度，指出：“天下惟私心为难克治，今以分业相召，谁不欲自尊其业者？近世托辣斯之弊，已难胜言，一旦尊百托辣斯于无上位，使各各自为最后决定，则凡天下之生息于消费者无死所矣。代议政体，诚腐朽无

① 行严：《无首辩答徐佛苏》，《新闻报》1923 年 7 月 30 日。

② K. C.：《评章行严的元首寄生论》，《努力周报》第 72 期，1923 年 9 月 30 日。

③ 孤桐：《孤桐杂记》，《甲寅周刊》第 1 卷第 2 号，1925 年 7 月 25 日。

可为理，而其选举，以地域为之标的，人自各方来，众意乱流而进，易于质剂，政因以平，此未始非该制死仍不僵之故。君倡业治，幸于此点厝意。中国沐浴圣化，雅善克己，能拔此治之善德而遗其恶，亦未可定。若夫吾英，则断断乎未之能行也。"[①] 伦敦大学教授、政论家华纳士曾直言不讳地对章士钊说："此制之不易采，首在歧市乡民而二之，以观于俄，其鉴不远。盖市民知识高于乡民，苟偷变诈，流于欺压。农人之反动也，理有宜然。凡苏维埃人，大都以农人为可力服，列宁则否，稍示和融，苏俄之不内溃以速亡也以此，然亦仅矣。逆料终列宁政府，无善道弥缝此短。中国之为农国，略近于俄，君倡业治，意宜注是。"[②] 英国工党领袖麦克唐纳在读完章士钊的《联业论》后，虽认为其书中"至少有一二点，应使政治学子俱致研详"，并从书中摘取一段，刊入英国工党所办的《社会党杂志》(*Socialist ReviewSocialist Review*)，但同时两次致书章士钊，指出："业治者，自私之治也。凡专于一业者，其精气思维，举不出其业一寸，以之为国，群命焉托?"[③] 其态度也极为明显。

国内也不乏质疑的声音。寓庸就在《驳业治》一文中指出："业治二字，章子行严袭取英之几尔特、俄之苏维埃主义，而贸以东方之文义，自伸其说者也。"章士钊虽袭取了英国几尔特和俄国苏维埃之义，而实未解两主义之真谛："几尔特不过欲使有业者与闻政治，而使为政者，知其各业之利弊所在也。苏维埃则绝圣弃贤，毁仁蔑义，举凡古人所谓进德修业之君子，皆谓之盗贼，而不容于今世也。"所以这两种主义与章士钊所说的业治，"不知相去几万里"。[④]

瞿宣颖的《科举议》发表后，"颇激发一时之士论，纷纷来函讨议"。[⑤] 支持者固不乏人，反对者亦比比皆是。汪吟龙在来函中就写道："瞿宣颖君拟《科举议》，实为国家立树人之法。"在他看来，国家欲拔真才，舍考试外，别无良法。至于选举，无能脱却金选（贿买）、钦选（长官指派）范围，其不适于用，无可为讳。他认为科举考试宜分中央、省、县三级。他对瞿宣颖所拟考试办法中没有县级考试表示难以理解。"殊不知县令为亲民之官，县政为国本所托，县治得人，省无不举之事，中央行政何有焉？故

① 章士钊：《论业治》，《甲寅周刊》第1卷第38号，1927年1月1日。

② 行严：《论列宁之死》，《新闻报》1924年1月26日。

③ 行严：《论麦阁》，《新闻报》1924年1月28日。

④ 寓庸：《驳业治》，《新国家》第1卷第3期，1927年3月1日。

⑤ 《答郁嶷——通讯》，《甲寅周刊》第1卷第22号，1925年12月12日。

国家举人，宜自县始，县治则国无不治矣。”对中式举人、进士，他不主张立即授予官职，而主张设立机构供其见习，等熟悉业务后再授以官职。“盖为事择人，不得不如是也。”①

郁嶷在来信中也写道：“瞿君宣颖《科举议》，慨念宦途淆浊，欲举行特科考试，以新观听。甚盛甚盛！晚近以来，士习嚣张，吏治窳败，中外古今，殆无伦比。揆厥所由，则抡才大典，旷废不举，奸佞幸进，贤良敛迹，实为主因。嶷旅京十载，目击其弊，深为太息。盖今日中国之仕途，除司法官由于考试，流品尚清外，若行政界流品之杂，匪言可状，牛溲马勃，兼收并容，一人成佛，鸡犬升天。近年各部人员，数倍定额者，胥由此也。”他认为当时中国行政界的情况与银行货币学上的格里森法则（Gresham's Law）极为相似，而达尔文的优胜劣败公例却于此不适用。因此，“议者际斯时也，欲复科举，以端士习而澄吏治，片言扼要，实为急务”。不过他认为，要真正恢复科举考试制度，政府必须大发宏愿，坚定决心，以后用人，以考试为正途，未经录取者，虽属亲故，亦必摒除，否则不免会像民国以来实行的普通文官和高等文官考试那样，除了为政府增加数百个面有饥色的闲员外，不会取得什么实际效果。他还进一步指出，欧美各国行政、司法官吏选用时都要经过考试，只有立法议员采用选举，因此夤缘奔竞之流不免混迹其间。好在选举是公开的，因此各方都有所顾忌，弊窦尚不太严重。“若在吾国，军阀横行，舆论销沉，议员纯由选举，决非良图。”因此应该“辅以考试，藉挽其失”。②

也有人虽然主张恢复科举考试，但对瞿宣颖撰拟的考试办法不以为然。如李步青在来函中就认为考试当分普通、高等、特科三种。普通考试就各省分道举行，与试者为中学以上毕业生、前清秀才、曾任或现任委任职，名额按各省委任职务人数取三分之一。高等考试于省会举行，与试者为高级中学以上毕业生、前清举贡、曾任或现任荐任职，名额按各省荐任职务人数取三分之一。特科考试于中央举行，与试者为大学毕业生、前清进士、曾任或现任简任职，名额按全国简任职务人数取三分之一。主试官皆由中央特任，普通考试襄校官由主试官聘请，高等考试襄校官由教育部聘请，特科考试襄校官由执政聘请。三种考试头场考同一试题，第二场试题分学校出身和非学校出身。学校出身者依学校科目命题，非学校出身者分法制、

① 《白话与科举》，《甲寅周刊》第 1 卷第 5 号，1925 年 8 月 15 日。

② 《答郁嶷——通讯》，《甲寅周刊》第 1 卷第 22 号，1925 年 12 月 12 日。

财政、教育、掌故四科命题。普通、高等考试得兼试公文程式，非学校出身者只能参加三次考试。考取名额虽规定取三分之一，仍当视投考人数与试卷难易程度临时核定。此项制度颁行后，凡各官署局所委任职员、县议会议员必须普通考试及格。荐任职员、省议会议员必须高等考试及格。简任职员、实缺知事、国会议员必须特科考试及格。此外学术文化团体、新闻事业单位创办人，非经考试及格，不得呈请官署注册。[①]

当然更多的是反对意见。据说当时来信对瞿宣颖《科举议》一文质疑最多的，“厥在以言取人一点”。如罗敦伟在来函中就指出：“今世论政，异乎昔时。古者重在治人，今时重在治事。治人则术可一通，治事则千歧万别。即古人虽有文以载道之训，但无道必以文之理。且如铁道管理、清理财政、整理监狱一类之政，更非自文字可测其浅深。今世论学，亦非文字所能效命，如数学也，物理也，化学也，工程学也，电学也，文字纵不明通，无妨学有根柢。即社会科学中，如国际公私法、外交史、政治制度宪法之类，亦非仅凭文字所能阐发。”[②] 范育士在来函中也指出：“吾国旧习，学者重理论而不务实际，尚空谈而不切应用。处今日物质文明竞争之世，凡百学科，各有专才，通文学者，未必长于政治经济，精于工艺制作者，不尽文字皆有可观。倘专以文字，核其实学，则技艺专精者，难以当选，行见学非所用，用非所学。国家如此选才取士，非所谓南辕北辙乎？”[③]

也并非所有的反对意见都如此平和。据章士钊说，瞿宣颖的《科举议》发表后，“有不慊于本刊者，指为复辟阴谋，大肆抨击，漫置不顾，祸且不测”，[④] 以致他当时不敢公开刊登郁嶷的来信。就目前所见，在批评瞿宣颖的文章中，以魏建功的同名文章——《科举议》最具代表性。在该文中，魏建功直接将瞿宣颖的《科举议》定位为“反新文化的‘复古运动’的言论”。魏建功没有在瞿宣颖关于“科举”的定义上纠缠，而是在科举的内容，即“真才”的发现上做文章，写道：“这里我要问瞿宣颖说的‘真才’是什么样的‘真才’？他指的‘真才’如果在现在社会无法‘贡身’，是不是无‘科举’的缘故？我不知道瞿宣颖身列‘法曹’是怎样能‘贡’出的；但是民国开国以来为要‘真才’替国家社会做事是有过几次什么‘文官考试’啦，‘司法官考试’啦，像他说的科举与这些考试意思又有什么分

① 《考试——通讯》，《甲寅周刊》第1卷第6号，1925年8月22日。
② 《科举（其一）——通讯》，《甲寅周刊》第1卷第5号，1925年8月15日。
③ 《科举（其二）——通讯》，《甲寅周刊》第1卷第5号，1925年8月15日。
④ 《答郁嶷——通讯》，《甲寅周刊》第1卷第22号，1925年12月12日。

别?”对于瞿宣颖一方面要“宜酌仿科举制度，融合学校选举之精意”，一方面又要“参古今之成法，请本汉代诏举贤良及策试孝秀之遗意，兼采明清乡会试制，而大体则规之康、乾两次博学鸿词制科”举行特科考试的矛盾说法，魏建功不客气地写道：“这不是不明时代观念的胡言乱语，又是什么?”魏建功还专门就瞿宣颖所说的“隐忧”、“颓俗”做了发挥，写道：“平民的隐忧是‘佞人’的妄谬，硬来搅乱清明的革新的思想。社会的颓俗是‘愚人’的刚愎，横来侮蔑纯洁的‘学人’的人格。这是近来最不可掩的事实。我们只有将‘佞人’、‘愚人’一律惩治，然后‘隐忧’可消，‘颓俗’自挽。今日的隐忧和颓俗正是所谓‘真才’者在下捣鬼，正是醉心复古的‘奴才’在下为累，正是‘操翰不能自达’的‘蠢才’在下逞能，我不知道瞿宣颖有眼睛没有?”他斥责瞿宣颖的《科举议》是自“售”的臭文，并站在自由主义和平民主义的立场上，专门就其所举的“科举四利”进行了剖析。最后他警告说：“休矣夫！瞿宣颖！我请你先伸出脑袋来看外面的情形，不要被‘红缨帽簷子’遮没了眼界！更不要在‘老虎’前面引路!”[①] 在这里，魏建功表面上看是在批驳瞿宣颖，实际已经将矛头指向了以章士钊为代表的整个后期“甲寅派”。

针对不同的意见，后期“甲寅派”不同程度地做出了回应。例如对汪吟陇的主张，章士钊在回复中写道：“举人应从县始，乃古人乡举里选之正，亦大可商。”[②] 对李步青的来信章士钊在回复中写道：“莲舫此文，字字从经验研核中流出，所称不平、不学、攘利三弊，刻画最为精到。正本清源，综核名实，舍明试何由？此策得行，政举法张，殆非虚语。至节目如何，可得随时细论也。”[③] 针对罗敦传和范育士等人的来函，瞿宣颖在回复中解释说：恢复科举制的目的是发现问政之才，所以中式者首先应该去当议员，其次才去当官。至于衙门中的笔札小吏，自当通过事务官考试来获得。铁道、监狱等事务官因业有专门，非夙所研习，且终身志于其事，精不旁骛者，不能入选，不需要国家特设科举以求此等人材。至于医生、工程师等专门技术和专门职业者，更当别论，说白了，这些专家本来也没多少从政的想法，除极个别特别杰出者，不必参加考试。最后他写道：“凡诸致疑之端，类皆误于前清举业文字之惯习。”[④] 对魏建功等人的指责，金兆

---

① 健攻：《科举议》，《京报副刊》第158号，1925年9月1日。

② 《白话与科举》，《甲寅周刊》第1卷第5号，1925年8月15日。

③ 《考试——通讯》，《甲寅周刊》第1卷第6号，1925年8月22日。

④ 《科举（其二）——通讯》，《甲寅周刊》第1卷第5号，1925年8月15日。

銮公开表示反对，说："孤桐主复科举，盖救时之良药，均富之宏猷，未可谥以守旧之名也。"①

当是否恢复科举制尚在讨论时，湖南省主席赵恒惕已经行动起来。他于1925年9月特邀章太炎和张耀曾赴湘，分别主持县知事和法官考试。赵恒惕的这一行为得到了后期"甲寅派"的称赞。②

争议最大的还是规复科道制问题。章士钊的《代议非易案》和瞿宣颖的《代议非易案书后》在《甲寅周刊》发表后，引起巨大反响，赞成者有之，反对者亦有之。为了鼓荡这股潮流，章士钊还在《甲寅周刊》上开辟专栏，悬赏征文，并将反对和赞成其主张的论文一并刊登，以示公正。

当时赞同以科道制取代代议制的主要有杨定襄、梁大肃、黄维翰等人。杨定襄在1919年就曾上书北京政府大总统徐世昌，建议恢复台谏制，看到章士钊的《代议非易案》一文后便致函章士钊，表示自己当年上书中的一些主张"颇与尊恉相合"③。稍后，他又专门写了《科道平议》一文，在《甲寅周刊》登载。梁大肃在《代议非易案书后》一文中则指出：选举本来是中国的古政，由于流弊太多，演化数千年后才有科举制度。进入民国以后，"狃于欧化，遂用以选代议之士。人方感于末流，我乃标为新政，非所以治天下也"。与杨定襄不同的是，梁大肃承认梁士诒所讲的是事实，同时却强调不应以人废官。议会制度不合中国国情，需要及时改图，但科道制不足以取代议会制。因为国会兼立法，议员民选；而察院司纠弹，官员任命，二者权限轻重不同，人数多寡不一。所以，国家有大的政令，以议会抗之，人们视为固然，而政府乃有忌惮；以全台诤之，则力薄效鲜。他认为恢复科道制不难，关键是要恢复一种什么样的科道制。"愚谓当酌其会通，重给事以权，而优御史以俸。宾礼元良，奖励风节，分其途以致之，严其格而试之，然后庶乎其可也。"④

反对恢复科道制的声音更多。朱德森、汪馥炎、李步青、郁嶷等人先后投函章士钊，发表自己的不同看法。早年追随章士钊的高一涵，为了反对规复科道制，还专门写了《中国御史制度的沿革》一书。朱德森在来信中就说："代议制之流弊，今日欧美政论家言之详矣。虽于兹制有所诟病，而终苦无替代之善法。良以兹制之发达，在宪政上亦自有其悠久之历史，

① 金兆銮：《论学制》，《甲寅周刊》第1卷第10号，1925年9月19日。
② 《时评》，《甲寅周刊》第1卷第12号，1925年10月3日。
③ 《代议非易案（其二）——通讯》，《甲寅周刊》第1卷第4号，1925年8月8日。
④ 梁大肃：《代议非易案书后》，《甲寅周刊》第1卷第10号，1925年9月19日。

既不敢根本铲除，复无术别谋改造，故能绵延至今日者势也。我国既号共和，则此种宪法上代表国民总意之机关，似未便轻言屏弃，以戾立宪政治之通例。虽证之吾国往事，不免觖望，究只应改弦而更张，不宜因噎以废食。”[①] 也就是说，代议制固然存在许多弊端，但至今没有更好的制度取而代之，所以不能轻言废弃。高一涵在《中国御史制度的沿革》中指出，“代议制是目前民治国家的唯一制度，科道制是从前专制国家的唯一制度”。[②] 汪馥炎在来信中也承认代议制存在问题，予以改造已成一股世界潮流。但他同时指出：“凡一制之确立以及崩坏，必先熟察其盛衰相乘之故、弊害显著之由，然后对症下药，标本兼治。或采石他山以攻错，或独运匠心以拟案，举无勿可。若远溯夫本制尚未确立以前，悬思往古似是而非之另一种制度，谓可复之以乙代甲，不免生吞活剥，轶出论域以外，未见其有当也。”[③] 李步青在来信中也指出，章士钊《代议非易案》中所提方案，“不究其本，徒归咎某种制度之不善”[④]。总之，代议制是需要改造，但不能以科道制来取代。

既然如此，究竟应该怎样改造代议制呢？朱德森认为：“吾国代议制之所以失败者，由于组织之不良，分子之太杂。改善之道，虽匪一端，语其要者，则机关之构成，宜舍两院制而采一院制。议郎之产生，宜变选举而为考试。似此因革损益，或可补偏救弊。”但不能用科道制取代代议制，他建议吸收科道制的长处，将弹劾权独立出来，与立法权分离，别设专官以司其事。[⑤] 郁嶷也反对恢复科道制，认为代议制在中国出现的种种弊端并非制度本身不好，“实推行未尽其方有以致之”。他主张借鉴汉代郡国举士之制，“比例人口，选举端士”。各省区按人口比例选举，所选之人，定期齐集北京，由政府分法制、政治、经济、教育、交通等科，各就所学择科应试，及格者始授以当选证书。至于法定任期，绝无宽假，期满改选，毋俾恋栈；并于宪法中明定撤回之权，以惩议员在职之凶顽者。[⑥] 汪馥炎认为，当时的议院一般被称为立法机关，实际上议院除立法外，尚须监督政治；而立法与监督政治两事性质各殊，将两种相反的事业集中于同一机关之内，

① 《代议非易案（其一）——通讯》，《甲寅周刊》第1卷第4号，1925年8月8日。
② 高一涵：《中国御史制度的沿革》，商务印书馆，1930，第72页。
③ 《两院分职——通讯》，《甲寅周刊》第1卷第7号，1925年8月29日。
④ 《考试——通讯》，《甲寅周刊》第1卷第6号，1925年8月22日。
⑤ 《代议非易案（其一）——通讯》，《甲寅周刊》第1卷第4号，1925年8月8日。
⑥ 《代议非易案——通讯》，《甲寅周刊》第1卷第6号，1925年8月22日。

难免凿枘。他因此主张实行两院分职，立法院专司编纂法典，监政院专司弹劾。至于两院选举，则立法院取职业选举，监政院取地域选举。[①] 李步青也主张将选举与弹劾两权从议会中独立出来。其中选举之事，以临时特殊组织行之，而以弹劾与司法两机关监视其后，防止贿选。

章士钊虽然在政治上秉持自由主义，对批评者一概持尊重态度，但因其生性倔强，很难轻易改变自己的主张。如对围绕其《论代议制何以不适于中国》一文的批评意见，他又先后写了《非党》、《再论非党》、《三论非党》等文，阐述自己的观点。[②] 对于围绕其无首论的批评意见，他虽没有给予回应，但也不改初衷。后来在与朋友讨论曹锟贿选时，认为贿选的发生从根本上讲是由于中国承袭了“欧洲工业国之弊”，使“国人群沉溺于伪物质文明，无以自拔”。同样，“中国教育之坏，亦由貌袭伪工业教育之故”，其他均为枝节问题。[③] 对萧伯纳关于业治论的批评意见，章士钊不仅不接受，而且反驳说：“吾国士、农、工、商并立，士迄持风会，导领之地未失；农工商者，虽骤被解放，使自为政，将未见横决无可理董。又吾农国也，百艺俱求自给，无与工国舍死竞利心理，以全人口徇工，使成庞然莫御之体，为治化梗，将无其事。”[④] 直到1925年以后，章士钊对业治论的鼓吹才多少有些降温。据他自己说，事情的转捩点是东南大学的易长风潮。他虽然表示要吸取教训，“无论何种主义，以后不得轻于断制”[⑤]，但并未完全放弃业治主张，否则也不会在《甲寅周刊》第38号上发表《论业治》一文。对黄维翰等人支持其规复科道制的意见，章士钊颇有吾道不孤之感。[⑥] 对于批评意见，则一一予以答复，并在答复中阐述自己的观点。这场讨论没有也不可能有结果，但在当时却不能说无意义。后来南京国民政府实行的五院制政治体制，就是孙中山在吸收中国古代监察制度的基础上，对西方三权分立学说改造后建立起来的。但是章士钊要以科道制来代替代议制，却不免要失败。正如时人所说，代议制之进入中国，科举考试之退出历史舞台，乃时势使然，非人力所能左右。

---

① 《两院分职——通讯》，《甲寅周刊》第1卷第7号，1925年8月29日。

② 以上三篇文章后来收入《长沙章氏丛稿——癸甲集》中时更名为《论代议制》、《再论代议制》、《三论代议制》。

③ 行严：《人格论》，《新闻报》1923年11月16日。

④ 章士钊：《论业治》，《甲寅周刊》第1卷第38号，1927年1月1日。

⑤ 《东南大学——通讯》，《甲寅周刊》第1卷第2号，1925年7月25日。

⑥ 《胡思敬——通讯》，《甲寅周刊》第1卷第12号，1925年10月3日。

六 结语

综上所述，本文想再强调以下几点。

第一，第一次世界大战后中国知识界对代议制的批评是一个带有普遍性的问题，或者说一个时代性的问题，改造代议制之声，在当时可以说是蔚成风尚。这是章士钊批评和改造代议制的时代背景。又由于20世纪20年代各种新思潮在中国的竞相传播，包括马克思主义在内的各种社会主义思潮逐渐成为这一时期的“主导模式”之一，因此章士钊关于代议制的批评意见和改造方案，不同程度地受到了这一“主导模式”的影响。

第二，从1923年起，章士钊先后在《申报》、《新闻报》上发表了《论代议制何以不适于中国》、《非党》（又名《论代议制》）、《再论非党》（又名《再论代议制》）、《三论非党》（又名《三论代议制》）等文，运用唯物史观，对近代以来代议制为什么不适合于中国做了系统阐述，并批判了从人格等道德层面看待议会政治腐败的做法。

第三，章士钊改造代议制的主张包括无首、业治、恢复科举制、规复科道制四项内容。所谓无首，主要包括两层含义：一是彻底废除国家元首；二是元首寄生。这一主张带有明显的无政府主义色彩。所谓业治，即废除一切现有政治组织，每人自择一业，结成行业协会，实行行业自治。这一主张带有明显的英国基尔特社会主义色彩。所谓恢复科举制，就是要在“酌仿科举制度，融合学校选举之精意”的基础上，通过恢复乡会试制度来选拔官吏和国民会议代表。所谓规复科道制，即废除现行的议会制，规复旧时的科道制。以给事中监督政府，以御史监督官员。至于科道官的产生，实行考试制，而废除选举制。这一方案并非章士钊的首创，而是承自“他家”的太炎先生。

第四，以上四项内容仅是章士钊改造代议制的制度层面内容，至于其精神层面，则以农村立国为基础。用他自己的话说就是：“精神之事，务农为本，政事德行，举由是出。”[①]由于章士钊的以农立国论的内容非常庞杂，故本文未作展开。

第五，章士钊在政治上虽然始终是一个自由主义者，但其改造代议制的主张却带有明显的保守主义色彩，而且缺乏可行性。不过，他对代议制

① 行严：《再论非党》，《新闻报》1923年10月25日。

的批评，特别是从唯物主义立场出发提出的“荷包理论”，看似浅陋，实则相当深刻。因为这涉及一个历史性难题：在非资本主义国家，经济地位未独立的代议士如何独立地行使自己的政治权利。代议制在近代中国的遭遇如此不堪，原因固然很多，但由于经济地位不独立，大多议员将此作为一种职业或谋生手段，以致无法或不敢充分行使自己的权利，这却是一个死结。

普选与运动：人民代表大会制初建时的基层选举实践

刘一皋*

内容摘要：本文以已刊中共中央文件和《人民日报》相关报道为主要分析对象，对人民代表大会初建时期基层选举运动中的动员方法和行为方式进行探讨，借以考察民众参与特征及其影响。

关键词：人民代表大会　选举　运动　动员　参与

就政治学理论层面而言，采用何种制度设计更为合理，始终存在着较大的讨论空间。因此，迄今的世界历史发展进程表明，制度的有效性更多的是一个实践问题，即采用何种形式运用制度并加以不断完善的过程。中华人民共和国正式实行人民代表大会制已60多年，然其制度基础之一的选举，在运作中仍然存在诸多问题，且较少得到学术性的讨论。由于代表大会制实行多层级选举，全国人大代表的当选和结构，可能就与基层普选的民众参与有了较大距离。本文着重讨论第一届全国人大召开时期的基层选举实践。由于基层选举范围广阔，地域差异性较大，区域个案可能会展示较多的偶然性，故为叙述和讨论的便利，本文以已刊中共中央文件和《人民日报》相关报道为主要分析对象，试图从官方话语导向中，揭示基层选举一般过程中的动员方法和行为方式，借以探讨人民代表大会制初建时的民众参与特征及其影响。

* 刘一皋，北京大学历史系教授。

一 实行普选的基本条件

1952年9月24日，毛泽东在中共中央书记处会议上首次提出："十年到十五年基本上完成社会主义，而不是十年以后才过渡到社会主义。"[①] 标志着国家最高领导人认为恢复时期的主要任务已经完成，应该由新民主主义快速向社会主义转变。12月1日，中共中央发出《关于召开党的全国代表会议的通知》，提出："中央认为，现在召集全国人民代表大会的条件已经具备，并拟于一九五三年九月间实行召开。""为了充分准备全国人民代表大会的召开，中央决定……于一九五三年二月五日召开党的全国代表会议，同时建议政协全国委员会于一九五三年三月间召开第一届第四次会议，并将由党经过政协全国委员会第四次会议向中央人民政府委员会提出建议，定期召开全国人民代表大会，制定选举条例和进行其他各种准备事宜。"[②] 12月24日，周恩来在政协全国委员会扩大会议上代表中共中央提议，由全国政协向中央人民政府委员会提出定期召开全国人民代表大会和地方各级人民代表大会。国家根本制度的建设正式启动。

1953年1月13日，中央人民政府召开第二十次会议，通过《关于召开全国人民代表大会及地方各级人民代表大会的决议》，公开宣布"现在召开全国人民代表大会的条件已经具备"，"决议于一九五三年召开由人民用普选方法产生的乡、县、省（市）各级人民代表大会，并在此基础上接着召开全国人民代表大会。在这次全国人民代表大会上，将制定宪法，批准国家五年建设计划纲要和选举新的中央人民政府"。何为条件已经具备？《决议》陈述了三年以来的各项成就，"我们已在全国范围内基本上完成了土地改革、工矿企业民主改革以及其他各种社会改革，进行了胜利的抗美援朝运动、三反五反运动和各种知识分子的思想改造运动，坚决地镇压了反革命分子，肃清了残余土匪，特别是由于采取了正确的措施，稳定了物价，恢复并提高了工农业生产，争取了国家经济状况的根本好转，使人民生活有了初步的改善；这一系列的伟大的胜利，大大地提高了人民的组织程度和觉悟程度，大大地巩固了人民民主专政，并为第一个国家五年建设计划

① 逄先知、金冲及主编《毛泽东传（1949—1976）》上，中央文献出版社，2003，第236页。

② 《中共中央文件选集（1949年10月—1966年5月）》第十册，人民出版社，2013，第342页。

准备好了条件”。[①]

较之全国政协第一届全体会议制定《共同纲领》时对于向社会主义过渡时间的估计，以及中共七届三中全会制定的《不要四面出击》的温和策略，1952 年国家政治生活呈现全面加速推进局面，在对外进行抗美援朝战争的情况下，不但基本完成了新民主主义革命遗留的各项任务，实现了国家财政经济状况的基本好转，而且还在新的战线上开展了大张旗鼓地斗争，从而进一步确定了中国社会的主要矛盾已经转变为“工人阶级与民族资产阶级的矛盾”[②]，提出了提前过渡的目标和任务。

能够在短时期内取得一系列伟大胜利，广泛采用战时群众运动式的动员模式和工作方法，是一个极为重要的因素。

第一，群众运动具有全能性。1950 年差不多同时发起的抗美援朝、土地改革和镇压反革命三大运动，就是一个相互关联的整体，互为条件，互相推动，共同目标是要创造一个和平稳定的社会政治局面，以利于生产建设。每个运动又有各自的内容和目标，也形成了一个比较完整的运动网络。例如，抗美援朝运动包括宣传教育运动、生产竞赛运动、增产节约运动、参军参战运动、订立爱国公约运动、缔结和平公约签名运动、捐献飞机大炮运动、募集慰劳品救济品运动和爱国卫生运动等，涉及政治、军事、经济、文教、卫生各个领域。土地改革运动除土地的没收、分配之外，还有生产竞赛运动、爱国售棉储棉运动、民主建设、爱国丰产运动、灭虫运动和农业生产互助合作运动等项子运动。镇压反革命运动一方面直接为抗美援朝和土地改革服务，另一方面也与清理社会环境、转变社会风气、矿山企业及街道的民主改革等项工作直接相关。针对三大运动迅猛发展中出现的新情况，又不失时机地在新领域发起了“三反”、“五反”运动，以及知识分子思想改造运动。在整体的群众运动之中，领导者可以根据需要发起不同的运动，突击解决当时的某项具体问题，以前认为比较困难或预备谨慎从事的工作，在操作上也变得容易起来。

第二，在大规模的群众运动中，形成了一套行之有效的工作路线，即：“党委领导，全党动员，群众动员，吸收各民主党派及各界人士参加，统一计划，统一行动，……注意各个时期的斗争策略，广泛地进行宣传教育工

① 《人民日报》1953 年 1 月 15 日，第 2 版。

② 《对〈关于民主党派工作的决定（草案）〉的批语》（1952 年 6 月 6 日），《建国以来毛泽东文稿》第三册，中央文献出版社，1989，第 458 页。

作（召开各种代表会、干部会、座谈会、群众会，在会上举行苦主控诉，展览罪状，利用电影、幻灯、戏曲、报纸、小册子和传单作宣传，做到家喻户晓，人人明白），打破关门主义和神秘主义，坚决地反对草率从事的偏向。”① 对于群众运动的领导、发动和运动中的政策、策略，都做了具体规定。群众运动各阶段的划分也逐步固定化，一般都包括：宣传动员、学习文件、树立典型阶段；坦白、检举、揭发、批判、斗争或批评与自我批评或落实生产、文教、卫生任务阶段；总结和落实政策、纠正偏差阶段；整风建设阶段。有些运动还分地区、分部门有区别地进行，但程序上基本相同。如此，大大简化了各项工作的领导和贯彻执行。

第三，在大规模群众运动中，民众参与国家政治事务的范围和程度有了前所未有的提高，并且基本实现了社会组织化。在运动中，基层党政组织和群众团体普遍建立、健全起来，还根据运动需要建立起自上而下的各种专门领导机构或执行机构。例如，中国人民抗美援朝总会及分会，土地改革委员会和城乡联络委员会，节约检查委员会，以及各种类型的工作组、人民法庭和在工厂、机关、学校、街道广泛建立的治安保卫委员会，其中一些转化为正式组织机构。运动运用示威游行，召开群众大会，以及各式各样的学习会、座谈会、互助互评会等形式，通过清查历史、划清界线、培养骨干、整顿队伍，将所有人都置于一定的组织网络之中，形成一个集行政、生产、治保、宣传、文教、卫生等多种功能相互交织的组织系统。因此，毛泽东可以自豪地说：“帝国主义侵略者应该懂得，现在中国人民已经组织起来了，是惹不得的。”②

至1952年下半年，全国范围的土地改革基本完成，大张旗鼓地镇压反革命运动基本肃清了中国内地的反革命残余势力，“三反”、“五反”运动宣告结束并继续处理遗留问题，朝鲜战场上随着美军的“金化攻势”被粉碎，战线基本稳定，以华北和华东地区为重点的高等学校院系调整工作也基本完成。十分明显，实行人民代表大会制的条件要求与群众运动的顺利进行紧密相关，而且，召集全国人民代表大会的决定，也是在发起新一轮群众运动的环境中提出来的，即在工业战线上进一步开展增产节约运动，在农业战线上加速推进互助合作运动，以及在政治上展开坚决的“新三反”斗

① 《中央关于转发第三次全国公安会议决议的通知》（1951年5月16日），《建国以来毛泽东文稿》第二册，中央文献出版社，1988，第300页。

② 《抗美援朝的伟大胜利和今后的任务》（1953年9月12日），《毛泽东选集》第五卷，人民出版社，1977，第103页。

争。1953年1月5日，中共中央发出《关于反对官僚主义、反对命令主义、反对违法乱纪的指示》，要求从处理人民来信入手，“凡典型的官僚主义、命令主义和违法乱纪的事例，应在报纸上广为揭发”。[①]

必须指出，群众运动中人民群众的觉悟提升和参与经验，并不是普选得以举行的先决条件。因为，早在江西苏区、抗日根据地和抗战后国共内战的解放区，都已进行过具有广泛参与率的普选，并在宣传上声言，即使是目不识丁的农民，也能够在选举中行使自己的民主权利。也就是说，召集人民代表大会的主要条件，是应能确保通过普选形式实现预想的政治目标，群众运动则能够提供达成目标的必要保障。

人民代表大会制既是《共同纲领》中明确规定的国家根本政治制度，同时，通过选举也可以增强共产党执政的合法地位，以及在国家政治生活中的领导能力。[②] 如此，就必须在选举投票前拥有必胜的把握，群众运动能够大大提升自信。“三反”、“五反”运动的发动，就是在中央限期10天及三个星期内，在全国范围迅速掀起的。真可谓“毛主席和中央人民政府一声号令”，“运动就立即在全国展开”。[③]

第四，自革命战争年代实行苏维埃制始，“议行合一”都被作为一项重要原则，既民主又高效，有别于资本主义国家的“三权分立”和国民党政权的“五权宪法”。人民代表大会制初建时，“议行合一”一词，虽较少见诸公开宣传，但仍然是国家政治制度的显著特征。

既能“议”又能“行”，这就意味着要有相当数量的各级国家机关官员能够当选为代表。在间接选举中，层级越高，官员的比例也越高，也越容易实现上述目标。可是，在基层直接选举中，基层干部面对普选是否能够顺利当选，涉及选民意愿和组织稳定两方面问题，想要完全实现上述目标较为困难。另外，在人民代表大会制中继续坚持统一战线，就需要在人大和政府中“安排”各种“民主人士”，也与普选原则有一定冲突。一般而言，“安排”在县、市以上层级操作较易实行，更多地表现为一种政治“恩

① 中共中央文献研究室编《建国以来重要文献选编》第四册，中央文献出版社，1993，第10页。

② 在刘少奇与斯大林的会谈中，斯大林有明确的相关表述。《关于与斯大林会谈情况给毛泽东和中央的电报》（1952年10月26日、30日），《建国以来刘少奇文稿》第四册，中央文献出版社，2005，第535—537页。

③ 《对中华人民共和国惩治贪污条例草案说明稿的批语和修改》（1952年4月16日、17日），《建国以来毛泽东文稿》第三册，第414页。

惠”，但也需要强有力的控制能力，在基层选举中如何展现各方面的代表性，则是一个新的难题。

在这种情况下，群众运动可以成为控制选举倾向的良好工具。事实上，差不多所有群众运动，都具有在确保任务目标下，实现基层干部队伍整顿和组织重建的功能。

二 选举运动的开展

1953 年的国家政治生活，在集中力量进行大规模经济建设和开展选举运动两大任务之下拉开序幕。中共中央特别强调，“把最好的和必要的人选做自己的代表和人民政府的委员，而不让坏分子混到人民政权机关中去”。[①] 2 月 11 日，中央人民政府委员会第二十二次会议通过《中华人民共和国全国人民代表大会及地方各级人民代表大会选举法》，并于 3 月 1 日公布，标志着选举运动正式展开。《选举法》规定：“凡年满十八周岁之中华人民共和国公民，不分民族和种族、性别、职业、社会出身、宗教信仰、教育程度、财产状况和居住期限，均有选举权和被选举权。”“妇女有与男子同等的选举权和被选举权。”选民得自由行使其权利，以及只在乡、镇、市辖区和不设区的市实行直接选举，县以上则实行间接选举。《选举法》又规定，无选举权和被选举权者有四类，分别为：依法尚未改变成分的地主阶级分子；依法被剥夺政治权利的反革命分子；其他依法被剥夺政治权利者；精神病患者。十分明显，《选举法》深刻地反映了新国家建立时激烈的阶级斗争氛围，而且，依法褫夺特定人群的选举权和被选举权，也是世界各国的通例，但《选举法》所规定的“依法”剥夺对象，尤其是前两类分子，没有明细的法律规章，也没有有效实施的形式、办法。

基层选举是全部选举工作的基础，准备工作“包括选举工作人员的训练，人口的调查，选民的调查和登记，选举意义和选举办法的普遍宣传，候选人的提出和介绍等等”。[②] 具体如何操作，中央选举委员会提出的工作程序如下。

应有计划地在人民群众中进行《选举法》的宣传解释工作，力求简单

① 《中共中央关于一九五三年新年宣传要点的指示》(1952 年 12 月 25 日)，《中共中央文件选集》第十册，第 444 页。

② 社论《迎接普选，实行人民代表大会制度》，《人民日报》1953 年 1 月 15 日，第 2 版。

明了，主要集中搞清三点：（1）使所有群众认识选举的意义及选举权利的庄严性；（2）使选民懂得哪些人有选举权和被选举权，哪些人没有选举权和被选举权；（3）使选民懂得应该选什么人当代表。

应以县或市为单位，选调足够数目的干部，经过训练之后，派至乡、镇等基层单位，担任基层选举委员会的主席和指导基层选举的工作。其准备工作包括制定选举计划和工作日程、交代选举政策、确定基层选举委员会主席及委员的名单、确定各基层代表大会的名额，以及印发人口调查与选民登记表册、选民证等选举文件，并派出专门受理有关选举诉讼案件的人民法庭。

上级工作组到达乡、镇等基层单位之后，应立即建立基层单位选举委员会；之后，按照选民居住情况划分选区，举办人口调查和选民登记；然后，公布由选举委员会审定的选民名单和选举日期，进行代表候选人提名；最后，依选举委员会公布的日期、时间和地点，按选区召开选举大会。①

全国基层单位的选举工作安排在 5—10 月，要求 10 月底前全部完成。各阶段具体时间安排，包括指导选举的干部集中学习文件以 7 天左右为宜，一般工作人员以 3 天左右为宜；由党派、团体及选民提出的代表候选人名单须在选举大会 20 天以前发交各选民小组讨论，选举委员会根据小组讨论和汇总研究提出的代表候选人正式名单，应于选举大会 5 天以前向选民公布。

可见，尽管工作时间紧迫，任务繁重，安排中也包含群众运动式的工作方式，但是，选举运动工作程序的最初设想，还是倾向于在上层有效领导之下依据法律、法规有序地进行。于是，在报纸的公开报道上，经过一个阶段的宣传、学习《选举法》，以及在县以上相继成立选举委员会，抽调干部队伍进行训练，自 5 月份起，就有了基层选举试点工作开展的消息，其工作步骤和日程安排的计划制定，都完全依据了中央选举委员会指示的精神。当然，实际情况远比预先设想更为复杂。

1953 年年中，签署了《中苏五一五协定》，落实了第一个五年计划的骨干工业建设项目；7 月 27 日，《朝鲜停战协定》正式签署，经济建设有了一个相对稳定的和平环境。然而，1953 年仍然是一个全面紧张的年份。

自 1953 年初始，出现了北京建筑工人因工资、福利、奖金问题的请愿

① 《中央选举委员会关于基层选举工作的指示》（1953 年 4 月 3 日），《人民日报》1953 年 4 月 6 日，第 1 版。

事件，规模虽然不算很大，但也惊动了中共中央。[①] 事件暴露出企业与工人、政府与企业、国家与工人之间的复杂问题，当然也会影响到选举。更为严重的是，自1952年冬以来，安徽、江苏、河南、山东、山西等主要冬小麦产区先后遭受寒流或晚霜、虫、雹等灾害，进入1953年后，北方部分地区遭遇春旱，长江以南部分地区又因阴雨连绵发生大面积水稻烂秧现象，并同时出现了商品粮不足的情况。[②] 生产救灾势必会分散基层选举运动领导者的精力，商品粮不足也会影响城市居民的情绪，农业减产则会直接关涉农村居民的投票意愿和倾向。紧张情况还可以包括劝止大批农民盲目流入城市、调整工资及公费医疗制度的实行、新税制的公布与实施、中共全国代表会议未能如期召开、过渡时期总路线尚未最后公开阐述[③]等，都反映人民代表大会制初建时准备工作并不充分，也许有些紧张情况对基层选举的影响相对较弱，但只要关系到普通民众的切身利益，都可能在选举中表达出来。

5月20日，中央选举委员会通知各地，因有些省份灾情较重，工作拥挤，决定将基层选举推至11月底前完成。后又以“灾情严重，麦收减产，如果没有一个较好的秋收，将使我们遇到很大的困难”，决定将加强农业生产的指导作为“当前各级党委和各级人民政府在农村中的压倒一切的中心任务，凡是足以妨碍生产的事情，都以停止进行或推迟进行为有利，全国基层选举的工作，也必须在不妨碍农业生产的原则下去进行”，再次将全国基层选举推迟于12月底完成，有些省市亦可推迟到1954年3月完成，并强调“只作内部掌握，不要对外宣传”。[④]

其实，作为一个幅员辽阔的大国，自然灾害时有发生，在和平环境下，

① 中共北京市委将此事上报中央，中央的处理方案的制定统一规定，以抑制部门内部和部门之间工人的经济利益要求，同时以开展“新三反”运动解决领导作风和违法乱纪问题，并要求加强对工人的政治教育，整顿队伍，进一步清除暗藏的反革命分子。《中央关于统一处理北京建筑工人中的问题的电报》（1953年1月22日），《对全总党组关于各地工人罢工请愿情况报告的批语》（1953年7月22日），《建国以来刘少奇文稿》第五册，中央文献出版社，2008，第6、230页。

② 《对粮食部关于目前粮食基本情况与粮食工作的任务报告的批语和修改》（1953年6月），《建国以来刘少奇文稿》第五册，第200页。

③ 有观点认为因过渡时期总路线的阐述造成的宪法起草工作迟滞，是各级代表大会不能如期召开的更为重要的原因。穆兆勇编著《第一届全国人民代表大会实录》，广东人民出版社，2006，第51页。

④ 《中共中央关于推迟基层选举时间的决定》（1953年6月5日），《中共中央文件选集》第十二册，第341—342页。

并不一定必然影响已经依法定程序确定的基层选举时间表。关键的是，主持政务工作的和主持选务工作的是同一批人，要求集中统一领导各项工作，并努力保持各项工作之间的协调配合。此外，选举运动的目标并不是简单地依据法定程序计算选票，而是可以预期的全面胜利。于是，选举运动开始完全纳入群众运动式的运作轨道，既有成熟的各阶段工作程序，又可以根据需要随时调整运动中的政策、策略及日程安排，不必受硬性的法律、法规束缚，还能充分发挥群众运动的全能性特征，将各项工作结合在一起进行。

当10月16日和11月15日中共中央相继决定对粮食和油料实行统购统销政策之后，普选的群众运动色彩更为浓厚，时间也是一拖再拖。截至1954年1月底，全国已完成选举工作的仅占进行选举工作基层单位的28.3%，占总人口的24.8%。其中，东北完成基层单位的73.2%，西南完成24.5%，华东完成23.9%，西北完成19.2%，中南完成10.7%，华北仅完成8.1%。以省、区、市为单位计算，1953年底全部完成基层选举工作的共7市，1954年1月底完成的共2市3省；预计2月底前完成的共2市6省，3月底前完成的共3市17省1个自治区，4月底以前完成的共3省。[①]

在中共中央决定以农业生产为农村中心任务之前，各地在宣传、学习和训练干部的过程中，已经注意到所谓生产与选举的“矛盾”，有意识选择原生产基点为选举基点乡，创造了生产与基层选举工作相结合的经验，可节省不少干部。[②] 之后，中央又转发了一些结合生产做好普选的经验，强调“孤立地搞普选是必须防止的”。[③] 在选举运动推进较快的东北地区，吉林省榆树县双合村在典型试办中，因天雨有140多垧地没有种上，开过人民代表大会之后，3天内就抢种了124垧地。松江省尚志县三合村经过普选，发动了96名妇女下地锄草间苗，达妇女劳动力的85%以上。[④] 虽说普选能够刺激生产积极性，但是，生产救灾却无法有效地制约选举运动的走向。当普选主要采用群众运动形式开展时，阶级和阶级斗争的概念就开始主导普选

① 《中共中央摘转中央选举委员会办公室关于目前全国选举工作情况的报告》（1954年3月6日），《中共中央文件选集》第十五册，第355—356页。

② 《东北、华东等地训练和抽调干部开始进行基层选举典型试办工作》，《各地集中训练担任基层选举工作的干部》，《人民日报》1953年5月23日，第1版、26日，第3版。

③ 《中共中央转发吉林省委关于在基层普选试点中结合生产做好普选的经验报告》（1953年8月12日），《中共中央文件选集》第十三册，第152—153页。

④ 《辽东等省基层普选试办工作结束》，《人民日报》1953年7月23日，第3版。

工作的开展。

各项选举工作中，最具阶级意识的当属人口登记中的选民资格审查。人口登记一方面是借选举运动进行人口普查，作为有计划经济建设的重要国情指标，另一方面是核定选民人数和依选区确定代表数量。理论上讲，选民资格审查并不是一件困难工作，《选举法》强调普遍性和平等性，只要符合《选举法》规定条件，就应该取得选举权和被选举权。普选实行一人一票制，无权利者比例很小，很难影响投票结果，似乎无须大费周章，只要依法定标准给予或褫夺即可。然而，群众运动之所以具有强大的动员力和操作的便捷性，原因之一就是具有严格的阶级队伍划分方法，首先建立起势不两立的两大阵营，之后从人民内部中划分出先进与落后，对敌人则制定有区别的打击策略。

因此，为要确定选举运动中的阶级队伍划分，选民登记就逐步成为选举运动的主要内容，而在选民资格的确定过程中，政治身份和社会认同的含义较之政治参与权利更为重要。

表面上，选民资格问题主要纠结在对于极少数褫夺对象的甄别上。一个地主阶级分子，如何才有可能改变成分并获得选举权利呢?《选举法》草案说明的解释是："经过五年以上劳动改造而又完全服从政府法令、没有任何反动行为应依法改变成分并给以政治权利。"这里，除了给出了一个时间规定外，依法改变成分的条件与成分划定标准已经截然不同，即由主要是经济标准转为主观性极强的政治判断，在实践上更多地依赖裁判者的偏好。对被管制的反革命分子的甄别标准，解释就更为模糊，即使对改造较好可以取消管制者，也可以视情况不给予政治权利。

政策规定上的模糊，给实际操作带来了一定困难，却也提供了不少便利，这正是群众运动得以开展的重要条件。在公开报道和内部文件上，出现了较为明显的政策掌握尺度的内容差异，充分暴露出运动的混乱。

在公开报道中，多是一些依据政策给予前财富阶级及敌对者选举权利的正面内容。如济南市"小兴隆街一地主，卖菜过了五年，平素表现还好；这次改变了成分，得到了选民证，很高兴"，"有一些曾在蒋伪军政机关作过事的人员，在普选开始时存在着不少顾虑，经过审查小组审查同意，给予了选民证，也安了心"。① 吉林省"纠正了一些县区干部对改变地主、富

① 吴大羽、安日华：《济南市进行普选重点试办的选区已作完人口调查和选民登记工作》，《人民日报》1953年5月26日，第3版。

农成分和恢复他们的政治权利的不满情绪，区分了地主、富农的反动行为和守法行为”。①

可是，内部文件所展示的问题更加复杂。刘少奇在中央选举工作座谈会上，对所反映的地主富农分子在选举中积极活动高度关注，强调老区已具备改变成分条件的地主阶级分子也不能全部给予选举权利，“原来规定地主劳动五年可以改变成分的意思，是为分化他们，给他们以希望，并不是说土改五年后所有地主分子不管好坏一律改变成分”。② 在具体操作上，由改变成分确定给予选举权的办法，逐步变为“只公布选民榜，不必另公布改变成分的榜”，而且，“在落后乡执行时，更应考虑群众优势确立的程度，更多地照顾到群众的意见，慎重处理，以免被动”。③

为了确保群众运动“机动”的便利，阶级成分就以模糊的办法被固定下来。对选民资格审查的滥用，也发生在普通民众中间，剥夺选举权的理由多种多样，“有的把聋子、瞎子、跛子甚至平日作风不好、爱说怪话的人都剥夺了选举权。江西某地竟有把对母亲态度不好的人也剥夺了选举权的”，“如湖北黄冈专区有的乡剥夺面在百分之十左右，麻城县有一个乡就剥夺了一百八十四人”。④ 选举运动中的紧张，特别是自杀事件，多发生在选民榜公布过程中。⑤ 清查波及面过大，选举权剥夺面过宽，势必引起社会混乱。于是，中央又规定，“要坚决防止在选民登记工作中，企图重新划分阶级成分，或顺便达到清理组织以至镇压反革命的目的”。⑥

---

① 吉林省选举委员会：《吉林省训练基层选举干部工作结束》，《人民日报》1953 年 6 月 6 日，第 3 版。

② 《在中央选举工作座谈会上的讲话》（1953 年 7 月 28 日），《建国以来刘少奇文稿》第五册，第 237 页。

③ 《中共中央关于西北区普选中处理老区、半老区地主、富农阶级成分问题给西北局的批复》（1954 年 2 月 13 日），《中共中央文件选集》第十五册，第 267—268 页。

④ 《中共中央批转中南政法党组关于各地普选工作情况的报告》（1954 年 3 月 27 日），《中共中央文件选集》第十五册，第 521 页。

⑤ 由于处在群众运动的氛围之中，未上榜者，就有位列敌人队伍之嫌；已上榜者，也要经受各类检举的压力。《济南市在普选重点试办中试行逐户访查登记办法》，《人民日报》1953 年 6 月 17 日，第 3 版。有关基层选举中因选民资格审查导致自杀事件，可参阅张济顺对于上海市普选的研究。张济顺：《微观史料的政治学解读：普选中的上海底层社会——以仁德纱厂为例（1953—1954）》，《中共党史研究》2015 年第 3 期，第 22—32 页。

⑥ 《中共中央关于审查大、中、小学教职员选民资格问题给各级党委的指示》（1953 年 7 月 22 日），《中共中央文件选集》第十三册，第 82—83 页。

三　基层代表之选举

对于现任基层干部的检查，以及从现实群众运动中选拔新骨干积极分子，就是基层代表选举阶段的重要手段。

《选举法》在“新三反”运动的环境下产生，其内容明确将普选与运动紧密联系在一起。“在整个选举工作过程中，必须同命令主义者、违法乱纪分子和破坏选举的分子进行坚决的斗争，才能保证充分地发扬民主，吸引广大的选民积极地参加选举。”“经过充分民主的选举，把坏分子、违法乱纪的分子和犯有严重的命令主义错误而为人民群众所极不满意的分子从各种基层组织的工作岗位上剔除出去。”[①] 中央选举委员会明确规定，“把选举工作与反官僚主义、反命令主义和反违法乱纪的斗争结合起来，使所有干部都能在群众的鉴别下受到一次深刻的教育”。[②] 因此，如同其他涉及组织整顿或清理的群众运动一样，在选举运动初期，基层干部中也存在着较为普遍的抵触情绪。

公开报刊上报道的各地选举试点消息中，基层干部的顾虑大致相同。江西省5个重点试验乡的乡干部开始时一般认为普选就是“改选”，产生了“退坡”情绪和“换班”思想，工作松劲疲沓。[③] 在四川省长寿县葛兰乡，有些乡村干部存在不同程度的强迫命令作风，少数干部甚至严重地脱离群众，或者产生希望“换班”的松劲思想。[④] 山东省历城县第一期基层选举中，干部有“普选对自己不利”的顾虑。[⑤] 江苏省丹阳县横塘乡基层选举工作组到乡后，发现多数干部对结合反官僚主义、反命令主义、反违法乱纪斗争进行普选的方针政策不了解，思想上存在许多顾虑。六村村长司马仲海认为普选就是“整干部”、“换换班”。乡长史金生自己也不起劲，认为要普选了，“现在别忙，等选上以后再积极吧”。还有的怕“斗争”，怕向群众作检查。[⑥]

---

① 《人民日报》1953年3月3日，第1版。

② 《人民日报》1953年4月6日，第1版。

③ 于明春：《江西省五个重点试验乡完成普选工作》，《人民日报》1953年6月11日，第3版。

④ 《四川长寿县葛兰乡在普选中改善干部和群众关系》，《人民日报》1953年6月23日，第3版。

⑤ 《历城县选举委员会进一步贯彻生产结合普选的方针》，《人民日报》1953年7月4日，第3版。

⑥ 《江苏省丹阳县横塘乡普选工作组发挥当地组织力量开展普选工作》，《人民日报》1953年7月30日，第3版。

面对此种情况，解决之道主要源于战时土地改革的经验。在江西试点乡，“号召群众对干部提意见，号召干部开展批评与自我批评”，以为只要有缺点的干部在选举中“向人民群众作诚恳的自我批评，改正缺点，人民群众是会原谅他们的”。在四川省长寿县葛兰乡，先由区、乡主要干部总结全乡工作，检查官僚主义的领导作风，听取批评和意见，再“发动选民对乡村干部提意见，帮助干部改进工作作风”。乡选举委员会也进行了解释工作，说明干部作风问题是因存在“五多”忙乱现象，以及“上级领导对干部使用多、教育少”。江苏省丹阳县横塘乡普选工作组下乡后，明确地交代结合普选进行“新三反”斗争的方针只是把个别坏分子和犯有严重错误而又屡教不改者清洗出去，那些犯有一般错误的干部，应当检讨，积极转变作风。于是，“干部经过教育认识提高，认真地向群众检查了过去工作中的缺点和错误，表示决心改正，这样就改善了干部与群众的关系，进一步密切了政府与群众的联系”。

在公开报道中，此种办法似乎十分有效，突出反映在原基层干部的当选率上。据黑龙江省4县8个试点村统计，新当选的156名代表中，有104名是原代表连任，约占代表总数的66%强；政府委员中有69名连任，约占原政府委员总数的67%。加上原积极分子，代表与干部连任均达80%以上。[①] 在四川省基层选举典型试办地区，据已完成基层选举的5个乡统计：共选出乡人民代表231人，其中原基层干部共181人，占代表总数的80%。温江县和盛乡当选为代表或继续在乡政府各种常设委员会等组织中担任委员及其他职务的原干部，共占总数的82%强。[②] 在四川省长寿县葛兰乡选举委员会初步公布的代表候选人名单中，现有乡村干部的80%都被群众提名为代表候选人。在四川省金堂县官仓乡最后审定的候选人名单中，原干部占到87%。[③] 陕西省延安县3个基层选举试办乡共选出乡人民代表大会代表75人，其中连任代表52人，占全部当选代表的69.3%。[④] 较高的当选率，被视为基层干部基本上是好的，基层组织基本上是纯洁的，并以普选形式证明了产生于革命战争时期的新生政权的稳定性。

---

① 黑龙江省选举委员会：《黑龙江省基层普选试点工作的情况和经验》，《人民日报》1953年6月21日，第3版。

② 《四川省普选试办乡原有基层干部大多数当选为人民代表》，《人民日报》1953年7月27日，第3版。

③ 《四川金堂县官仓乡选民认真审查代表候选人》，《人民日报》1953年8月19日，第3版。

④ 《延安普选试办乡选出乡人民代表》，《人民日报》1953年7月7日，第3版。

对于“乡村干部绝大多数是好的”的判断，高层领导也给予了肯定。但是，既然“新三反”运动针对干部的工作作风，选举运动又标榜人民群众当家作主，而且是以人头计票决定当选，处在第一线的原基层干部必然会受到冲击。实际情况也许不如公开报道的乐观估计。事实上，有些上级工作组就试图撇开基层干部独自领导。青岛市北区普选工作队下到街道后，曾认为：“要结合反官僚主义、反命令主义、反违法乱纪的斗争进行普选工作，让街道干部出头露面不合适。”[①] 此种做法，也同样来源于革命战争时期的经验。

既要确保在基层选举中充分发扬民主和提高基层干部素质，又要维护基层政权组织结构的稳定性，并且不挫伤基层干部的积极性，是群众运动普遍存在的两难问题。选举运动更是如此。中央领导对基层选举存在的问题，发出的政策性调整信息缺乏操作的可行性。

刘少奇强调：“使原有乡村干部大多数当选，选举就算成功。”提出了应使原有乡干部85%当选的工作指标。刘少奇以为：“采用乡干部先在县里集训一下而后回到群众中去作检讨，上级再作些解释工作，替他们担负自己应负的责任，使人民能再选举他们，这种办法是可行的。”然而，刘少奇又担心，强调指标和自上而下的工作方法，可能会出现新的强迫命令，故而又说：“如果群众硬不愿提他们中的某些人作候选人，还是要照群众的意见办事。”[②] 但是，“‘新三反’的口号，在基层单位中可以考虑不提”。[③] 显然，普选必须结合“新三反”运动开展，却又淡化“新三反”运动口号，目标和界限都被模糊化了，而政策的不确定性，恰恰又是群众运动发生偏差的重要原因。[④]

在普选中，既提出控制比例数字，又要求照群众意见办事，实际操作很难两全。为要实现工作指标，一般都会偏重各级组织系统的作用；如将

---

① 《青岛市市北区普选工作队依靠当地组织力量开展普选工作》，《人民日报》1953年7月2日，第3版。

② 《在中央选举工作座谈会上的讲话》（1953年7月28日），《建国以来刘少奇文稿》第五册，第238页。

③ 《中共中央批转孙志远关于选举工作座谈会的综合报告》（1953年8月21日），《中共中央文件选集》第十三册，第214页。

④ 例如，毛泽东在总结解放战争时期土地改革运动中的“左”倾错误时，认为主要原因“是由于领导机关所规定的政策缺乏明确性，未将许可做的事和不许可做的事公开明确地分清界限”。《致刘少奇》（1948年3月6日），《毛泽东书信选集》，人民出版社，1983，第295页。

尊重选民意愿作为首要原则，就有可能无法完成上级交待的工作任务。除非原基层干部既能代表多数民众的利益，全心全意为之服务，又能得到多数民众的拥护。如果真是这样，也就不需要提出所谓比例标准。更奇怪的是上级领导的角色，向群众做些解释工作尚好理解，但如何替基层干部承担责任呢？在缺乏具体的问责内容和方法的情况下，就有可能滥用权威和民众的期望与信任。选举运动中出现的问题及应对办法，在以往的群众运动都有发生或使用，但是，一旦使用群众运动式的工作方法，普选也就带有了与选举相悖的内容，在群众运动的惯性推动之下，往往容易看见成功的经验，忽视了已有的教训总结。

四　普选与运动的相互推动

“新三反”运动口号虽被淡化，农业合作化运动却在基层选举中成为越来越重要的内容，尤其是在贯彻统购统销政策后，代表中涌现出了大批的新合作精英，或者说原基层干部当选的条件，增加了对统购统销政策和合作化运动的态度与干劲。

自国家过渡时期总路线宣传运动开始后，公开传媒上便大力倡导基层选举的新要求，“挑选那些能够带头实行互助合作、积极走社会主义道路的积极分子”，批判“那些囤积居奇不肯把余粮卖给国家的，那些光顾个人发财、不顾国家利益的”。[①] 安徽省肥西县烟墩区竹西乡选出的35名人民代表中，除3名脱产乡干部外，有13名是互助组组长，其余也多是互助组中的骨干。[②] 四川省大批积极领导群众走互助合作道路的优秀人物被提名为代表候选人，据南充、罗江、广元等县14个乡的统计，在720多名代表候选人中，有334人是优秀的共产党员、青年团员以及农业生产合作社社长和互助组组长。[③] 在河北省已完成选举的基层单位中，农村代表有80%以上是农业生产合作社和互助组的骨干分子。[④]

---

① 社论《结合春季生产和总路线宣传迅速完成基层选举工作》，《人民日报》1954年2月20日，第1版。

② 《安徽省肥西县竹西乡胜利完成基层选举，许多互助组的骨干当选人民代表》，《人民日报》1954年2月20日，第3版。

③ 《四川省二千多万选民提名认真执行总路线的优秀人物为候选人》，《人民日报》1954年2月22日，第3版。

④ 《河北省在基层选举中大批优秀人物当选为人民代表》，《人民日报》1954年3月25日，第1版。

当农业合作化运动成为农村基层政府的首要工作后，普选及召开基层人民代表大会的工作，也都依附于合作化运动进行。例如，在抚顺市各郊区普选后召开的人民代表大会上，都着重讨论了发展互助合作的问题，检讨了过去对互助合作运动领导不够的缺点，决议在1953年参加互助合作组织农户占总农户40%的基础上，1954年互助组增加一半，农业生产合作社和信贷合作社增加一倍以上。[①] 在河北省已召开乡人民代表大会的10380多个乡中，一般都作出了巩固发展互助合作组织进行生产的决议。万全、任邱、新乐、完县等8县62乡，选举后组织了近4000个农户，成立了1784个互助组。[②] 山西省长治专区10县353乡在基层选举运动中，共新建农业生产合作社349个，发展互助组1100多个。《人民日报》还特别强调，"这不过是无数事实的个别例举"。[③] 同样，模范人物想要继续保持先进，就必须积极参加合作化运动。模范革命军人家属刘来娣参加慰问团活动自朝鲜回来时，得知她被选为江西省瑞金县武阳乡人民代表，表示一定带领大家搞好互助合作运动和农业生产，最近她已把她领导的互助组由原来7户增加到16户，并积极准备秋后转为农业生产合作社。[④] 此外，在城市及工业领域，则有一批爱国增产节约运动中的劳动模范当选，并在普选中开展各种劳动竞赛活动。

此外，"新三反"运动、农业合作化运动和增产节约运动等群众运动形成的强大政治压力，也直接促成了选举运动的突击式快速完成和投票的高参与率。四川省内江县工农乡和江津县双龙乡，经过一个多月的发动和酝酿，就顺利产生了乡人民代表大会的代表，是西南区最早完成普选的两个乡。其中，内江工农乡参加投票的选民2894人，占选民总数的91.6%；该乡十一村投票选民达选民总数的93.6%。江津双龙乡垭口村、刘家村、新桥村等三个村，参加投票的妇女占妇女选民的85%左右。另外，两个乡选出的代表，还充分照顾到了各阶层代表的广泛性。[⑤] 江西省宁都县背村乡也展示了较高的参选比例，在1220个选民中，到会参选者1073人，占全体选

① 《抚顺市各区人民代表大会积极贯彻为生产服务的方针》，《人民日报》1954年2月28日，第3版。

② 马良：《河北一万零三百多个乡开人民代表大会》，《人民日报》1954年4月10日，第3版。

③ （社论）《庆祝全国基层选举的完成》，《人民日报》1954年6月20日，第1版。

④ 《模范军属刘来娣当选为人民代表后积极带领农民参加互助合作组织》，《人民日报》1954年4月18日，第3版。

⑤ 《四川工农乡和双龙乡已完成普选》，《人民日报》1953年6月10日，第3版。

民的 88%。[①] 在已完成基层选举的安徽省肥西县山西乡，参加选举的选民平均达到选民总数的 87% 以上，该乡黄大郢选区 98% 的选民行使了他们的选举权利。[②] 在公开报道的其他内容上，绝大多数情况都是如此，很少有低于 80% 的参选率。[③] 高参选率通常被解释成人民群众当家作主的主人翁精神，也与选举采用举手表决的方式有关，但是，更重要的还是群众运动式的动员方式。

相对于选举运动发起时的宣传声势，当选代表如何履行职责的报道少了许多，也许代表本应发挥法定作用已是政府日常工作问题，难以使用群众运动的方式来进行。

在公开报道中，当选代表的活动着重于如何在群众中搜集提案和意见，并在生产和生活中帮助群众解决困难。如南京市燕子矶镇选出的 33 名人民代表，按具体情况分了工，通过小型漫谈、个别交谈等方式，从群众中收集到有关生产、兴修水利、文化教育、卫生建设及批评干部作风的提案和意见 190 多件，准备带到代表大会上去讨论。对群众所提出的问题，能够解决的都随时帮助群众解决。[④] 旅大市许多人民代表在工厂企业、机关团体、学校等单位建立了“选区人民留言簿”和“选区人民接待日”，有些以街道或工厂企业为单位组成的“人民代表小组”，经常汇集和研究解决选民的意见。[⑤] 福建省长乐县第二区仙街乡自完成普选后，政权组织更加健全和巩固，乡政府所属七个专门委员会有了明确的分工，建立经常的会议制度，工作效率大大提高。半年来乡人民代表大会召开过五次会议，乡里重大工作都经大会讨论决定，然后由代表贯彻到群众中去。报道中提到的第五次会议，集中讨论了宣传总路线和购粮工作，代表们用算账、对比的方法向农民宣传总路线带来的好处，并保证带头把余粮卖给国家，使全乡购粮计划胜利完成。[⑥] 四川省温江县苏坡乡人民代表大会第四次会议也是讨论粮食

---

① 于明春：《江西省五个重点试验乡完成普选工作》，《人民日报》1953 年 6 月 11 日，第 3 版。

② 《肥西县两个乡完成基层选举工作》，《人民日报》1953 年 6 月 22 日，第 3 版。

③ 例如黑龙江省肇东县昌五镇因为土地少，很多人都下屯种田或出外打零工，参选率为 68% 强。《人民日报》1953 年 6 月 21 日，第 3 版。

④ 《南京市燕子矶镇人民代表广泛向群众搜集提案和意见》，《人民日报》1953 年 8 月 30 日，第 3 版。

⑤ 《普选后的各区人民代表运用多种方法和选民建立密切联系》，《人民日报》1954 年 6 月 29 日，第 3 版。

⑥ 滕健、陈康：《福建省长乐县仙街乡普选后，人民代表大会制度发挥了巨大效能》，《人民日报》1954 年 2 月 24 日，第 3 版。

统购统销工作，会议用算账的方式，讨论了实行粮食统购统销对国家、对农民的好处，揭露了闹“缺粮”是奸商、囤积居奇者利用农民某些落后思想进行反限制斗争和地主、反革命分子进行破坏活动，表示坚决完成统购统销任务，并提前完成了200万斤大米的统购任务。[①]

报道使用了群众运动中习惯的阶级斗争话语，而没有体现代表们如何代表民众在更高层级的选举中行使权利，以及在日常工作中如何代表民众利益，尤其是在利益冲突时如何向选民负责。

因此，公开报刊上对基层人民代表的描述，最常见的还是对翻身做主人的感恩和当选人民代表的荣誉感，相当部分代表甚至未曾认真考虑过如何才能有效地参与国家事务的管理，政治素质只是包含于朴素的阶级情感和模范的本职工作之中。[②] 待全国人民代表大会召开之后，基层人民代表的主要工作便是向群众报告大会情况，座谈感想，并积极参加或开展各种类型的劳动竞赛运动[③]，即在群众运动中展现人民代表的先进性。

如同所有群众运动一样，发动与收束阶段的宣传声势相差巨大。当选举运动完成基层选举后，县以上各层级的选举，也就是走走程序而已。以后，基层人民代表如何持续发挥作用，公开报刊少有报道，更少见之于内部指示。除开会之外，代表们的身份，仍然主要是干部和各界英雄模范；民众的政治参与，也仍然主要依靠投身政治运动。新中国首次普选留在历史记载中的内容，则更多地表现为一组创纪录的参与量和参与率的统计数字。[④]

---

① 周安让：《问题在哪里——记苏坡乡人民代表大会会议讨论所谓“缺粮”问题》，《人民日报》1954年12月2日，第3版。此事例还被作为基层人民代表大会如何行使职权的典型经验加以推广。

② 此类报道较多，例如，对北京市4位基层人民代表的介绍。培蓝、维仁、柏生：《人民获得了当家作主的权利》，《人民日报》1954年6月27日，第2版。

③ 此类报道较多，例如：《重庆市各厂矿的全国人民代表大会代表积极参加厂内进行的劳动竞赛，黑龙江省的代表邓国章回村后带领社员开展增产保收竞赛》，《人民日报》1954年11月1日，第3版。

④ 有关此次基层人民代表选举的记载，大都会提及中央选举委员会委员兼秘书长邓小平在基层选举工作完成情况报告中公布的统计数据：全国进行基层选举的单位共为214798个，进行基层选举地区的人口共为571434511人，其中登记选民总数为323809684人，占进行选举地区18周岁以上人口总数的97.18%；全国依法被剥夺选举权利的人并加上精神病患者，只占进行选举地区人口总数的1.64%，占进行选举地区18周岁以上人口总数的2.82%。参加投票的登记选民有278093100人，占登记选民总数的85.88%；选民中妇女参加投票的占登记妇女选民总数的84.01%。共选出5669144名基层人民代表大会的代表，其中妇女代表占17.31%。《邓小平同志向中央人民政府委员会报告全国基层选举胜利完成》，《人民日报》1954年6月20日，第1版。

五　结语：普选为何采用群众运动的方式

人民代表大会制初建之时，尽管制度设计具有进步性，民众的政治参与十分广泛，但普选在国家政治生活中的位置并非十分重要。在基层选举的过程中，政策调控十分重要，因此，当选的人民代表行使职责的空间有限。

选举采取群众运动的方式开展，自然具有了一般群众运动的特点。最突出的是，普选带上了鲜明的阶级斗争色彩，集中表现在对选民资格的审查上。于是，在选举运动中，民众更加关注自己是否名列官方公布的选民榜之中，却不大在意选举权利行使的有效性，其中包括当选人民代表如何代表自己参与国家政治。普选与运动结合在一起，也反映了群众运动的全能性以及统一行动的便捷性，推动选举得以在严格的政策调控之下迅速完成。此外，在选举运动中，曾经出现的制定比例控制指标、因需要随时调整政策策略等现象，也在群众运动中较为常见。

然而，普选毕竟是绝大多数民众依法参与国家政治生活及体现多数人自由意愿的行为，明显与群众运动有所不同，因此，当普选与运动紧密结合时，又存在着相互冲突的可能性。以"新三反"运动解决干部作风及干群关系问题，可能增强选举中发扬民主的声势，但也会影响选民的投票意愿，并影响到政权组织的稳定和各项工作的连续性。可是，如果在基层选举中淡化"新三反"运动的口号，又可能削弱选举中落实任务指标的能力。所以，人民代表大会制初建中的选举运动，既不是一般意义上的竞选运动，也不是真正的群众运动，徒有形式与外表。到贯彻统购统销政策和宣传国家过渡时期总路线运动发起之后，选举就完全成为增产节约运动和农业合作化运动的附属，在强大的运动声浪之中仓促结束。

为什么普选一定要采用群众运动的形式进行呢？

首要原因是自战时以来群众运动的有效性和惯性推动，形成了共和国成立初期特殊的政治文化氛围，以至于发展到"什么工作都要搞群众运动"。[①] 在全国范围内举行大规模的普选，是一件全新的工作，时间急，任

① 1958 年 9 月，毛泽东在视察马鞍山钢铁厂时说："发展钢铁工业一定要搞好群众运动，什么工作都要搞群众运动，没有群众运动是不行的。"《安徽日报》1958 年 9 月 29 日，第 1 版；《建国以来毛泽东文稿》第七册，中央文献出版社，1992，第 433 页。

务重，搭群众运动的便车似乎理所当然。

其次，在普选期间，国家政治、经济生活始终处于紧张情况之中。此种紧张，有自然灾害导致农业减产的因素，更重要的是几年来取得的一系列伟大胜利，以及对国家工业化和快速进入社会主义的美好设想，造成了各种比例及利益关系的严重失衡。普选的目标是要发扬政治民主，紧张关系却可能导致民众对国家发展战略，尤其是第一线的基层干部行为提出质疑，而应对紧张情况又需要加强党和政府的集中领导，群众运动便成为最有效的运作方式选择。

再者，即使是体现了多数民意的公正选举，也很难保证当选者就是最佳选择，更难保证当选者在执掌权力的过程中不会出错甚至蜕变，这就需要提高选民素质，改善选举环境，以及建立切实可行的监督制度。但是，这些都需要时间，可能需要经历一个曲折而痛苦的过程。选举运动幻想迅速实现仅次于苏联的最先进的选举，却又采取逐级严格领导和提出控制指标的方法，并将各种所谓异端统统指为阶级斗争的表现，普选也就只能遵循群众运动的模式发展。

透过第一届全国人大召开时期的基层选举实践可以看到，在选举运动之后，国家各级机关中各种选任官员的确定，仍然更多地依赖选拔、协商、任命，选举只是一种认可的形式。

中国代表制的制度建构

体系绩效、治理现代化与人民代表大会制度[*]

杨雪冬[**]

内容摘要： 本文将人民代表大会制度置于中国治理现代化进程中加以考察，从整体性角度衡量这一制度在国家治理体系中发挥的体系绩效，有利于更全面客观地分析其地位、作用和发展前景。将执政党的意志通过民主形式转化为国家意志和根据经济社会发展及国家治理的需要，完成立法，是人民代表大会制度承担的两个基本的体系功能。尽管这些功能不断实现，但是还带有很强的形式性，需要采取更为切实的举措，实现从形式向实质的转化。

关键词： 体系绩效　治理现代化　人民代表大会制度　形式功能　实质功能

人民代表大会制度作为当代中国的根本政治制度，是国家治理体系的基础性要素。习近平在庆祝全国人民代表大会制度建立60周年的讲话中指出："人民代表大会制度是中国特色社会主义制度的重要组成部分，也是支撑中国国家治理体系和治理能力的根本政治制度。"① 由于人民代表大会制度集中体现了人民主权原则，因此是国家治理体系现代性的制度性标识。与国家治理体系的大部分构件一样，人民代表大会制度是在中华人民共和国成立之后被建构出来的，经过60多年的发展演进，在不断适应国情和满足经济社会发展需要的过程中，其定位逐渐明确，功能不断实现，已经成

---

* 本文系国家社科基金项目"中国特色社会主义运行机理研究"（项目号：12B22039）的阶段性成果，曾发表于《教学与研究》2015年第6期。

** 杨雪冬，中共中央编译局研究员，主要从事社会政治理论和中国当代政治研究。

① 习近平：《在庆祝全国人民代表大会制度建立60周年的讲话》，《人民日报》2014年9月6日。

为整个国家治理体系实现现代化必不可缺的制度要素。

要客观评价人民代表大会制度在中国当代政治生活中的定位和作用，不能只将其与国外类似的制度进行比较，更应该将其置于当代中国国家治理体系的结构框架和演进过程中。笔者认为，治理理论的出现为我们更为全面客观地认识人民代表大会的运行和制度绩效提供了理论参照系。从治理体系的整体出发，重视治理过程和治理绩效的分析，我们可以考察人民代表大会制度在整个制度体系中的定位，在不同历史时期发挥的功能绩效，分析这个建构起来的制度是否适应了国情，是否有机地嵌入了整个体系，是否有效地回应了经济社会发展的要求和国家治理体系能力提升的需求。这也有助于我们更清晰地认识到制约其运行效果和发展路径的因素，并探讨进一步改进所需要的条件。

一　制度绩效与治理体系绩效

国家治理体系是由多种具体制度有机构成的，这些单个制度并不是同步产生的，往往是陆续出现的，有的是传承而来，有的是新设计建构的，还有的是移植借鉴的。在现代化进程中，许多发展中国家的现代性制度带有明显的移植性、建构性，通常与本国的实际情况存在着距离，需要经历一个本土化的调适过程。在这种情况下，这些制度不仅要有现代的形式，更要有效地运行起来，发挥应有的功能绩效。

20 世纪 50 年代以来，发展政治学者通过对后发国家现代化经验的研究发现，制度的有效运行直接影响到整个政治体系或者统治的合法性。例如，李普塞特认为，政治稳定既取决于政治秩序的“合法性”，也取决于其“有效性”。“有效性”是工具性的，而“合法性”是评价性的。[①] 白鲁恂认为，政府管理社会经济的能力是新兴国家获得合法性支持的重要来源。[②] 亨廷顿在比较了各国发展差异后指出：“当今世界各国之间最重要的政治分野，不在于它们的政府形式，而在于它们政府的有效程度。”[③] 然而，在冷战的阴

① 〔美〕西摩·马丁·李普塞特：《政治人——政治的社会基础》，张绍宗译，上海人民出版社，1997，第 55 页。

② L. Pye. , “The Legitimacy Crisis,” in L. Binder etal. (eds), *Crisis and Sequences in Political Development*, Princeton: Princeton University Press, 1971, p. 135.

③ 亨廷顿：《变革社会中的政治秩序》，王冠华等泽，生活·读书·新知三联书店，1989，第 1 页。

影下，制度的绩效往往与意识形态联系在一起，被笼统的“制度优越论”所替代。

冷战结束后，特别是新世纪以来，治理危机从发展中国家的问题演变为世界各国普遍面临的问题，对于制度绩效的评价更少受意识形态的干扰，而且也在自觉地从单个制度的功效提升到体系绩效层面。一方面，许多西方学者开始认真反思包括美国在内的西方治理模式遭遇的危机以及导致危机的制度根源；另一方面，也在关注中国快速发展背后的制度因素，并将中国的崛起视为对西方治理模式的制度挑战。[①]

因应发展中国家治理危机提出的治理理论，尽管还处于发展完善过程中，但在分析上具有“去意识形态化”和整体主义优势，不仅将各国治理绩效的比较置于一个新的理论平台上，而且也为考察单个制度的体系绩效提供了理论前提。治理理论关于制度绩效与体系绩效的关系有四个基本认识：其一，治理体系的绩效体现为对问题的回应和解决。而一种治理体系在不同时空条件下面对的问题和挑战是不同的，如卡蓝默所说，“治理必须回应一个社会的深层文化需求，还要回应挑战的性质和规模以及每个时代社会的技术状况”。[②] 其二，治理的根本目的是实现整体绩效。[③] 无论多元参与主体还是不同层次上的治理行为，都应该服从治理的总体目标。民主、法治、透明、廉洁、效率等目标已经成为各国公认的目标。相关主体、相关行为要按照这些目标来进行调整改革，才能在整个治理体系框架内协同运行，确保实现整个治理体系的治理效果。其三，提升治理体系绩效，需要协调复杂的制度间关系。治理体系是由多种类型的制度构成的，各个制度之间要相互协同，形成合力。每个制度在整个治理体系中都有自己的功能定位，并且需要根据环境条件的变化进行调整，才能保持绩效，否则会引发治理体系的失效。其四，制度绩效的提升也要有系统性。在制度运行过程中，不仅要重视制度的设计，还要重视机制、技术、方法、人力资本等要素的作用，要重视具体的、微观的问题解决，不断累积，形成绩效的

---

① Charles A. Kupchan, “The Democratic Malaise: Globalization and the Threat to the West,” *Foreign Affairs*, Janu/Febr, 2012; Francis Fukuyama, “Americain in Decay: The Sources of Political Dysfunction,” *Foreign Affairs*, Sept/Oct, 2014.

② 皮埃尔·卡蓝默：《治理：老问题一新答案》，http://www.governance.cn/bro—warticle.php?wzid = 172。

③ Perri 6, Diana Leat, Kimberly Seltzer and Gerry Stocker, *Towards Holistic Governance: The New Reform Agenda*, New York: Palgrave, 2002.

规模效应。

近年来，中国人大制度的研究者也正在拓宽研究的视角，更加关注人大制度的实际运行和绩效。有学者认为，海外关于人民代表大会制度的研究正在从制度范式向权力范式转变，所谓的权力范式具体体现为五种分析模式，即：合作模式、制衡模式、磨合模式、网络模式和垃圾桶模式。[①] 这些分析模式与其说代表了研究者向"权力范式"的转变，不如说是从规范分析向制度运行实证分析的转变。在国内，人民代表大会制度也吸引了更多政治学学者的关注。他们试图改变从法律条文、从人大工作经验研究人大制度的习惯做法，将理论分析和实证研究结合在一起，更好地理解这个制度。何俊志曾经讨论了地方人大的多重性质，认为地方人大扮演着国家代理人、政党代理人和地方代理人三重角色。这三个角色实际上也是地方人大在整个国家治理体系中要处理的三个主要关系，承担的三个主要功能。这种思路对于拓展人大制度的分析框架，从制度体系角度了解人大制度非常有启发性。[②] 笔者曾经尝试将治理作为一种"范式"来定位人民代表大会及其常委会的功能，分析人大监督权的行使及制约因素，[③] 以突破基于马克思主义经典著作的经典理论范式以及法律文本范式形成的思维定式束缚，更为全面、动态地理解人民代表大会制度的运行。

下面，笔者将沿着治理体系绩效的思路，讨论人民代表大会制度在当代中国国家治理体系现代化进程中的多重功能定位，并分析其发挥的制度绩效。在当代中国国家治理体系中，人民代表大会制度主要承担了三种功能：一是作为当代中国国家治理体系现代性的标志；二是作为国家治理体系运行的方式；三是作为国家治理体系现代化的过程。人民代表大会制度是人民主权原则这个现代性政治精神在中国的制度化体现。因此，人民代表大会制度的建立和运行赋予了中国共产党通过武装斗争获得的国家政权在组织形式上的现代性。人民代表大会制度是中国共产党领导下的国家治理体系的组成要素，是执政党与国家政权建立联系的首要制度渠道，人民代表大会制度的运行方式也是执政党的执政方式。人民代表大会制度并不

---

① 王雄：《从制度范式到权力范式：海外视角下的中国人大制度研究》，《社会科学》2013 年第 8 期。

② 何俊志：《中国地方人大的双重性质与发展逻辑》，《岭南学刊》2007 年第 3 期；何俊志：《中国地方人大的三重性质与变迁模式》，载杨光斌、寇健文主编《中国政治变革中的观念与利益》，中国人民大学出版社，2012。

③ 杨雪冬：《地方人大监督权的三种研究范式》，《经济社会体制比较》2005 年第 2 期。

是一成不变的，而是随着经济社会的变化而不断调整的，以反映社会政治关系的变化，更好地体现人民主权原则。因此，人民代表大会制度的发展也是国家治理体系现代化的组成部分，反映了整个治理体系运行和能力的现代化。

二　作为国家治理体系现代性标志的人民代表大会制度

中国共产党通过武装斗争，成功地夺取了国家政权，实现了国家的统一和主权独立，确立了当代中国的国家形态，但整个国家的制度建设才刚刚开启。在1949年通过政治协商会议实现民主建政后，对于这个新的国家来说，最为迫切的任务是，如何设计一种现代的、为世界各国普遍接受的制度形式，实现国家政权产生和运行方式从军事化向常态化的转变。宪法和代议制就是现代国家治理体系必备的制度形式。

宪法是近代以来世界国家组织和运行政权的法定依据，用法律的形式确定了国家权力的来源，实现了国家政权组织和运行的规范化、程序化和稳定化。从清末立宪以来，建立政权就要制定宪法的理念逐渐被各种政治力量所接受，并为此进行了各种尝试。其中，孙中山先生领导制定的五权宪法，对于理解现代国家治理中政权和治权这对基本关系最有探索意义。在他看来，制定宪法，要处理好政权和治权的关系，实现“人民有权，政府有能”。他创立的五权分立理论，目的是避免“三权分立”体制下的权力之间相互掣肘的问题，实现权能分立，建立“万能政府”。[①] 正如萨孟武评论的，“五权宪法并非使五种治权分立，以收制衡之效，乃使五种治权分工，以收合作之果”。[②] 孙中山对于政权与治权关系的理解，尤其对于国家政权内部各权力分工合作关系的强调，也代表了近代以来中国人对如何实现现代国家制度有效性的深刻认识。

现代国家奉行主权在民的原则，人民是政治权力的来源，代议制是人民主权的制度载体，通过它既能将人民组织起来，也能为权力的产生提供现代的合法形式。近代以来，代议制曾经有过国会、议会、参议会等多种形式，人民代表大会制度则是中国共产党提出的代议制形式。1940年，毛泽东在《新民主主义论》中就讨论了在新中国如何组织政权机关的政体问

① 《孙中山全集》(第九卷)，中华书局，1986，第354页。

② 萨孟武：《宪法新论》，中国方正出版社，2006，第26页。

题。他说，没有适当形式的政权机关，就不能代表国家。基于近代以来中国宪政建设的教训和中国共产党在根据地斗争中积累的经验，他设想，“中国现在可以采取全国人民代表大会、省人民代表大会、县人民代表大会、区人民代表大会直到乡人民代表大会的系统，并由各级代表大会选举政府”。[①] 中国共产党夺取政权后，召集政治协商会议，制定并通过了具有临时宪法作用的《中国人民政治协商会议共同纲领》，将“人民代表大会”确定为“人民行使国家权力的机关”，并根据当时国内形势，提出了在全国范围建立这种基于普选的国家权力机关的具体步骤。第一步，在新解放区立即建立军事管制，成立军事管制委员会和地方人民政府，肃清反革命残余势力，召集各界人士座谈会，建立和当地群众的联系。第二步，由当地人民政府召集各级人民代表会议，代表由各单位推选或者政府特邀，作为政府的咨询机关。第三步，逐步改变人民代表会议结构，增加各单位直接或者间接选举的代表，减少政府特邀的代表，人民代表会议向人民代表大会转变，并由人民代表大会选举各级人民政府。各级人民代表大会闭会期间，各级人民政府为行使各级政权的机关。

通过上述步骤，到 1952 年底，各级人民代表会议的代表达到 1300 余万人，其中直接和间接选举的占 80 以上，全国各省和直辖市，2/3 以上的市，1/3 以上的县和绝大部分的乡，都由人民代表会议代行了人民代表大会的职权，并选举出各自的人民政府。[②] 1953 年 1 月，中央人民政府委员会第 20 次会议决定实行普选，先通过普选产生地方各级人民代表大会，然后在此基础上召开全国代表大会。接着，1953 年 2 月通过了《中华人民共和国全国人民代表大会及地方各级人民代表大会选举法》。基层选举工作于 3 月开始，到 1954 年 5 月完成。1954 年 8 月，县级以上地方各级人民代表大会先后全部建立。[③] 1954 年 9 月 15—28 日，第一届全国人民代表大会第一次会议在北京召开，会议通过了《中华人民共和国宪法》、《中华人民共和国全国人民代表大会组织法》、《中华人民共和国国务院组织法》、《中华人民共和国法院组织法》、《中华人民共和国检察院组织法》、《中华人民共和国地方各级人民代表大会和地方各级人民委员会组织法》等国家政权建设的基本法律，并进行了相应的选举，产生了国家主要机构的领导人员。自此，

① 《毛泽东选集》第二卷，人民出版社，1991，第 667 页。

② 凌风：《五年以来人民民主政权建设工作的成就》，《光明日报》1954 年 9 月 15 日。

③ 胡大元：《1954 年宪法与中国宪政》，武汉大学出版社，2008，第 38 页。

当代中国国家治理体系的核心制度要素基本成形。

人民代表大会制度的建立，从三个方面赋予了当代中国治理体系的现代性。首先，以普选产生国家权力机关的方式替代了武装夺取政权的军事方式，建立了全国性的政权。人民通过选举代表，实现了对国家的授权，体现了人民主权原则，确立了人民与国家之间的现代关系，以民主的方式解决了国家权力的来源问题，并使国家政治生活从军事化状态转入定期选举、定期更替的常态化。其次，采取“自下而上”的层层递进选举方式，“将人民组织起来”,[①] 明确了国家各级权力机关之间的权力来源关系，反转了传统上“自上而下”层层加封手段的权力授予方式，实现了国家权力关系的现代化。第三，人民代表大会是最高权力机关，通过选举产生了人民政府、人民法院和检察院等其他国家机关，明确了这些机关之间的关系，并将这些关系通过《宪法》固定下来。这些主要国家机关的建立，实现了现代国家治理体系的内部结构和主要职能的完备化。各级人民代表大会具有立法、重大事项决定、监督等职权。这样就解决了人民意志如何上升为国家意志，再转化为国家行动这个现代治理关系，为提高国家治理的绩效提供了制度保障。

因此，习近平在纪念人民代表大会制度建立60周年的讲话中指出：“中国共产党领导中国人民取得革命胜利后，国家政权应该怎样组织？国家应该怎样治理？这是一个关系国家前途、人民命运的根本性问题。”[②] 人民代表大会制度就是回答这些问题的答案。

三　作为现代国家治理方式的人民代表大会制度

从制度组成来说，当代中国国家治理有多种方式，比如，执政党对国家和社会的政治领导方式，行政部门运行中的首长负责制方式，政治协商制度中的民主协商方式，民族区域自治中的民族+区域的自治方式，基层民主中的基层自治方式等。作为当代中国国家治理体系的基础性因素，人民代表大会制度也是实现国家治理的重要方式之一，并且与其他制度的运行方式有着明显的不同。

人民代表大会作为国家治理的一种方式，突出特点是更加重视民主法

① 《彭真文选》，人民出版社，1991，第222页。

② 习近平：《在庆祝全国人民代表大会制度建立60周年的讲话》，《人民日报》2014年9月6日。

制。人民代表大会是依法通过民主的形式产生的，其各项决定也是通过民主的方式，经过法定程序，依据相应的法律做出的。立法和监督法律的执行，是人民代表大会的基本职能，这要求人民代表大会在运行中更要重视法律规定、程序要求等。因此，与其他制度相比，人民代表大会制度作为实现国家治理的方式具有集体性、规范性、程序性等特点。彭真在 1984 年的座谈会上指出，许多人大工作的同志长期做党的工作、做政府工作，现在改作人大工作，要转变工作习惯和工作作风。要懂得，“民主就不能怕麻烦”。“凡是关系国家和人民的大事，光是党内做出决定也不行，还要同人民商量，要通过国家的形式。”①

人民代表大会要发挥其在整个国家治理体系中的作用，需要处理三种制度性的主体间关系，并在处理这三类关系中展示自己的民主法制特征。

第一个关系是人民代表大会与执政党的政治领导关系。人民代表大会是国家权力机关，中国共产党是执政党，是领导核心，二者不是组织上的隶属关系，而是政治上的领导关系。② 因此，问题的关键是如何通过人民代表大会这种制度形式将党的主张与人民的要求有机地统一，并进而以国家的意志体现出来，实现党的意志的民主化、法制化。这个统一和转化过程既是中国国家治理体系的本质特点，也决定着该体系能否以科学民主法治的现代方式运行。实践表明，这个过程进行得越顺利，党的领导作用越能加强，人大作为国家权力机关的治理功能就越能充分发挥。③

改革开放以来，执政党在这方面做了许多探索，使执政党与人民代表大会之间的关系更加清晰明确、规范化和制度化。一方面，执政党明确表示要尊重宪法和法律，依法治国、依法执政，支持和保证人民通过人民代表大会行使国家权力，支持人大及其常委会充分发挥国家权力机关作用，依法行使各项职权；另一方面，执政党对于各级人民代表大会的政治领导方式也在不断调整完善。这主要体现在三个方面。一是发挥各级人大党组的领导核心作用。1956 年 1 月，全国人大常委会机关党组成立。1956 年 9 月，中共八大修改的党章对于国家机关和人民团体的领导机关中成立党组有了明确的规定。改革开放以后，尤其是 1989 年之后，在全国人大常委会，不仅有机关党组，还恢复了常委会党组，党组书记由委员长担任。全

① 《彭真文选》，人民出版社，1991，第 493 页。

② 《彭真文选》，人民出版社，1991，第 222 页。

③ 林伯海：《新中国成立以来执政党与人大关系的变迁与发展》，《西南交通大学学报》2009 年第 5 期。

国人大常委会党组受中共中央领导，主要职责是：就常委会行使职权中的重大问题向党中央请示；保证党中央决策的贯彻落实。2002 年，中共十六大党章修正案对党组发挥领导核心作用有了更加明确的要求，增加了党管干部的职责。[①] 二是提升人大常委会主要领导的政治地位。20 世纪 90 年代以来，省级以上人大常委会主要领导的政治地位得到提升。中共十四大以来，全国人大常委会委员长开始由中共中央政治局常委担任，绝大多数省级人大常委会主任由同级党委书记兼任。十三大以来，省级以下人大常委会主要领导也在逐步年轻化，不再完全由退居“二线”的领导干部担任。21 世纪以来，一些地方加快推动人大常委会主要领导的年轻化步伐，许多年轻的人大常委会领导还有机会转任到党委和政府系统。十八大进一步提出要优化人大常委会组成人员的年龄结构。三是保持各级人大代表中的中共党员比例。保持党员在各级人大代表中的 50% 以上的比例，是党对人大领导的重要途径。一方面，这些党员代表也是各个领域和行业的优秀分子，体现了党的先进性；另一方面，保持这个比例的党员代表有利于各级人民代表会议期间贯彻党的意志，在发扬民主的基础上提高决策的效率。据统计，从一届全国人大以来，在历届全国人大代表中，党员比例都在 54% 以上，第九、十、十一届的党员代表比例连续三届超过 70%。[②]

第二个关系是各级人民代表大会与同级其他国家机关之间的关系。人民代表大会是各级国家机关的产生机构，通过选举产生了同级政府、法院、检察院，形成了不同层级治理体系的基本国家构件。但是，各级人民代表大会与其他国家机关之间的关系远不是单纯的选举—被选举关系，还有治理意义上的复合关系。这主要体现在两个方面：一是各级人民代表大会及其常委会要监督同级政府、法院、检察院依宪依法工作。监督有多种方式，比如定期听取和审议它们的工作报告，进行执法检查、代表视察、工作评议、执法评议、对重大违法案件实施监督、质询、进行特定问题调查、罢免选举产生的工作人员等。为了落实人大的监督功能，全国人大于 2006 年制定通过了《中华人民共和国各级人民代表大会常务委员会监督法》，各地人大也在提高监督效果方面做了许多探索尝试。二是各级人民代表大会及其常委会与同级政府、法院、检察院在具体治理问题解决上要分工合作。

① 徐高峰：《中国共产党在人大设立党组的前前后后》，《红广角》2014 年第 9 期。

② 刘乐明、何俊志：《谁代表与代表谁？十一届全国人大代表的构成分析》，《中国治理评论》2013 年第 2 期。

人大的监督不是为了限制各国家机关的运行，而是为了发挥各自的治理功能，实现整体治理的目标。彭真在解释 1982 年宪法关于国家机构的规定时说，这次修改遵循的方向之一就是“使各个国家机关更好地分工合作、相互配合”。而“国家机构的这种合理分工，既可以避免权力过分集中，又可以使国家的各项工作有效地进行”。[①] 随着执政党对于本国制度认识的深入和制度特性的强调，人大与其他国家机关之间的分工合作关系更加明确，并以此作为中国政治制度区别于西方“三权分立”制度的重要特点。吴邦国在担任全国人大常委会委员长期间，进一步发展了这种分工说。他认为，这种合理分工，既有利于充分发扬民主，又可以集中力量办大事，提高工作效率。各国家机关虽然分工不同、职责不同，但目标是完全一致的，都在中国共产党领导下，在各自职权范围内贯彻落实党的路线方针政策和宪法法律，为建设中国特色社会主义服务。[②]

第三个关系是各级人大常委会之间的关系。各级人大常委会之间没有领导关系，但有着密切的联系。这种联系直接决定着人大制度的整体运行。根据宪法和组织法，各级常委会独立行使自己的职权，并对本级人民代表大会负责，但是，上级人大常委会对下级人大常委会要进行业务指导和法律监督，及时纠正下级人大常委会违反法律的决定和行为。下级人大常委会的工作开展要参考和服从上级人大常委会的工作安排，尤其是在安排重点工作时更要如此。上级人大常委会对下级人大常委会在立法工作、监督工作、选举工作、信息理论和日常工作等方面给予指导。上级人大及其常委会也要主动听取下级人大及其常委会的意见、反映的民意，以加强国家权力机关的民主基础。比如，20 世纪 80 年代，开始探索在全国人大常委会开会，请省级人大常委会负责人列席。上级人大代表列席下级人民代表大会及其常委会会议以及参加下级人民代表大会常务委员会组织的活动，上级人民代表大会常务委员会委托下级人民代表大会常务委员会组织代表视察、专题调查，上级人民代表大会常务委员会及各专门委员会或其办事机构召开经验交流会、研讨会、工作座谈会等等。为了加强人大制度内部的整体性，还有两个重要的制度设计。一是人大代表的选举方式。县级以上人大代表都是由下级人民代表大会选举产生的，而且在上一级人大代表中，

---

① 《彭真文选》，人民出版社，1991，第 546 页。

② 吴邦国：《坚持中国特色社会主义政治发展道路　努力把人大工作提高到一个新水平》，《求是》2008 年第 8 期。

许多也是下级人大代表。这种代表选举方式，既体现了人民主权原则，也有利于上下级代表之间的沟通交流。二是各级人大的开会顺序。各级人大的年度会议的举行顺序是从低向高依次进行，最先召开的是乡镇人大会议，最后召开的是全国人大会议。这种会议召开顺序体现了人民代表大会既是民意表达机关，也是民意集中形式。通过逐次开会的方式，有利于集中了解基层地方的民情民意，增强全国人大会议议程设计的针对性。

从上述分析的三种关系来看，人民代表大会制度是在通过处理与其他治理主体的关系中来发挥自己在整个国家治理体系中的功能和作用的。没有其他治理主体的支持和配合，人民代表大会制度就难以有效地发挥自己的作用，而不突出自己治理方式的民主法制特征，就会削弱自己在整个国家治理体系中的地位和价值。

四　作为国家治理过程的人民代表大会制度

国家治理体系建构完成后，不是固定不变的，而是随着经济社会发展的需要而不断调整完善的。这个调整完善的过程就是现代化的过程，治理能力的现代化是衡量这个过程的核心标准。就人民代表大会制度而言，在1954年建成之后，20世纪60年代就陷入停滞失效状态，直到“文化大革命”结束，才逐步恢复正常，并在改革开放之后进入快速发展时期。①

改革开放以来，人民代表大会制度的发展始终坚持将实现人民当家作主作为发展的基本目标，通过结构、功能的调整完善，回应经济社会政治文化的变化要求，实现人民代表大会制度向整个国家核心民主制度地位的复归，推动国家治理体系和能力的现代化。作为国家治理过程，人民代表大会制度主要在以下几个方面取得了重大进展。

第一，将人民代表大会与执政党的关系逐步纳入宪法和法律框架。执政党是中国政治生活的领导核心，人民代表大会是国家最高权力机关，也是党领导人民实现当家作主的主要制度。但在现实中，二者的关系长期纠缠于“党大 ”还是“法大”这样非此即彼的争论中，一些党委在决策过程中缺乏对人民代表大会及其常委会的应有尊重，不仅干扰了人大的正常运行，也加深了其“橡皮图章”的消极形象。从中共十三大以来，如何完善人民代表大会制度就是中国民主政治建设的重要组成部分。执政党提出要不

① 胡锦涛：《在庆祝人民代表大会制度建立50周年的讲话》，新华网，2014年9月15日。

断改进党的领导、人民当家作主和依法治国三者之间的关系，通过执政能力建设、社会主义法治国家建设、扩大公民有序政治参与以及协商民主建设等多种制度建设，多层次、多维度地提高民主法治水平。人民代表大会与执政党之间的关系逐步被纳入宪法和法律框架下进行审视。一方面，执政党明确提出，包括政党在内各种组织以及个人都必须以宪法为根本的活动准则，并负有维护宪法尊严、保证宪法实施的职责，这在理论上消除了“党大”还是“法大”的根源；另一方面，执政党提出要推动人民代表大会制度与时俱进，支持发挥人大及其常委会的作用，引导和发挥好人大代表依法履职的积极性，不断完善人大的工作机制。在体制机制能力建设等方面的具体举措有助于人民代表大会制度实际效果的有效发挥。

第二，人民代表大会制度在结构上日趋完整。人民代表大会制度，是建立在从中央到地方各级政权之上的一套完整制度。1979 年，随着新的《选举法》和《地方组织法》的制定实施，地方各级恢复了人民代表大会制度，从省到县三级建立了人大常委会，在乡镇建立了人大主席团。根据 1982 年宪法，在全国人民代表大会和较大的市以上的地方人民代表大会设专门委员会，并且适应经济社会发展的需要，不断增加专门委员会的类别。从六届全国人大起，设立了民族委员会、法律委员会、财政经济委员会、教育科学文化卫生委员会、外事委员会、华侨委员会。1988 年，七届全国人大增设了内务司法委员会。1993 年，八届全国人大又增设了环境保护委员会。1998 年，九届全国人大又增设了农业与农村委员会。这些专门委员会是常设性机构，受全国人民代表大会领导，在全国人大闭会期间受全国人大常委会的领导和监督。专门委员会的设立，既提高了人大工作的专业化水平，也保证了对于国家管理主要领域的立法监督工作的常态化。人大常委会组成人员的专职化水平也在不断提高。2003 年，十届全国人大开始设立专职常委。此前和之后，一些地方人大也进行了相应的改革探索，目的都是为了改进人大常委会的年龄结构和知识结构。

第三，人民代表大会及其常委会的职权逐步有效发挥。虽然各级人民代表大会及其常委会因为层级的不同，职权存在着差别，但是选举、任命和罢免权、监督权和重大事项决定权是各级人大及其常委会的共同职权。全国人民代表大会还享有修改、监督宪法实施权和立法权。经济社会的快速发展，导致了问题，引发着变革，使得各级人大及其常委会享有的法定权力不断被激活，从法律文本走向现实生活。在多项职权中，立法权和监督权的行使更为突出。为了实现社会主义法治国家的建设目标，从全国人大到各级地方人大，积极投入到立法和执法监督工作中。一些重要法律不断推出，比如，全国人民代表大会制定了现行宪法和4个宪法修正案。1999年，《行政复议法》通过实施；2000年，《立法法》通过并实施；2004年，《行政许可法》开始实施；2007年，《物权法》通过实施。据统计，从1997年到2010年底，各级人大制定法律236件、行政法规690多件、地方性法规8600多件，实现了建成中国特色社会主义法律体系的立法目标，为在市场经济条件下调节国家与社会、个人之间关系提供了法律依据，为法治国家、法治政府、法治社会建设提供了法律条件。在行使监督权方面，各级人大尤其是地方人大在执法检查、述职评议、代表评议、个案监督、财政预算和执行监督等方面进行了创新探索，既将法律赋予的监督权具体化，也推动了"一府两院"的工作。2006年，《中华人民共和国各级人民代表大会常务委员会监督法》通过，为监督权行使的制度化、规范化提供了依据。

第四，人大代表的结构和能力不断改进。人大代表是人大制度运行中的活跃主体，也是人大制度与广大人民群众联系的纽带。人大代表的结构和素质能力一直是社会关注和讨论的热点问题，被视为制约人大制度运行效果的重要因素。1979年新制定的《选举法》将直接选举人大代表的范围由乡、镇、市辖区、不设区的市扩大到县和自治县一级，但是在实际运行中，人大代表的推荐和代表份额的分配有着很强的组织化色彩，这虽然保证了代表结构上的完美，但是限制了代表选举的竞争性以及代表履职时的责任心。随着公民政治参与意识的增强，地方人大代表选举的竞争色彩也在增强。2003年，在北京、深圳等地的县、区人大代表换届选举中，一些公民以个人身份参加选举，成为一时的新闻事件，并由此引发了对"独立候选人"的讨论。各级地方人大也通过健全代表联络机构、拓宽代表与选民的联系渠道、增加候选人在选举中与选民见面环节、加强代表的培训等方式，来提高代表的履职责任意识和履职能力。而人大代表结构的最大变化是中共十七大报告中提出的"逐步实行城乡按相同人口比例选举人大代表"。为了落实这个建议，2010年《中华人民共和国全国人民代表大会和地方各级人民代表大会选举法》修正案通过，从而彻底实现了选举权上的城乡"同票同权"。这也意味着中国的平等选举原则在"地区平等"、"民族平等"之外，又增加了"人人平等"，真正实现了普选制。

第五，人大工作机制和工作程序不断完善。人大常委会及其工作机构担负着人民代表大会制度的日常运行。由于各级人民代表大会实行年会制，会期短，代表实行兼职化，所以人大的职权实际上主要是通过常委会及其工作机构执行的。改革开放以来，各级人大常委会逐步摆脱了领导干部工作“最后一站”的形象，工作机构更加健全，工作人员的专业化水平不断提高。各级人大常委会及其工作机构的运行更加制度化、规范化，不仅成为国家机关中依法依规运行的表率，在专业能力等方面也有了很大的提高。一些地方人大在选举工作的组织、代表联络和履职、提高立法质量、回应社会关切等方面积极进行探索创新，推动了国家有关制度的建设。

人民代表大会制度的上述变化，是整个国家治理体系现代化进程的组成部分。与国家治理体系现代化滞后于经济社会生活现代化一样，人民代表大会制度的发展也滞后于经济社会多元化产生的巨大变化，并且滞后于国家治理体系的整体发展要求。2004 年，胡锦涛在庆祝人民代表大会制度建立 50 周年的讲话中，对人民代表大会制度发展提出四个方面的要求：进一步加强和改进立法工作，提高立法质量；进一步加强和改进人民代表大会的监督工作；进一步密切各级人民代表大会同人民群众的联系；进一步加强各级人民代表大会及其常务委员会的组织制度和工作制度。[①] 十年后，习近平在纪念人民代表大会制度建立 60 周年的讲话中，再次提到了这四个方面需要改进的地方，并且增加了“加强和改进法律实施工作”的新要求。[②] 应该说，这五个方面的工作既是人民代表大会制度的基本职能，也是整个国家治理体系赋予其的主要功能。也正因为如此，才会被反复强调，以适应不同发展阶段的要求，更好地实现整个治理体系对其的绩效期待。

五　结论：从制度绩效到体系绩效

邓小平早在 20 世纪 80 年代就指出要重视一个国家的体系绩效。他说，评价两种制度的优越性，要看其“总的效率”，不是经济管理、行政管理的那种效率。中国制度的最大优越性“就是干一件事情，一下决心，一做出决议，就立即执行，不受牵扯”。[③] 当代中国的国家治理体系在结构意义上已经存在了 60 多年，其中的一些关键要素，比如，政党、治理的基本理念价值等，存在的时间更长，而且整个治理体系也在不断调整变化的过程中。这个完整的体系及其发展历程，既规范和塑造了体系中的各个制度组成部

① 胡锦涛：《在庆祝人民代表大会制度建立 50 周年的讲话》，新华网，2014 年 9 月 15 日。

② 习近平：《在庆祝全国人民代表大会制度建立 60 周年的讲话》，《人民日报》2014 年 9 月 6 日。

③ 《邓小平文选》第 3 卷，人民出版社，1993，第 240 页。

分，也是评价单个制度绩效不可或缺的坐标。因此，要认识和评判人民代表大会的制度绩效，不仅要分析其自身的发展和职能的发挥，还要检验其在整个国家治理体系中发挥的作用。

从体系绩效来看，人民代表大会制度完成了其两个基本功能：一是将执政党的意志通过民主形式转化为国家意志；二是根据经济社会发展和国家治理的需要，加快立法工作。这两个功能的实现，既符合国家治理体系现代化的价值追求，也为国家治理体系整体绩效的提升提供了民主化、法治化的保障，并构建了整个体系的现代性特征。但是，人民代表大会制度的功能发挥还带有很强的形式性，在反映和整合日益多元化的民意，更有效地运用监督职能，提高整个国家治理体系的民主化、法治化水平等方面还有很大的拓展和提升空间，需要采取更为切实的措施。而功能从形式向实质的转化，是国家治理体系和能力现代化最迫切需要的。

最近关于《立法法》的修改，反映了人民代表大会制度在国家治理体系中的定位和功能的进一步明确和落实。一方面，通过完善人民代表大会及其常委会的立法功能，实现立法和改革决策的更好衔接，解决中国国家治理中长期存在的法律和政策的关系问题；另一方面，赋予设区的市地方立法权，有助于推进地方治理的法治化。[1] 因此，认清和顺应经济社会的变化，人民代表大会制度更好地发挥体系绩效还有很大的空间。

① 李建国：《关于〈中华人民共和国立法法修正案（草案）的说明〉》，《人民日报》2015年3月9日。

代表制、派出制与地方治理

——以地方人大派出工作机构为中心的考察*

王续添**

内容摘要： 代表制和派出制在理论上既有区隔又有联系。我国现阶段地区和街道两级地方人大派出工作机构——地方人大派出制凸显了代表制和派出制的联系乃至连接。两级地方人大派出工作机构的缘起嬗变、体制机制展现了其制度的属性特征和代表制对派出制的借助，也实现了对地方治理的有限形塑；着眼未来地方治理的发展，这一制度尚需进一步完善。

关键词： 代表制　派出制　地方治理　地方人大派出工作机构　地方人大派出制

近十几年来的地方政治抑或地方治理研究，通过引入“治理”这一理论元素和视角，展现出全新面貌和勃勃生机，越发成为政治科学研究中的“显学”。或许是从“契合”治理学理意涵上的考虑，研究多以讨论市场、社会、公民和政府关系为主，凸显地方治理主体的“多元性”、博弈性与合作性，而从地方政治的基本制度层面尤其是改革开放以来得到重大发展的

---

* 本文曾发表于《教学与研究》2015 年第 6 期。

** 王续添，中国人民大学国际关系学院政治学系教授，主要研究领域为中国现当代中央与地方关系、地方政治等。

地方人大制度来探讨地方治理的似不多见。[①] 事实上，改革开放以来，地方人大这一基本制度的构建完善及其补充发展，更从根本的层面上支撑着地方治理体系及其运行。鉴此，本文拟通过对地方两级人大常委会的补充制度——派出工作机构——人大地区工委和人大街道工委制度的梳理和分析，阐释代表制与派出制的连接及对地方治理的价值。

一 代表制与派出制：理论上的区隔与联系

（一）区隔与分属

从理论上说，代表制和派出制分属两个明显区隔的领域。代表制既是一类特定的制度现象和制度形式，也是一种具体的制度，具有特定的内涵，在理论上有着特定的范围；派出制则主要是对一类制度现象和制度形式的概括，它虽然也有本身内涵的边界，但是，它的具体内容极具多样性和丰富性，甚至可以在任何的组织和制度中得到体现。

关于代表制（represntation），学界有各种不同的阐释和解读，这里的代表制是一个具体和特定的概念，即人民代表制。它是指当代中国由宪法、选举法、代表法、地方组织法等所规定并建构的人民代表与代表机关的体制和机制的总和。它蕴含着丰富的内容，但限于研讨的主题和主旨，主要将其归纳和强调为两个方面：一方面，主要是指我国地方人民代表大会及其常务委员会的职能、组织结构、关系结构和运作制度，即地方代议制的体制和机制，尤其是两级地方人大常委会的派出工作机构的体制和机制；另一方面，也包括作为我国代议制和代表制主体的人大代表与人大机关关系的相关制度和机制，尤其是相关人大代表参与两级人大常委会派出工作机构的活动及互动的制度和机制。

关于派出制，在理论和学术视野中，似乎并不为人们所熟悉。英语中的“field service administration”一词，可以被视为与派出制最为接近的一个

---

① 这方面代表性的作品有：〔美〕夏明：《中国人民代表大会和治理：走向网络治理模式》（*The Peoples Congresses and Governance in China*：*Toward a Network Mode of Governance*，London：Routledge，2007）；〔韩〕赵英男：《中国地方各级人民代表大会：发展和转型》（*Local Peoples Congresses in China*：*Development and Transition*，New York：Cambridge University Press，2008）；〔美〕欧博文：《地方各级人民代表大会与中国治理》，陶慧译，《国外理论动态》2010年第6期等。

概念。该词在中国大陆译作“行政派出机构”，而在台湾地区则译成“现场服务行政。”[①] 中文里有“派出机关”、“派出机构”、“派出监察机关”等相关概念。[②] 所谓派出制，正是在对上述概念意涵的综合与概括基础上而提出和使用的概念。从一般意义上说，它是指一种组织抑或人员在空间上的延展及其存在，也包括其运作的规范。它是人类社会尤其是政治和行政领域一种较为普遍的制度现象，是组织一元主义和组织空间发展的一种紧密的连接形式，是基本制度的补充制度。

任何一个国家或政治共同体的政治制度，大体都可划分为基本制度和补充制度。所谓基本制度是指其构建和支撑的基本架构，即按一个国家基本的社会、族群和政治生态，按区划和层级，按职能分工建构起来的制度，构成这个国家政治制度的基本结构。所谓补充制度则是由基本制度正常和有效运行需要而派生出来的制度，是基本制度的补充物。基本制度是一个国家整个政治制度的骨干，补充制度则是其枝蔓，是衍生性的制度，是基本制度的延展和具体化，抑或是其之间的中介和连接线。二者共同构成和显现一个国家制度体系乃至治理体系的基本面貌和表征，有时甚至补充制度更能凸显其制度体系和治理体系的特色，对制度体系和治理体系正常有效的运转具有不可或缺的作用。

在近代以来的欧洲，派出制是各国基本政治制度的重要补充制度，显现了多样性和复杂性。《布莱克维尔政治学百科全书》对此描述道：“行政派出机构的形式多种多样，既有法国拿破仑的一体化省级体制——许多以前的殖民地与此类似，其组织形式基本上以地理区域为基础，同时又有一种融权力分散和权力下放机构为一体的等级制，也有东欧的‘双重从属制’。在这种制度下，派出的行政官员既向上对专门的职能机构负责，又平行向各一般代表委员会负责；还有‘盎格鲁－撒克逊’传统的分化等级制，其组织主要基于职能原则，由权力分散而产生的派出官员和中央权力下放

---

① “行政派出机构”（field service administration），参见〔英〕米勒、波格丹诺编《布莱克维尔政治学百科全书》，中国政法大学出版社，1992，第 261 页。“现场服务行政”（field service administration）参见 Frank Bealey《布莱克威尔政治学智典》，张文扬等译，韦伯文化国际出版有限公司，第 176—177 页，2007。

② “派出机关”、“派出机构”，参见 http://wenku.baidu.com/view/ad9bfee59b89680203d82501.html。“派出监察机关”，参见邓文友主编《行政监察大辞典》，四川辞书出版社，1991，第 290 页。

承受者的当局分别对其各自分立的机构负责。”①

在当代中国，种类繁多、颇为复杂的派出制度构成了整个国家政治制度中补充制度的重要组成部分。其一，从派出的属性上，可分为：执政党的派出制度（包括党政联合派出的）、人大派出制度、政府派出制度、司法派出制度、军事派出制度等。其二，从派出的功能上，可分为领导型（中共党组、中共中央局、中共地委、地区行政公署、中共街道工委等）、监督型（纪检监察组、巡视组、检查组等）、管理和服务型（街道办和派出所等）、沟通协调型（沟通服务型如驻京办、沟通联络型如中联办）。其三，从派出的权责上，可分为授权型和授责型。中共党委和政府的派出如中共地委、地区行政公署、中共街道工委、街道办，是一般权限的授权，称为派出机关，属于授权型；而地方人大的两级工委则是两级人大常委会将某些工作事项分别赋予它们，所以不能称它们为派出机关②，但可称为派出工作机构，属于授责型。其四，从派出的方向上，可分为纵向派出和横向派出，纵向又可分为上派和下派，国内派出和国外派出等。其五，从派出的层级上，可分为中央派出、地方派出，上层派出、中层派出和下层派出。

当代中国派出制度的起源和影响因素是多方面的，主要分为两大方面：一是历史的延续，派出制是单一制国家的古老制度，如古代的监察制度等；中国共产党革命时期形成的制度的延续，如中共中央局制度等。二是现实需要的新创造，如开发区制度等。从总体趋向上又有增加和增强的趋势：一是常规的尤其是伴随着城镇化进程增加的，如街道办事处等；二是临时的任务型或政策化的，如国家级新区制度、各类管委会制度等。

从严格意义上抑或政治与行政二分的意义上说，代表制是一种近代以来的政治制度现象，属于“国家（政治）意志的表达”制度；派出制则是人类一种古老的行政制度现象，自近代以来得到更加广阔的运用和发展，

---

① 〔英〕米勒、波格丹诺编《布莱克维尔政治学百科全书》，中国政法大学出版社，1999，第261页。

② 时任全国人大法制工委副主任乔晓阳在解释1995年《地方组织法》的修改时指出：“地区人大工作机构是省、自治区人大常委会设立的工作机构，不是省、自治区人大常委会的派出机关。省、自治区人大常委会是权力机关，必须集体讨论决定问题，因此，省、自治区人大常委会是不能设立派出机关的。省、自治区人大常委会交给地区人大工作机构办理的事项只能是属于工作性质的事项，不能把属于省、自治区人大常委会职权范围内的事项交给地区人大机构办理。”参见乔晓阳《关于选举法和地方组织主要修改内容》，《中国法学》1995年第5期。这里，他虽然否认“地区人大”是被授予“一般权限”的“派出机关”，但并没明确否认是“派出机构”。

属于“国家（政治）意志的执行”制度。进而言之，代表制更是一种政治理论，甚至从某种意义上说，是现代政治理论中的基础部分，成为建构整个现代国家制度的一个逻辑起点和支点。而派出制则具有突出的行政属性，是一种工具理性抑或实用性的组织和制度。从理论分属上，它应属于一种行政组织或制度理论的组成部分，并且是这一理论中基本组成部分的补充部分。从国家和政治的意义上说，代表制体现着政治制度中根和源头意义的制度，属于基本制度范畴；而派出制则是凸显着政治和行政制度中梢和枝蔓意义的制度，属于补充制度的范畴。

（二）联系与连接

代表制和派出制都具有某种委托和代理的特征，这显现了二者的某种共同性。在中共的组织和制度方面，即有“党委派出的代表机关”这样的概念来替代中共党委的“派出机关”的情况。①从这个意义上说，派出制也是一种代表制。从产生的方式和路径上是派出制，从与派出主体即原有组织的关系上，又是一种代表制。

我国现阶段两级地方人大常委会派出工作机构更凸显了代表制和派出制的联系乃至连接。如前所述，在当代中国，这种派出制形式不仅运用到政党、军事、司法制度之上，而且也运用到代表制和代议制之上。在实践上，对于地方两级人大工委来说，派出机关和派出机构的概念相互替代和混用是一种常见的现象，派出机构和工作机构的概念则既有分开独立用的，又有合在一起使用的，合用的被称为“派出工作机构”。这是一种既符合《地方组织法》中“工作机构”性质的规定，又契合“派出”实际，还可以规避单纯使用“派出机构”引起“专门权限”性质的误解的概念创造，准确地反映了这一具体制度现象的客观实际，这也是本文使用这一事实概念的缘由。具体来说，省、自治区人大常委会派驻地区的工作委员会，一般称××省、××自治区人大常委会××地区工作委员会，简称××地区（盟）人大工委，而“地区（盟）人大”则是这一派出工作机构更为简略的称谓；相应地，不设区的市、市辖区人大常委会派驻街道的工作委员会，一般称××市、××区人大常委会××街道工作委员会，简称××街道人大工委，而“街道人大”同样是这一派出工作机构更为简略的称谓。

从代表制与派出制的连接上，使用“地方人大派出制”一词，对上述

① 孙铁编著《党的组织工作辞典》（第2版），中国展望出版社，1989，第84页。

这一系列具体概念的概括，是人民代表制借助派出制所形成的一种特殊的代表制，也可视为一种特殊的派出制，在一定意义上可以说，是政治制度的“根”和行政制度的“梢”的形式的一种连接。

二　两级地方人大常委会派出工作机构的缘起、嬗变及比较

在我国人民代表大会制度体系中，所谓“地区人大”和“街道人大”是改革开放以后尤其是地方三级人大设立常委会后出现的。“地区人大”是从20世纪80年代初期开始出现并在中期左右较普遍设立的，至今已有30年左右的历史；“街道人大”大体是90年代后期尤其是进入21世纪之后较普遍设立的，至今也就十几年的历史。对二者的缘起和嬗变，本文试作如下历史考察和比较分析。

（一）地区和街道之人大“缺位”

“地区”和“街道”作为我国地方制度体系中两个“虚级”，已是一个长期的制度存在。长期以来，在它们的组织架构中，中共党委、行政、司法、群团系统一应俱全，党群机关不需要说，就行政和司法系统而言，一直都有相应的制度安排。1950年1月，政务院颁布的《省人民政府组织通则》中就明确规定：“各省得根据需要划为若干专员区，……专员公署为省人民政府委员会之派出机关。”[①]1954年《地方组织法》中再次规定。“文化大革命”开始后，在建立地方政权的“革命委员会体制”过程中，不仅逐渐用“地区”取代了“专区”的名称，而且，1975年《宪法》明确规定：“地方各级革命委员会，是地方各级人民代表大会的常设机关，同时又是地方各级人民政府。”[②] 并进一步规定地区设立人民代表大会，使地区由虚级变为实级。但这是非常短暂的一个时段，1978年《宪法》恢复了地区的虚级即省级派出机关的设置。地区的司法系统也同样早有制度安排，1954年的《人民法院组织法》和《人民检察院组织法》就明确规定在地区设立中级法院和省级检察院分院。1979年通过的这两部法律再次明确了制度安

① 政务院：《省人民政府组织通则》，《人民日报》1950年1月8日。

② 中央政法干校国家法教研室编《中华人民共和国宪法学习参考资料》，法律出版社，1957，第299页。

排。总之，“地区一级除了地区人大外，地区行署、地区法院、地区检察分院均在新中国成立初期就已设立，相应的法律地位得到明确，并在很大程度上履行着市一级国家行政机关、审判机关、检察机关的职能”。[①]

在城市街道设立办事处，作为不设区的市和市辖区政府的派出机关，也是新中国成立初开始的。1954 年《地方组织法》规定：“市辖区，不设区的市的人民委员会在必要的时候，经上一级人民委员会批准，可以设立若干街道办事处，作为它的派出机关。”[②]同年 12 月，全国人大常委会通过的《城市街道办事处组织条例》进一步细化了规定，并设置了门槛：“五万人口以下的市辖区和不设区的市，一般地不设立街道办事处。”[③]1979 年《地方组织法》也再次规定，但没有人口规模的限制。而街道的制度安排中，也同地区一样，除人大系统外，中共党委、行政、司法、群团系统样样不缺。可见，在这两个虚级长期存在的情况下，唯独被定义为根本政治制度的“人大”却长期囿于国家权力机关的制度属性及需要的法律的刚性，无法直接建置于“虚级”之上，一直处于“缺位”状态。如成立地区人大工作机构最早的云南省，20 世纪 80 年代初这方面的实际状况是：“全省 17 个地、州（市），……除 10 个州（市）设立了人大常委会外，其余 7 个地区的人大工作就成了‘空档’。”[④]2000 年之前，北京市“在城市地区，作为区县政府派出机构的街道办事处，党、政、工、团、妇等都有相应的工作机构，有关人大工作机构却因为法律上没有明确规定，出现了断层”。[⑤]

（二）省级人大常委会派出工作机构之“地区人大”的演变

依据 1979 年《地方组织法》的规定，80 年代初，全国各地省级人大常委会陆续组建并开始了崭新的工作，但当时各省、自治区普遍存在的地区由于没有人大，也就无从建立其人大常委会，无论是欲实现对地区行政、司法机关的有效和即时监督，还是要达成对县级人大工作经常性的联系、指导，省级人大常委会在地区设立派出工作机构作为一种制度的补充和延

① 员向玺主编《实践中的地区人大工作》，中国民主法制出版社，1998，第 50—51 页。

② 中央政法干校国家法教研室编《中华人民共和国宪法学习参考资料》，法律出版社，1957，第 428 页。

③ 中央政法干校国家法教研室编《中华人民共和国宪法学习参考资料》，法律出版社，1957，第 441 页。

④ 员向玺主编《实践中的地区人大工作》，中国民主法制出版社，1998，第 27 页。

⑤ 北京市人大常委会研究室、人民代表大会制度研究所组织编写《北京市人大街工委建设实录》，人民出版社，2005，第 172 页。

伸，都成为一种不二的必然选择。这种所谓“地区（盟）人大”从80年代初出现到现在的30多年中，大体经历了初创时期、普遍设立和制度化时期、收缩和改制时期三个阶段。

1. 初创时期（20世纪80年代）

从80年代初开始，除了未设置地区的3个直辖市外，在各省、自治区陆续成立地区人大工作机构，开先河者为云南省。1981年2月，云南“省人大常委会作出决定，在全国率先设立了全省七个地区人大工作联络组”。[①]随后，福建、湖南、山西、贵州、新疆、浙江、山东、广东、广西等省、自治区都设立了地区人大工作机构，有的称联络组，有的称联络处，有的称联络委员会，有的最初仅设联络员，还有的称办事处。初创阶段，机构一般都设在中共地委机关内，作为地委的一个工作部门。到80年代末，开始从地委机关中独立出来，作为省级人大常委会的派出工作机构，名称也开始将原来的联络组（处等）改为“地区工作委员会”。表明其进入发展的新阶段。

2. 普遍设立和制度化时期（20世纪90年代）

进入90年代，地区人大工作机构得以普遍设立，继上述各省、自治区之后，宁夏、西藏、内蒙古等相继设立地区（盟）人大工作机构。“到1995年3月为止，我国大陆”有“23个省、自治区的一百来个地区，都设立了地区人大机构”，[②]走向制度化和规范化。首先，其名称趋向统一，一般都称作“工作委员会”；其次，1995年修订的《地方组织法》第53条关于“省、自治区人民代表大会常务委员会可以在地区设立工作机构”的规定，[③]使其设立有了根本的法理依据；再次，90年代以来各省、区人大常委会颁布的《地区工作委员会工作（组织）条例》，以地方法规的形式，对其机构属性和体制加以明确规定；最后，地区人大工作委员会通过制定“议事规则”、“工作细则”等又规范了其机制。2010年，时任全国人大常委会副委员长王兆国总结30年来“地方人大组织体系”的健全发展时，就包括了“明确省、自治区人大常委会可以在地区设立工作机构”。[④]

---

① 员向玺主编《实践中的地区人大工作》，中国民主法制出版社，1998，第42页。

② 任岩：《关于街道建立人大工作机构的调查》，《人大研究》2002年第10期，第159页。

③ 《中华人民共和国地方各级人民代表大会和地方各级人民政府组织法》，法律出版社，1999，第66页。

④ 全国人大常委会办公厅研究室编《纪念地方人大设立常委会30周年》（上），中国法制出版社，2010，第3页。

3. 收缩和改制时期（21 世纪以来）

地区在改革开放以来，伴随城镇化进程和市管县体制的推进，总量在不断减少。一个尴尬而又有趣的现象是，当地区人大工作机构趋于制度化和规范化之际，它实行的区域随着撤地设市而越来越少了，表明其进入一个制度的收缩抑或改制的阶段。80 年代初，开始设立地区人大工作机构时，全国除 3 个直辖市外的省、自治区共有地区（盟）170 余个，到 1995 年还有 20 多个省、区共近百个，到目前仅有 4 个省、区共 15 个，显现了地区人大制度的施行伴随 90 年代后期以来地区建制的锐减而快速收缩。伴随着地区减少的是地级市的增加，80 年代初地级市仅有 107 个，到目前已达 288 个。取代地区人大派出工作机构的是地级市人大的完整系统。从整个地方人大制度体系来看，这是一个重要的改变和发展。当然，完全取消地区建置抑或地区人大派出工作机构的历史退场已是大趋势，地区还会逐渐减少，但从实际情况观察，相当一段时间内地区建制仍将存在，建筑在其之上的地区人大派出制也仍将得以存续。

（三）不设区的市、市辖区人大常委会派出工作机构之“街道人大”的演变

改革开放之初，不设区的市和市辖区虽已普遍建立起市、区人大及其常委会，但其工作却难以深入不断增加的各个街道。[①] 在街道，一直以来仅有代表联组和兼职的代表联络员，根本不能适应城市街道基层民主、民生和社会发展的实际需要。人大街道派出工作机构正是从 90 年代中期以后应运而生，到目前为止大多有 10 余年的历史，大体可分为探索和初创时期、普遍设立和不断增加时期两个阶段。

1. 探索和初创时期（20 世纪 90 年代中后期到 21 世纪初）

在探索和创建街道人大工作机构之初，山东、山西、安徽、北京等省市走在前面。从目前能够接触到的资料看，1996 年济南市历下区人大常委会率先成立了街道人大工作机构。同年 9 月，山东日照市东港区也开始设立人大街道工作委员会。在山西，1998 年太原市小店区人大常委会设立人大街道工作委员会并制定相应的制度。在安徽，1999 年滁州市开始设立街道人大工作机构。2000 年 8 月，北京市东城区人大常委会先在建国门、东四、

① 实际上，县政府也在其管辖的城区设立街道，但在《地方组织法》的第 63 条中，只规定了“不设区的市”和“市辖区”，故在本文中没有另加提及。

交道口三个街道试点设立人大工作委员会，随后在另外7个街道也设立了。

从总的情况看，显现了初创阶段的特点：设立时间上的先后参差；各地之间虽有沟通借鉴，但基本上属于分散探索，自发创建，凸显地方个性；创建的路径、机构形式和名称多样化和差异性，初期创建主要有“自上而下”和“自下而上”两种路径，山东省济南市和北京市等属于前一种路径，山西太原市小店区则属于后一种路径。机构形式和名称更是多种多样，除“人大街道工作委员会”外，还有“街道人大工作室（站）”、“街道人大联络组（处）”、“街道人大代表联络站（室）”等。仅北京市就有“人大街道工作委员会”、“街道人大代表工作委员会”和“街道人大代表联络室”三种机构形式和相应的名称。①

2. 普遍设立和不断增加时期（21世纪初以来）

进入21世纪以来尤其是近10年来，上述先行者的做法得到各地的仿效和学习，街道人大工作机构在全国各地普遍设立，步入一个发展的新阶段。在北京，到2005年，全市“16个区的125个街道当中有16个区的122个街道建立了人大街工委，区数占百分之百，街道数占97.6%”。②截至目前，除个别省级单位以外，各省、直辖市、自治区都有设立，并伴随城镇化进程的加快和街道的不断增加，新成立的街道往往同时相应地设立街道人大工作委员会，一定程度上实现了街道增加与人大街道工委增加的同步。而且显现了发展变化的若干新特点，除普遍化、不断增加和同步化等之外，也日趋制度化和规范化。其一是形式和名称日渐统一，其他名称和形式虽然还有，但主体和更多的是“人大街道工作委员会”。其二是相关制度日益完善。2001年7月，太原市区（市）人大常委会《街道工作委员会工作条例》作为“全国首部街道人大工作条例”出台，③可视为“街道人大”制度化和规范化的开端。其后，各地有关“街道人大”的“通则”、“工作规则”、“工作细则”、“议事规则”等制度文本不断涌现，对其体制机制具体规范。

（四）“地区人大”和“街道人大”嬗变的若干比较

“地区”和“街道”两级人大派出制产生和嬗变有所同，也有所不同。

① 北京市人大常委会研究室、人民代表大会制度研究所组织编写《北京市人大街工委建设实录》，人民出版社，2005，第179页。

② 北京市人大常委会研究室、人民代表大会制度研究所组织编《北京市人大街工委建设实录》，人民出版社，2005，第179页。

③ 任岩：《关于街道建立人大工作机构的调查》，《人大研究》2002年第10期。

同的方面，首先，二者都是我国地方人大制度体系构建和发展过程中的后来者，都是改革开放以后的新生事物；其次，二者都是因改革开放以来地方政治、经济和社会发展实践的需要而产生和变化的，都是先有制度实践，后有法律和规范。

不同的方面，首先，二者虽同为地方人大派出制，但由于在地方制度体系中层级和地位以及与整个制度体系关系的不同，二者产生的时间不同，从最早产生的时间看，前后相差十余年。其次，更为重要的是，二者的发展趋势不同，前者是呈递减和弱化的趋势，实际上更多的可以视为性质、地位的某种改变和转化，派出工作机构被一级国家权力机关的常设机关——人大常委会——取代；后者则是递增和强化。伴随着城镇化进程的加快，城市街道不断增加，1996 年街道开始设立人大工作机构时，全国有街道 5565 个，截至 2013 年底，已增至 7566 个。[①] 而其中相当多的街道都是由原来的乡镇变身而来，相应的“街道人大”实际上也是性质、地位的转化，即乡镇一级人大被不设区的市和市辖区人大常委会的派出工作机构所取代。二者相向的制度演化和转化，呈现出看似矛盾和冲突的变化过程，实际是矛盾的辩证统一，二者的对应嬗变，都是地方人大制度的发展和完善。

三　两级地方人大常委会派出工作机构的体制、机制及比较

作为地方人大制度体系中特殊组成部分的两级人大派出工作机构，其体制和机制是它们的基本制度结构和运作方式，通过对其系统梳理和比较，尤其是与其派出主体和同级行政机关的比较，方可展现其制度样态及属性特征。

（一）“地区人大”的体制和机制

这里的体制包括了职能、组织结构和关系结构，机制则是具体的运作制度，包括会议制度、各种工作制度以及与其他相关机构的互动制度等。

从职能看，“地区人大”由省级人大常委会根据工作的需要厘定其职

① 中华人民共和国民政部编《中华人民共和国行政区划简册》（2014），中国地图出版社，2014，第 1 页。

能。“其职责范围应是省级人大常委会交付的属于省级人大常委会法定职权范围内的工作。”①各省、自治区人大常委会根据不同时期自身的实际，在赋予地区人大工作机构的职能上有这样和那样的差异，综合各省、区人大地区工委的“工作条例”，其职能主要包括以下几个方面：第一，重大事项的讨论、提出意见和建议以及地方性法规草案的起草；第二，监督、检查法律法规和上级人大决议在本地区的执行，听取、讨论和评议“一署两院”工作报告；第三，对本地区重要人事任免提出意见和建议；第四，联系、组织本地区人大代表开展活动，指导县乡两级人大的换届选举工作等。

从组织结构看，依据各省、自治区人大地区工委“工作条例”的相关规定，其组织由主任1人、副主任1人到若干人，秘书长1人，委员几人到十余人组成，由省级人大常委会任免。内设若干不等的工作办事机构，即处、室。人员编制一般在最少不到10人、最多近40人不等。

从关系结构看，纵向上，人大地区工委由省级人大常委会产生，受其领导并向其报告工作，接受其监督；下联系和指导县、乡两级人大工作，联系和组织本地区的人大代表。横向上，接受同级中共地委的领导；监督和支持同级“一署两院”的工作。

从机制看，分为内部机制和外部机制。内部机制方面，以民主集中制、集体履行职责为总机制。会议机制分为工作委员会会议和主任会议，前者即全体会议，即由主任或由主任委托副主任召集，全体组成人员参加，每两三个月举行一次，讨论决定重要问题，并由全体成员的过半数为通过；后者则由主任、副主任和秘书长参加，处理日常工作。外部机制方面，纵向上，由于其组成人员多数是省级人大代表，其主任或副主任又有1人为省级人大常委会委员，可以以代表或常委会委员的身份出席省级人大会议或常委会会议；对下级人大及其常委会，则是举行地区人大工作会议或联席会议的形式。横向上，与中共地委主要有两个机制，一个是人大地区工委主任一般多由同级地委书记或副书记兼任，工委主任便以中共地委常委的身份参加中共地委会议；另一个是人大地区工委中设置的中共党组，是同级中共地委的派出机构，前者接受后者的领导和监督并向后者汇报工作。与“一署两院”也主要有两种机制，一种是相互参加对方的会议：“一署两院”的负责人或部门负责人列席人大地区工委会议；人大地区工委成员参加“一署两院”重要工作会议。另一种是人大地区工委与“一署两院”负

① 员向玺主编《实践中的地区人大工作》，中国民主法制出版社，1998，第53页。

责人联席会议制度。

（二）“街道人大”的体制和机制

作为城市基层的人大工作机构，“街道人大”的体制和机制受制于其派出主体在街道的工作需要和具体的现实环境，呈现出多样性和差异性。在此，结合各地“街道人大”的相关制度文本和制度实际，试对其作如下的梳理和概括。

从职能看，主要有以下方面。第一，组织本街道内的人大代表学习、宣传法律、法规和上级人大及其常委会的决议、决定。第二，组织本街道内市、区人大代表视察、调查、执法检查和评议工作。第三，联系本街道内的人大代表，受理代表和群众的来信来访，协助代表联系选民，组织代表向选民述职，接受选民监督。第四，监督和支持街道办事处和市、区政府部门派驻街道机构的工作，提出意见和建议。第五，组织本街道内人大代表的选举工作。

从组织结构看，一般由主任、副主任和委员组成。设立主任 1 人，副主任和委员若干人，一般在街道的本届人大代表中产生，由市、区人大常委会任免。并且，主任、副主任中一般有 1 名专职人员。另下设办公室，一般设专职工作人员 1—2 人。

从关系结构看，纵向上，人大街道工委由市、区人大常委会产生，受其领导并向其报告工作，接受其监督；下联系和组织本街道的人大代表及代表组织。横向上，接受中共街道工委的领导；监督和支持街道办事处及市、区政府部门驻街道机构的工作。

从机制看，内部机制方面，作为市、区人大常委会的派出工作机构，同样以民主集中制、集体履行职责为总机制；会议机制为工作委员会会议即全体会议，即由主任或由主任委托副主任召集，全体成员参加，每两三个月举行一次，讨论决定重要问题，并由全体成员的过半数为通过。一般日常工作则由办公室处理。外部机制方面，纵向上，由于其成员多数为市、区人大代表，包括其主任或副主任（有 1 人尤其是专职的必须是人大代表），可以以代表的身份出席市、区人大会议，另有负责人列席市、区人大常委会会议和定期向市、区人大常委会汇报工作制度；对街道内人大代表及代表组织除一般各种联系和组织的机制外，还有邀请代表列席工委会议的制度。横向上，与中共街道工委的机制，除定期向其汇报工作制度外，主要是人大街道工委主任一般多由中共街道工委书记或副书记兼任，人大街道工委主任便以中共街道工委委员的身份参加中共街道工委的会议，有的还有人大街道工委负责人列席中共街道工委会议制度。与街道办事处及市、区政府部门驻街道机构一般主要有两种机制，一种是双方负责人相互参加对方会议的制度：街道办及市、区政府部门驻街道机构的负责人列席人大街道工委会议，人大街道工委负责人参加街道办及市、区政府部门驻街道机构的重要会议；另一种是双方负责人联系制度。此外，个别有街道办主任兼任人大街道工委负责人的情况，双方以此形成一种特殊机制。

（三）两级人大派出工作机构体制与机制的若干比较

在体制机制上，两个人大派出工作机构之间以及它们各自与其人大常委会之间，都有所同，又有所不同，既凸显了它们在体制和机制上的个性与共性，也彰显了地方人大派出制特殊的制度属性和特征。

1. 与其人大常委会的比较

从体制来看，两级人大派出工作机构和产生它们的两级人大常委会，由于各自法理地位、制度属性和职责功能属性，而显现职能的基本相异性抑或形似质异，以及组织结构及关系结构的基本相似性。从职能的基本相异性来说，两级地方人大常委会作为其同级人大的常设机关，无疑具有地方国家权力机关的制度属性，其职能是行使由地方人大组织法规定的各项权力；而两级人大工委，作为派出工作机构，其职能是由两级人大常委会赋予的各项工作职责，而非行使权力，两者虽然职能的形式体现某些一致性，但其实质是不同的。从组织结构及关系结构的基本相似性来说，由于两级人大工委是两级人大常委会的组织在异地的某种延伸，前者要用后者几乎同样的方式完成后者赋予的责任，所以，从一定意义上说，两个前者是两个后者的组织结构在异地的某种复制。只是人员规模两个前者要小得多，规格也都相应地低一级。两个前者在地方制度体系中的位置和关系状态也和两个后者基本相似。

从机制上看，双方既有明显的一致性又有差异性。内部机制的一致性更为明显，尤其在总机制上，双方是完全相同的，都是民主集中制和集体负责制。而外部机制无论是纵向机制还是横向机制，各自在组织及制度网络中与其他组织及制度互动和运作，其区别性和差异性是显而易见的。

2. 两级人大工委的相互比较

两级人大工委制度属性上高度的同质性，使它们在体制和机制上多有一致之处，已无须赘言。不同之处从体制看，两级人大工委虽然在若干职能方面大体相同，但由于层级不同，各自被赋予的职责的侧重点也有所不同，比较来说，人大地区工委的监督职能最为突出，而人大街道工委则是联系和服务职能最为突出。组织结构方面，人大地区工委明显分为两层结构，规模也远远大于人大街道工委，一般是其2—3倍。人大街道工委则为单层结构，不设秘书长职位，组织更加微型化。从机制上看，虽然双方机制的网络格局基本相同，但双方外部机制主要的作用方向有明显的区别，人大地区工委的横向平行机制更为重要，尤其是与“一署两院”的互动上；而人大街道工委则是纵向下行机制更显重要，尤其是联系和组织街道内人大代表及代表组织方面。

3. 综合比较

从体制和机制进行两类比较，已窥见了两级人大派出工作机构的若干一致性与区别性，从总体上进一步综合比较，亦可明了两级人大派出工作机构特殊的制度属性和特征。

首先，与两级人大常委会总体比较，两级人大派出工作机构具有明显的行政属性和特征。两级地方人大常委会作为两级人大的“常设机关”，也是工作机关，并包括其设立的其他工作机构和办事机构，它行使职权进行的经常性工作包括大量的日常事务，比起人大本身，在一定意义上说，增显了某些行政性。但毋庸置疑，它还是作为一个政治机关、民主机关和国家权力机关的重要部分而存在的，其主要运作和活动，是通过集体行使职权的方式，实现“政治意志的表达”。而两级人大派出工作机构，不仅其产生就是借助派出制这一行政属性制度形式实现的，而且，它们的履职活动就是完成其常委会交办的工作，属于一种单纯的执行行为，并不是权力行使的属性，是工作事项，是事务属性和服务属性，明显体现出某种行政属性。

其次，与两级地方国家行政机关相比，两级人大派出工作机构仍具有鲜明的政治属性和特征。与两级人大常委会相比，两级人大派出工作机构显现了行政属性的一面，但其与地方行政机关的行政属性又有不同，它们不是行政权的行使，履行的也不是行政事务，还是属于政治事务抑或与政治相关的事务。它们的执行，是某种或某些政治意志表达的延伸，比起两级地方国家行政机关，它们仍具政治属性。因此，两级人大派出工作机构具有政治和行政二重属性结合的特征，但是以政治属性为主，以行政属性为辅。

四　代表制借助派出制：对地方治理的有限形塑

制度形成不仅影响着制度的属性和特征，而且也影响着治理的过程与模式。在考察和比较地方两级人大派出工作机构的嬗变、体制和机制的基础上，如何认识和理解这一地方人大新制度对于地方治理的影响和作用、个中问题及改革发展？换言之，代表制借助派出制所构建的地方人大派出制给地方治理带来了什么？这是顺乎逻辑加以追索、深思和缕析的问题。

（一）支撑、连接与维系：地方人大在地方治理中的角色定位

全面认识地方人大在我国地方治理中的角色和地位，是科学分析和阐释两级地方人大派出机构对地方治理价值的前提。地方人大在地方治理中的角色定位主要体现在以下三个方面。

1. 支撑：地方治理的基石和脊梁。从某种意义上说，地方治理是现时代政府、公民、市场和社会组织之间一个多元互动的体系和过程，其基础就是地方治理体系中的制度体系，而地方制度体系的根基，无疑是地方人大制度。习近平指出：人民代表大会制度“是支撑中国国家治理体系和治理能力的根本政治制度”。[①] 综合来说，地方治理最需要的是什么？是不断健全完善和创新发展的基本制度的有力支撑，一切治理都建筑在这一根本制度之上，它既是基石，也是脊梁。

2. 连接：公民、社会与政府之间的桥梁和纽带。作为整个地方国家制度的母制度，地方人大连接着公民、社会和政府，既是利益表达和综合的场所，也是决策的基本平台。公民、社会和政府只有通过地方人大这个桥梁和纽带，才能更好地解决分歧，凝聚共识。有美国学者指出：地方人大“作为治理的伙伴，为利益相关各方（大部分在官僚体系之内）提供了一个解决分歧的场所”。[②] 可以说，人大是地方治理体系中连接党委、政府和公民、社会最基础、最具制度化的桥梁和纽带。

3. 维系：地方治理的维护和捍卫者。法国学者卡蓝默认为，正当性、合法性、效率“这三个词之间的联系构成了未来治理的核心。治理确是在

① 习近平：《在庆祝全国人民代表大会成立60周年大会上的讲话》，《人民日报》2014年9月6日。

② 〔美〕欧博文：《地方各级人民代表大会与中国治理》，陶慧译，《国外理论动态》2010年第6期。

这三个领域的交叉点上展开，这三个词也是评价治理的必要标准：正当性（代表性领域）、效率（事实和绩效领域）和合法性（法律领域）”。并且，“正当性涉及权力的根基，是要求对其服从的理由”。[①] 在我国地方治理中，地方人大不仅连接着这三个领域，而且对地方治理的正当性与合法性，提供来源与根本保障，从而也必然关涉效率和质量。

（二）对地方治理平衡化的形塑

地方治理的平衡化首先就是指地方治理体系尤其是地方制度体系中基本主体要素之间的共存及其相互作用的相对均衡。两级地方人大派出工作机构产生和发展的过程，正是中国日益走向地方治理的过程。从这个意义上也可以说，它们带给地方治理的首先就是对其平衡化的某种形塑。其一，两级人大派出工作机构作为地方人大制度的补充发展和一种特殊类型，弥补了地方两个虚级人大制度的缺位，实现了两个虚级人大制度在地化、现场化，解决了整个地方人大体系的断层问题。这是一个基本事实。其二，它是改革开放以来人民代表制和地方代议制自主性增强的一种体现。当代世界各国，代表制和代议制自主性减弱或衰退，而行政体制和政党组织的优势地位的提升和强化是一个不争的事实。美国政治学家罗斯金对此总结指出：“在每一个国家，议会都处于衰落之中。一些议会已变成一个仪式，受到严厉的行政部门和政党的控制，已失去了自主性。由于治理变得更加复杂和具有技术性，权力分流到官僚和专家手中。”并且，“在每一个国家，官僚机构都处于支配地位。……没有一个国家能完全控制其官僚机构”。[②] 中国改革开放以来的代表制和代议制，特别是地方人大，却与许多国家的情况相反，尤其是借助派出制使地方的两个虚级人大不仅从无到有，而且日益规范化、制度化，显现了地方人大前所未有的生机和活力，实际政治地位大幅提升，充分彰显了其“自主性”。其三，初步实现了两个虚级治理中制度体系和治理体系的平衡化，总体上也有利于整个地方制度体系和治理体系的平衡化。福山在《什么是治理》一文中指出，在中国，“治理质量

① 〔法〕卡蓝默：《破碎的民主——试论治理的革命》，高凌瀚译，生活·读书·新知三联书店，2005，第89页。

② 〔美〕罗斯金：《国家的常识：政权·地理·文化》，夏维勇、杨勇译，世界图书出版公司，2013，第515页。

会随着政府的不同层级和职能而发生很大的变化”。[①]从制度体系来说，地方治理质量不仅取决于每个层级中共地方党委的领导能力、政府能力及其自主性，而且取决于每个层级人大的能力及其自主性。恰恰是行政系统自主性太强，政府的自由裁量权过大，使治理体系不够平衡。地方两个虚级由于长期缺少人大的直接和即时监督，而尤为突出。治理最重要的是制度体系内部架构的平衡，否则，就会导致治理体系的不平衡，治理或成为一种缺少实际约束的过程，甚至是一种非法和非理性的过程，借用福柯的表述，成为一种“笨拙的治理，不合适的治理，做事不恰当的治理”。[②]只有形成地方制度体系内的基本平衡，才有地方治理体系内的协同和协调，才能形成真正的整体性治理，也才是合适的治理、有质量的治理和好的治理，即善治。增强人大自主性和提升治理质量，至少在当下乃至未来较长时期都应是正相关的关系。

（三）对地方治理合法化的形塑

在我国现阶段，检验地方治理的合法化，主要应有两个指标：一是指治理行为和过程是否在一个比较健全、完善的法律和制度框架内实现，即治理是否有一个良好的制度基础和法律环境；二是治理行为和过程是否合乎现有的法律。从这个意义上说，第一，地方人大派出制强化了两个虚级政府治理的制度基础。在这两个层级中，正是借助派出制使代表制落到了实处，可谓实现了由高高在上到接地气的蜕变。说到底，地方治理没有代表制这个基本制度在地方尤其是基层的扎实前行，没有作为地方国家权力机关组成人员——人大代表在一个稳定的制度平台上经常性的有效参与，是难以为继的。第二，弥补了两级人大及其常委会对两个虚级行政和司法的适时性监督，一定程度上增强了两个虚级治理过程的合法性。如果不借助派出制来实现这两级地方人大的存在，两个虚级政府事实上成为不受人大监督的权力。某种意义上成为“正当存在”的“无限权力”。[③]两级地方人大派出工作机构的存在和运作，在相当程度上制约了两个虚级政府的“无限权力”。第三，实现了两个虚级内人大工作机构和人民代表之间联系

① 〔美〕福山：《什么是治理》，载俞可平主编《中国治理评论》第4辑，中央编译出版社，2013，第10页。

② 〔法〕福柯：《生命政治的诞生》，莫伟民、赵伟译，上海人民出版社，2011，第9页。

③ 〔法〕基佐：《欧洲代议制政府的历史起源》，张清津、袁淑娟译，复旦大学出版社，2008，第390页。

的制度化，为人民代表发挥其应有的职责提供了制度平台。有西方学者指出："在分析治理的时候，我们再也不能将它简化为管理技巧、方法和秘诀的问题。治理本身就是一种社会过程。"[①]它关注的是社会的行动者和参与者。按代表法规定，地方各级人大代表，是地方国家权力机关的组成人员，但事实上，由于种种原因，尤其是缺少应有的制度平台，使地方各级人大代表往往不能经常性地、实实在在地履行职务，参与地方治理，所谓其他社会行动者就更不用说了。而两级地方人大派出工作机构的设立和运作，在很大程度上扭转了这一局面，两个虚级内的各级人大代表被联系和组织起来，经常性制度化地参与到地方治理当中，有利于治理绩效和治理质量的提升。

（四）对地方治理理性化的形塑

所谓理性化抑或合理化，是指地方治理趋向一种合理乃至理想状态的过程，是一个主观和客观不断互动、不断调整渐次趋向协调统一的过程。一方面，主观要尽量符合客观，从实际出发，确定合理的治理目标；另一方面，主观也要努力改造客观，使合理或理想的治理目标转变为现实。现阶段我国的地方治理还处于理性化的初期阶段，非理性与不合理的治理现象还大量存在。改变这种状况或曰使治理理性化，最为重要和关键的就是地方治理体系尤其是制度体系基本构成要素的健全、完善和协调。两级地方人大派出工作机构的设立和运作，就在一定程度上达到了这样的效果。首先，对地方治理来说，地方人大派出制是一种便利性、现实性和经济性的制度选择。借助派出制，两级地方人大常委会便利地解决了两个虚级治理的合理性问题，即治理需求与制度供给的矛盾，在不需要付出更多的制度成本的情况下，通过代表制常规运作的一种自然的延伸与辐射，使地方人大派出制成为集实用性和经济性于一体的地方人大的一种新制度。其次，地方人大派出制也有益于地方治理增强公共理性。近代法国政治学家基佐指出："我们的所谓代表权无非是达到这样一个结果的手段——它不是一个用来收集和计算个人意志的算术机器，而是一个将唯一有权统治社会的公共理性从社会深处提取出来的自然过程。"[②]人民代表制将地方多数公民的

① 〔法〕法国更新治理研究院编《治理年鉴》（2009—2010），吉林出版集团责任有限公司，2011，第66页。

② 〔法〕基佐：《欧洲代议制政府的历史起源》，张清津、袁淑娟译，复旦大学出版社，2008，第311页。

意志综合与统一起来，形成地方治理的公共权威。地方人大派出制虽然无法完全达到这样的程度，但也通过联系和组织辖区内的地方各级人大代表，又通过代表联系选民（公民），在一定程度上易于地方治理公共理性的提升和强化。

（五）形塑有限性及其弥补：地方人大派出制的问题和改革发展

地方人大派出制对地方治理的形塑是有限的，不仅体现为上述正价值的程度不高，而且表现为某些负价值，主要体现在两个方面。一是派出制的行政属性对代表制有所侵蚀与消解。地方人大派出制普遍存在的行政化现象，既与整体制度环境有关，也与自身的行政属性密不可分，在一定意义上说，是其行政属性的反映。二是与同级治理体系其他主要主体相比处于明显的弱势地位。在构建一级政权时，行政机构往往是优先选择的制度，在两个虚级政权体系中，中共党委和政府先入为主，人大不仅是后来者，而且由于其自身的制度属性，只能是一个工作机构，不是一个权力机构，对“一府两院”的监督处于更加弱势的地位上。

“制度需要时间、智力和持续的修正。”[①]着眼未来，为使地方人大派出制更符合地方治理的需要，就要不断改革完善，从弥补之道来看，有几种可能的路径。其一，改制转型：作为补充制度，借助行政区划的调整，转型为基本制度，即撤地改市，地区一级未来将会继续实现。其二，向授权性发展：虽有苗头和呼声，但难以真正实现，受制度属性和法理的根本制约。其三，借助：即通过强化与派出主体的互动、与辖区代表的互动，来更好地发挥其作用，还有进一步拓展的空间。其四，提升合法性：人大街道工委未来将伴随城镇化和基层民主的发展而有更大的增长空间，其法理依据还需再修改《地方组织法》而得到明确。其五，常规方式：优化体制机制，充实人才。

综上，代表制借助派出制，使地方人大派出制成为改革开放以来产生和发展起来的一项颇具中国特色和高度实用性的具体的新制度，作为整个人大制度的一个特殊部分，其发展完善不仅对地方治理，而且对整个国家治理仍将发挥特殊而重要的作用。同时，也充分显现了派出制这一制度形式在未来改革发展中广阔的应用空间。

---

① 〔美〕罗斯金：《国家的常识：政权・地理・文化》，夏维勇、杨勇译，世界图书出版公司，2013，第515页。

地方人大专门委员会制度建设研究*

——基于31个省级人大的分析

黄小钫**

内容摘要：专门委员会是县级以上人民代表大会的常设工作机构和地方人大制度的重要组成部分，其设立主要源于地方人大及其常委会自身履行职权的需要，负责协助本级人大及其常委会开展立法、监督等工作，有助于提升本级人大及其常委会的立法质量和监督实效。通过梳理和考察我国地方人大专委会的历史沿革及现状可知：31个省级人大均依法设立了专委会，但还存在法律不严密、数量不统一、称谓不规范、规模不一致等问题，影响了专门委员会的法律地位和作用的发挥，因而亟须加强专委会的法规制度建设，为专委会履职提供法律依据和制度保障。

关键词：地方人大　专门委员会　制度建设

按照宪法和地方组织法等有关法律的规定，我国的省、自治区、直辖市、自治州、设区的市的人民代表大会根据需要，可以设立两种类型的委员会：一种是常设性的委员会，具有一定的任期，承担的工作任务是经常性的，如法制委员会、内务司法委员会、财政经济委员会等；另一种是临时性的委员会，承担的工作任务是临时性的，一旦其工作任务完成即宣告解散，如特别调查委员会等。除此之外，在具体实践中，地方人大还设立

* 本文系国家社科基金青年项目“西方政治代表理论研究及其启示”（项目编号：13CZZ011）的阶段性研究成果，已刊发《教学与研究》2015年第6期。

** 黄小钫，中共北京市委党校政治学教研部副教授，主要研究领域为当代中国政治制度。

了议案审查委员会和预算审查委员会，负责审查代表议案以及政府预算。本文所要研究的对象是常设性的委员会——即地方人民代表大会专门委员会（以下简称地方人大专委会）。地方人大专委会作为地方人大的常设工作机构和地方人大制度的重要组成部分，主要负责协助本级人民代表大会及其常务委员会开展立法、监督等工作，减轻了它们的工作压力，有助于在开展工作时能够把握重点，因而直接影响地方人大工作的成效。

一　地方人大专门委员会制度的历史沿革及其现状

地方人大设置专门委员会，始于1979年《地方组织法》的施行。这部法律明确规定省级人大可以制定和颁布地方性法规，并在大会闭会期间设立常务委员会，其根据工作需要可以设立办事机构。[①] 据此，上海、江西等省级人大常委会相继设立了若干个常委会专门委员会，这其实就是省级人大专门委员会的前身。例如，上海市七届人大常委会第四次会议通过的《上海人民代表大会常务委员会关于设立4个专门委员会的决定》，就要求“在市人大常委会下设立政治法律、财政经济、市政建设、科学文教4个专门委员会，作为市人大常委会的专业工作机构”。[②]1982年，五届全国人大五次会议在讨论修改《地方组织法》草案时，一些代表提出了设立专门委员会的要求，但因为实践经验不多没有被采纳。对此，习仲勋同志在《关于审查四个法律案的几点说明》中提到：“对修改‘地方组织法’的若干规定的决议草案，一些代表要求增加一些具体规定，如地方人大设立专门委员会，提出议案、质询、罢免的程序，等等。我们反复考虑这些问题，各地情况很不相同，实践经验也不多，现在很难作统一规定。是否各省、自治区、直辖市可以根据宪法、‘全国人大组织法’和‘地方组织’的精神，从本地区的实际情况出发自己作出暂行规定，将来可以根据各地经验再作补充修改。”[③] 尽管如此，河南、江西、湖南、上海等省级人大还是陆续仿照全国人大的组织结构设立了专门委员会。例如，河南省人大在《关于设

---

① 全国人大常委会办公厅研究室编《中华人民共和国人民代表大会文献资料汇编（1949—1990）》，中国民主法制出版社，1990，第255页。

② 上海人民代表大会志编纂委员会：《上海人民代表大会志》，上海社会科学院出版社，1998，第414页。

③ 全国人大常委会办公厅研究室：《中华人民共和国人民代表大会文献资料汇编（1949—1990）》，中国民主法制出版社，1990，第177页。

立省六届人大法律、财政经济和教育科学文化卫生委员会的决议》中指出："根据有关规定，参照全国人大设置的组织机构，结合省内实际和工作需要，1983 年 4 月 9 日，省六届人大第一次会议决定设立河南省第六届人民代表大会法律、财政经济和教育科学文化卫生 3 个专门委员会。"[①] 总体而言，由于当时缺乏明确的法律规定，各省份人大设立专门委员会的做法更多是一种探索，并没有在全国推广。

1986 年，全国人大常委会对《地方组织法》进行了修改和完善，规定："省、自治区、直辖市、自治州、设区的市的人民代表大会根据需要，可以设法制（政法）委员会、财政经济委员会、教育科学文化卫生委员会等专门委员会。各专门委员会受本级人民代表大会领导；在大会闭会期间，受本级人民代表大会常务委员会领导。"[②] 虽然该条款只是规定各地"根据需要"设立专门委员会，但在实践中，大部分省份设立了专委会。"1988 年省级人民代表大会换届后，除上述三省市（指江西、湖南和上海）外，又有湖北、贵州、山东、陕西、黑龙江、辽宁、吉林等省级人民代表大会设立了专门委员会。到九届全国人大之初，全国除了有 3 个省级人大没有设立专门委员会外，都设立了专门委员会。"[③] 这表明：1986 年的《地方组织法》对地方人大设置专委会产生了直接影响，为地方人大设立专委会提供了法律依据。2004 年，全国人大对《地方组织法》关于专委会的规定进行了微调，将"常务委员会可以补充任命专门委员会的个别副主任委员和部分委员"改为"常务委员会可以任免专门委员会的个别副主任委员和部分委员"，使该条款的文字表述更加简洁清晰。与此同时，吉林、黑龙江、江苏、浙江、上海等省份人大相继出台专委会工作条例（规定）或议事规则，对专委会的法律性质和地位、主要职责、组织结构、人员构成及产生方式、工作方式等内容做了进一步的规定，提高了专门委员会工作的规范化、制度化和程序化水平，为地方人大及其常委会依法履行宪法和法律赋予的各项职权提供了组织保障和制度保障。

地方人大专委会的设立，经历了从无到有、从少到多、从不规范到相对规范的历史过程，这其实反映了地方人大制度不断自我发展和完善的过程。从源起上来看，设立专门委员会，主要是为化解人大规模与审议效率

---

① 《河南省志——人民代表大会志》，河南人民出版社，1992，第 128 页。

② 全国人大常委会办公厅研究室：《中华人民共和国人民代表大会文献资料汇编（1949—1990）》，中国民主法制出版社，1990，第 295—296 页。

③ 蔡定剑：《中国人民代表大会制度》，法律出版社，2003，第 249 页。

之间的困境。因为不管是人民代表大会会议还是人大常务委员会会议，代表人数都比较多，不利于讨论和研究问题。对此，彭真曾解释说："过去我们没有专门委员会时，什么问题都要提到主席团上来，不开代表大会时，则是什么问题都提到常委会上来，人大常委会因为人多，就不好讨论各种问题，尤其是不能分门别类地讨论，所以，工作就不好进行。人大开会也是分组讨论，而分组也不是按工作性质分组。所以，我们才考虑到要设立专门委员会。"① 就地方人大设立专门委员会而言，则主要是地方人大为有效履行法定职权的需要所致。诚如胡火明所言："省级人大的自身需求是省级人大专门委员会制度变迁的根本动力。即 1979 年省级人大职权的扩大为省级人大专门委员会的成长提供了现实的动力和需要。"② 除此之外，全国人大的意见和全国人大专门委员会的设立也起了一定的促进作用。③ 目前，我国 31 个省级人大均设置了专门委员会，主要区别在于专门委员会的数量和专门委员会的规模。

（1）专门委员会的数量。贵州省设立了 9 个专门委员会，是专委会数量最多的省份；吉林、安徽、上海等省份设立了 8 个专委会；浙江、山东、北京等 11 个省市设置了 7 个专委会，这也是比较普遍的一种做法；福建、海南、河南、新疆和内蒙古等 5 个省份仅设立了 2 个专委会（即法制委员会和财政经济委员会），是专委会数量最少的省份，另外还有设置 3 个、4 个或 6 个专委会的省份（见表 1）。

表 1　31 个省份的省级人大专门委员会的数量

专委会的数量（个）	2	3	4	6	7	8	9
省份	福建、海南、河南、新疆、内蒙古	江苏、山西、宁夏	陕西、云南、西藏	江西、河北	浙江、山东、广东、辽宁、湖北、湖南、甘肃、青海、北京、天津、重庆	吉林、安徽、四川、广西、上海、黑龙江	贵州省
省份总计	5	3	3	2	11	6	1

① 尚志仁、汤九夫：《设立专门委员会是完善人民代表大会制度的需要》，《人大研究》1993 年第 12 期。

② 胡火明：《地方需求诱导下的制度模仿——省级人大专门委员会成长过程研究》，复旦大学选举与人大制度研究：http://www.fepc.org.cn/Article.aspx? ArtID = 251。

③ 胡火明：《地方需求诱导下的制度模仿——省级人大专门委员会成长过程研究》，复旦大学选举与人大制度研究：http://www.fepc.org.cn/Article.aspx? ArtID = 251。

（2）专门委员会的规模。表现为两个方面。一是每个专委会组成人员的人数。调查显示，绝大多数省级人大专委会的组成人员都控制在 7 位到 12 位不等；最少的是由 4 位组成人员构成的专委会，如贵州省人大外事侨务委员会、农业与农村委员会等；最多的则是由 19 位组成人员构成的专委会，如北京市人大法制委员会等 7 个专委会。在实践中，由于法制委员会、内务司法委员会和财政经济委员会承担的工作任务稍重，因而这三个专门委员会的组成人员较多，而农业与农村委员会、外事侨务委员会等专委会的组成人员相对较少。二是专委会组成人员的总人数。共有 9 个省级人大的专委会组成人员的总人数在 30 位以下，且大部分是专委会数量较少的省份；另有 22 个省级人大的专委会组成人员的总人数在 30 位以上，基本上是专委会数量达到了 4 个以上的（云南除外）。最少的是内蒙古，2 个专委会共有 14 位成员，人数较少的还包括福建（16 位）、新疆（20 位）、山西和河南（21 位）、江苏（22 位）、海南和云南（24 位）。最多的是北京市，7 个专委会共有 133 位组成人员，平均每个专委会 19 位，人数较多的还包括辽宁（102 位）、吉林（95 位）、重庆（89 位）（见表 2）。

表 2　31 个省份的省级人大专门委员会的规模

	专委会的数量	专委会成员的总人数	常委会委员中的专委会成员	常委会委员总人数	本级代表总数	常委会委员中的专委会成员占专委会人数的比重	常委会委员中的专委会成员占常委会委员的比重	常委会委员中的专委会成员占代表总数的比重	每个专委会的平均人数
福建	2	16	14	50	558	88%	28%	2.8%	8
河南	2	21	20	71	952	95%	28%	2.2%	10
海南	2	24	20	55	383	83%	36%	6%	12
新疆	2	20	15	48	550	75%	31%	3.6%	10
内蒙古	2	14	8	47	534	57%	17%	2.6%	7
江苏	3	22	12	57	803	55%	21%	2.7%	7
山西	3	21	11	57	552	52%	19%	3.8%	7
宁夏	3	28	25	53	421	89%	47%	6.7%	9
陕西	4	44	31	56	578	70%	55%	7.6%	11
云南	4	24	19	54	634	79%	35%	3.8%	6
西藏	4	37	13	29	445	35%	45%	8.3%	9
河北	6	65	30	53	767	46%	57%	8%	11
甘肃	6	55	46	51	509	84%	90%	10%	9

续表

	专委会的数量	专委会成员的总人数	常委会委员中的专委会成员	常委会委员总人数	本级代表总数	常委会委员中的专委会成员占专委会人数的比重	常委会委员中的专委会成员占常委会委员的比重	常委会委员中的专委会成员占代表总数的比重	每个专委会的平均人数
江西	6	45	38	55	609	84%	69%	7.3%	7
北京	7	133	25	57	771	19%	44%	17.2%	19
上海	7	49	49	57	864	100%	86%	5.7%	7
天津	7	84	29	49	707	35%	59%	11.9%	12
重庆	7	89	24	56	865	27%	43%	10.2%	12
广东	7	80	44	63	787	55%	70%	10.1%	11
浙江	7	47	43	53	636	91%	81%	7.3%	7
山东	7	51	37	64	906	73%	58%	5.6%	7
辽宁	7	102	29	57	619	27%	51%	16.5%	14
湖北	7	83	44	57	731	53%	77%	11.3%	12
湖南	7	73	56	57	768	77%	98%	9.5%	10
青海	7	60	34	46	398	57%	74%	15%	8
四川	8	59	36	75	887	61%	48%	6.6%	7
安徽	8	67	53	54	730	79%	98%	9.1%	8
黑龙江	8	71	26	55	578	37%	47%	12.2%	9
吉林	8	95	40	57	515	42%	70%	18.4%	12
广西	8	48	25	55	693	52%	45%	6.9%	6
贵州	9	59	36	52	600	61%	69%	9.8%	6

注：1. 数据均是采集于2013年省级人大换届选举时各省官方网站正式公布的，没有统计换届之后所调整的人员情况；2. 参加常委会主要是指常委会委员，不包括常委会主任、副主任和秘书长。因此，北京市人大法制委员会主任委员、海南省人大法制委员会主任委员和财政经济委员会主任委员、内蒙古自治区人大法制委员会主任委员和财政经济委员主任委员、河北省人大法制委员会主任委员和财政经济委员会主任委员等均由本级人大常委会副主任兼任，其身份不属于常委会委员，而是常委会组成人员，因而没有计算在内；3. 上海市人大华侨民族宗教事务委员会和外事委员会的成员一样，因此只计算为一个专委会。

二　地方人大专门委员会制度的基本规范与运行要求

通过梳理地方组织法以及一些地方性法规的有关内容可知，现行法律法规对地方人大专委会的规范主要涉及以下几个方面。

（一）专委会的法律性质及地位。虽然地方组织法对地方人大专委会进行了规定，但并没有明确界定专委会的法律性质和地位。胡乔木曾在《对宪法修改草案（讨论稿）的说明》一文中指出："专门委员会不是任何形式的权力机关，它只是人大和人大常委会的助手。"[①] 这实际上表明：专门委员会的法律地位是低于人大及其常委会，但也没有明确它究竟属于何种性质的机构。1983 年，彭真在《全国人大专门委员会怎么工作》一文中进一步指出："专门委员会是工作机关，不是最后决定问题的代表机关。"[②] 直到1987 年，彭冲在《关于健全人大机关工作和机构的报告》一文中对专门委员会的法律性质作出了界定，即是"全国人大的常设工作机构，……是全国人大机关的重要有机组成部分"。[③] 而后，万里重申了这种观点，即"各专门委员会是全国人大的常设工作机构和有机组成部分"[④]。细阅吉林、黑龙江等地出台的省级人大专门委员会工作条例，也基本上作出了类似的规定。例如，《吉林省人大专门委员会工作条例》第三条规定："专门委员会是省人民代表大会的组成部分和常设的专门机构"[⑤]，《黑龙江省人民代表大会专门委员会暂行条例》，第二条规定："省人民代表大会专门委员会是省级国家权力机关的组成部分，是省人民代表大会的议政层次，是省人民代表大会的常设工作机构。"[⑥] 这意味着专门委员会的法律性质和地位基本得到了明确，即：专委会是人民代表大会的常设工作机构和地方国家权力机关的组成部分，其法律地位低于本级人民代表大会。

（二）专委会的设置及其组织结构。按地方组织法规定，省、自治区、直辖市、自治州、设区的市的人民代表大会可以设置专委会，这不仅意味着县、自治县、不设区的市、市辖区、乡、民族乡、镇的人民代表大会不可以设立专门委员会，而且清楚地表明只有本级人民代表大会才有权设置专委会，而本级人大常委会是无权设置专委会的。然而，由于法律仅规定省、自治区、直辖市、自治州、设区的市人民代表大会"根据需要"设立

---

① 《胡乔木文集》（第 2 卷），人民出版社，2012，第 536 页。

② 《彭真文选》（1941—1990），人民出版社，1991，第 471 页。

③ 全国人大常委会办公厅研究室：《中华人民共和国人民代表大会文献资料汇编（1949 - 1990）》，中国民主法制出版社，1990，第 470 页。

④ 全国人大常委会办公厅研究室：《中华人民共和国人民代表大会文献资料汇编（1949 - 1990）》，中国民主法制出版社，1990，第 618 页。

⑤ 《省人大专门委员会工作条例》，《吉林日报》2007 年 5 月 26 日。

⑥ 《黑龙江省人民代表大会专门委员会暂行条例》，黑龙江省人大常委会：http://www.hljrd.gov.cn/detail.jsp? urltype = news.NewsContentUrl&wbtreeid = 1209&wbnewsid = 8175。

专门委员会，并没有规定“应该”设立专委会，造成了31个省份的省级人大专委会的数量差异较大，少的仅有2个，多的达到9个。对于专委会的组织结构，从现行法律规定可知，专门委员会是由本级人大从代表中选举产生，受本级人大领导并对其负责，在大会闭会期间受本级人大常委会领导。也就是说，从工作层面上讲，本级人大常委会与专委会存在一种领导与被领导关系。但是，由于专门委员会和本级人大常委会都是由本级人大选举产生，且专门委员会是隶属于本级人大的一种组织机构，因而，专门委员会与本级人大常委会在法律上和组织上是相互独立的。同时，专门委员会也不同于本级人大常委会工作委员会，两者分别隶属于不同的组织，它们在组成人员的产生及其资格、法律性质和地位、享有的职权等方面存在本质上的差异，且工作委员会需要服务于相对应的本级人大专门委员会。

（三）专委会的人员构成、产生方式及其条件。专门委员会由主任委员、副主任委员和委员组成，各专委会组成人员的人数没有明确的法律规定。目前，各地一般设置主任委员1位，负责主持专门委员会的工作；副主任委员2位至7位不等，协助主任委员开展工作，在主任委员因故缺席时，可代替主任委员主持工作；委员若干人。一些地方还在专委会中设秘书长一职，负责专委会的协调和联系工作，但从法律规定来看，秘书长并不是专委会的法定组成人员①。根据地方组织法的规定，专门委员会组成人员的人选，在大会会议期间，由本级人大会议主席团在代表中提名，大会通过。在大会闭会期间，本级人大常委会可以补充任命专门委员会的个别副主任委员和部分委员，由主任会议提名，常委会会议通过。也就是说，专门委员会组成人员的基本条件，就是必须是本级人大代表，其他条件，比如年龄、性别和知识结构等未作明确要求。在实践工作中，为更好地服务于本级人大及其常委会开展工作，省级人大各专委会的主任委员基本上属于本级人大常委会委员，且兼任相对应的本级人大常委会工作委员会主任，而一些重要的专委会如法制委员会的主任委员甚至由本级人大常委会副主任兼任，如北京市人大法制委员会的主任委员就是北京市人大常委会副主任

① 《黑龙江省人民代表大会专门委员会暂行条例》第六条规定：“各专门委员会由七至十五人组成，各专门委员会设主任委员一人，副主任委员三至五人，秘书长一人，委员若干人。”黑龙江省人大常委会：http://www.hljrd.gov.cn/detail.jsp?urltype=news.NewsContentUrl&wbtreeid=1209&wbnewsid=8175。

柳纪纲兼任。[①] 副主任委员大部分也是本级人大常委会委员，也存在一些省级人大专门委员会副主任委员兼任相对应的本级人大常委会工作委员会主任，如安徽省人大法制委员会副主任委员吴斌就兼任了安徽省人大常委会法制工作委员会主任；委员则各地情况不一，有的也全部是本级人大常委会委员，如上海市 7 个专门委员会的委员全部是本级人大常委会委员，但大部分省级人大专门委员会的委员并不是本级人大常委会委员。除此之外，江西、安徽、青海、河南和天津等 5 个省级人大专门委员会还存在法制委员会委员兼任其他专门委员会组成人员的现象，兼职人数分别是 6 位、7 位、6 位、1 位和 5 位，占专门委员会组成人员总人数的 11.8%、9.5%、9.0%、4.5%和 5.6%（见表 3）。

表 3　31 个省份的省级人大专门委员会组成人员兼任其他专门委员会的情况

	专委会组成人员总人数（位）	兼任其他专委会组成人员的人数（位）	兼任其他专委会组成人员的比重（%）
江西	51	6	11.8
安徽	74	7	9.5
青海	66	6	9.0
河南	22	1	4.5
天津	89	5	5.6

（四）专委会的基本功能。彭真在《全国人大专门委员会怎么工作》一文中概括了全国人大专门委员会的主要功能：第一，专门委员会人数较少，便于分门别类地研究、讨论问题；第二，专门委员会对有关问题比较熟悉，研究有关问题，可以考虑得更深入、更周到些；第三，提议案的和有关部门，提质询案的和被质询机关，双方都可以列席专门委员会会议，发表意见，共同讨论。必要时，还可以邀请专家列席，发表意见。这样，有助于客观、全面、系统、深入地研究决定问题。[②] 就地方人大专门委员会而言，其功能也表现为三个方面：首先，便于深入调查和客观研究有关重大而又复杂的问题。专门委员会的优势不仅在于其人数“少而精、专而深”，能够对一些重大而又复杂的问题进行深入调查，而且在于其持有中立的立场和

① 据笔者调查，除北京市法制委员会外，海南、河北、内蒙古等 3 个省级人大法制委员会和财政经济委员会的主任委员也均由本级人大常委会副主任兼任。

② 《彭真文选》（1941—1990），人民出版社，1991，第 471 页。

态度，可以克服立法工作中的部门利益倾向，为本级人大及其常委会反映真实的情况和提供第一手材料，增强决策的科学合理性。诚如胡乔木所说，专门委员会“应该主要的是进行调查研究，征求各方面的意见，便于人大和人大常委会制定法律或者其他的决议。这是它的主要的作用”。[①] 其次，便于本级人大及其常委会开展立法和监督工作时把握重点内容，减轻它们的工作压力。专门委员会作为一个长期负责某一方面事务的常设工作机构，能够比较及时全面了解该领域的基本情况和存在问题，从而在为本级人大及其常委会提出报告或意见、建议时，可以集中问题和突出重点，避免陷入一些具体、烦琐的问题。最后，便于代表有效行权履职，增强代表履职的积极性和主动性。专门委员会的一项重要职责是联系本级人大代表，包括根据需要邀请有关代表列席本委员会会议、组织代表开展视察和执法检查等，通过与本级人大代表的联系和为本级人大代表履职提供服务，既可以提高代表履职能力，也有助于增强代表履职的积极性和主动性。

三　完善地方人大专门委员会制度的几点思考

总体而言，改革开放以来的地方人大专委会制度建设取得了很大的进展，但也存在一些不足之处，包括思想认识不到位，法律规定不够严密，专委会的数量不统一，专委会的称谓不规范，专委会的规模不一致，专委会的办事机构不够完善，等等。这些问题一定程度上制约了专委会作用的发挥，因此，亟须加强专委会的法规制度建设，为其行权履职提供坚实的法律依据和制度保障。

（一）细化专委会的法律规定。地方组织法对专委会的规定过于原则和笼统，造成各地的做法不统一。基于此，首先，需要将地方组织法第三十条“可以设立法制（政法）委员会、财政经济委员会、教育科学文化卫生委员会、教育科学文化卫生委员会等专门委员会”的规定修改为“应该设立法制委员会、内务司法委员会、财政经济委员会、教育科学文化卫生委员会、城乡建设和环境资源保护委员会、民族宗教侨务外事委员会、农业与农村委员会等专门委员会”。也就是说，从法律上统一规定专委会设置的数量和专委会的称谓。二是扩大专委会设置的层级，即规定区县人大应该设立专委会。基于区县人大没有地方立法权，可以规定区县人大专门委员

① 《胡乔木文集》（第二卷），人民出版社，2012，第536页。

会的数量控制在2—3个，如内务司法委员会、财政经济委员会等。其他的以工作委员会的形式设立于区县人大常委会。三是明确规定专委会助理（办事）机构的设置。对此，可以学习和借鉴甘肃、北京和天津等省市的做法，就是在本级人大常委会设立与本级人大专委会相对应的办公室而不是设立相对应的工作委员会，如设立法制办公室、财政经济办公室、内务司法办公室等，这样有助于减少机构设置，明确各专委会办公室的工作定位（既服务于本级人大常委会又服务于专委会）。四是对“在大会闭会期间，常委会可以任免专门委员会的个别副主任委员和部分委员”这一条款中的“个别”和“部分”进行明确界定，即“个别副主任委员”是指多少位，“部分委员”的数量界限又是多少，以便避免常委会随意扩大对专委会组成人员的任免权。

（二）科学调整专委会的设置。目前，省级人大专委会的设置基本上是参照全国人大的组织结构而设立的，这有助于加强省级人大专委会同相对应的全国人大专委会之间的交流和沟通。但是，省级人大毕竟是属于地方国家权力机关，其法律地位和作用不能与全国人大相比。因此，省级人大是否需要设立7个甚至更多数量的专委会，是一个值得探讨的问题。在西方国家，议会常设委员会的设置是依照职权范围的原则而设的，而我国是按照与政府部门对口原则而设的，由此造成省级人大的专委会数量较多。笔者认为，省级人大设置专委会，也可以考虑按照职权范围的原则而设。虽然省级人大的职权共有15项，但概括而言，就是四个方面：地方立法权、监督权、重大事项决定权和选举任免权。鉴于财政预算监督的重要性，监督权可以分设两个专委会，而选举任免权和重大事项决定权可以由一个专委会负责。据此，省级人大设置4个专委会即可，包括法制委员会、内务司法委员会、财政经济委员会、人事委员会，分别协助本级人大及其常委会开展立法工作、法律监督工作、财政预算监督工作、人事及重大事项工作。至于省级人大设置的其他专委会，如环境与资源保护委员、教育科学文化卫生委员会、农业与农村委员会等，都可以调整为省级人大常委会的工作委员会。实际上，福建、河南、海南和江苏等省级人大的做法即是如此。这种制度设计与安排，一方面，能够提高专委会的工作实效，充分发挥专委会的优势和作用；另一方面，可以为推进专委会专职化奠定基础。

（三）规范专委会的称谓和规模。如果保留现有7个专委会的设置，那么，可以采用下列称谓：法制委员会、财政经济委员会、内务司法委员会、教育学科文化卫生委员会、城市建设与环境资源保护委员会、民族宗教侨务外事委员会和农业与农村委员会。而对具有地域特色的省份，可以因地制宜地进行调整，如民族区域自治地方可以将“民族宗教侨务外事委员会”分设为“民族宗教委员会”和“外事侨务委员会”。如果专委会数量缩减为4个，就不存在称谓不统一的问题。同时，也需要合理确定专委会的人数。首先，明确专委会人数的设置标准，比如专委会的工作性质、代表的总人数、常委会委员的人数等。如果省级人大设置7个专委会，那么，每个专委会可安排7—10位组成人员，包括专委会主任委员1位，副主任委员2—3位，委员4—6位。这样，专委会的总人数保持在49—70人。这种安排，主要是基于两方面的原因：一是专委会工作任务的需要；二是专委会与常委会委员互相兼职的需要。从实践来看，省级人大常委会委员的人数都是控制在40—70人①，这样，在将常委会委员全部安排到专委会组成人员的同时，还可以选举少数人大代表成为专委会组成人员。如果设置4个专委会，则可以实现常委会委员在专委会组成人员中的全覆盖，易于在实现常委会委员专职化的同时实行专委会组成人员的专职化。

（四）完善专委会的工作制度。一是审议工作机制。当前，各级人大仍然是以代表团的形式开展审议“一府两院”工作报告，还没有建立独立的专门委员会的审议工作制度，各个专门委员会组成人员被分别安排到各个代表团之中开展审议工作，这就使得专委会组成人员的身份特征首先是某个代表团的成员，而不是属于某个专门委员会，这样，代表发言时首要考虑的是其所属代表团的要求和意见，而不是反映所属专委会的意见，从而造成专委会的地位比较尴尬，在大会期间基本处于虚置状态。因此，必须建立独立的专委会审议形式，即“在大会议程中要列入专门委员会审议‘一府两院’工作报告相关的内容，安排适当的时间，由人大的各专门委员会组织召开专题会议对‘一府两院’工作报告进行审查，……会后要形成专门委员会的审议意见，审议的结果向大会主席团汇报”。② 二是调查研究和执法检查机制。开展调查研究和组织执法检查是专委会承担的两项重要职责，前者是通过深入实际，了解情况和发现问题，为提出意见、建议和议案作准备；后者是对属于本级人大及其常委会职权范围内与本委员会有关的法律法规的贯彻实施情况进行视察、检查和调查，并向本级人大常委

① 河南省和四川省人大常委会委员分别是71位和75位，是全国仅有的两个超过70位常委会委员的省级人大。

② 丁金华、余子麟：《充分发挥人大专门委员会在大会期间的作用》，《强化监督职能　发挥人大作用——2007年湖南省人大系统理论研讨会论文集》，第373—374页。

会汇报执法检查报告。为此，一方面，需要丰富调查研究方法和执法检查手段，把握调查研究和执法检查工作的内在规律；另一方面，需要充实专委会组成人员的专家学者比重，尤其是熟悉法律方面的人员。三是对专委会的监督机制。专委会是由本级人大选举产生，两者之间形成了一种权力授受关系。按照“谁授权，便向谁负责”的原则，专委会向本级人大负责，是应有之义。因此，需要探索专委会在每年一次的人代会会议上进行述职报告的制度，接受本级人大代表的评议和监督，以便改进和加强专委会的工作。

（五）提高专委会组成人员的专职化比例。实现专委会组成人员的专职化，是专委会制度改革的方向和发展趋势。党的十八报告提出：“健全国家权力机关组织制度，优化常委会、专委会组成人员知识和年龄结构，提高专职委员比例，增强依法履职能力。”① 在此，“提高专职委员比例”既指各级人大常委会委员，也包括了各级人大专门委员会组成人员。基于中国人大制度的现实状况，专委会的专职化要循序渐进，不能一步到位。首先，明确规定专委会组成人员不得兼任同级“一府两院”及其相关部门的任何职务。从法理层面上看，专委会组成人员是不应该兼任“一府两院”的相关职务，否则专委会的监督就很难做到公平公正。其次，逐步推进常委会委员的专职化。党的十三大报告曾提出，“要加强全国人大特别是它的常委会的组织建设，在逐步实现委员比较年轻化的同时，逐步实现委员的专职化”。② 遗憾的是，常委会委员专职化的探索和实践至今没有全面铺开，专职委员在整个常委会委员中的比例仍然比较低，亟须破除认识上的误区和体制机制上的障碍，推进常委会委员的专职化。最后，在常委会委员专职化之后，再将他们安排到各个专委会之中，从而实现专委会组成人员的专职化。为此，在省级人大常委会委员人数相对固定的前提下，可行的举措是缩减专委会组成人员的数量，为实现常委会委员在本级人大专委会组成人员中的全覆盖创造条件。

（七）借鉴西方国家议会委员会制度，扩大专委会的职权。在西方国家，专门委员会被称为常设委员会，它是议会中最核心的组织要素，享有起草、审议和修改各类议案以及对行政机关依法进行调查和监督的政治权

① 胡锦涛：《坚定不移沿着中国特色社会主义道路前进　为全面建成小康社会而奋斗——在中国共产党第十八次全国代表大会上的报告》，人民出版社，2012，第26页。

② 《党的十三大以来重要文献选编》（上册），中央文献出版社，1991，第44页。

力，因而被誉为“行动中的国会”。伍德罗·威尔逊指出：“国会开会不过是装装门面，而国会在委员会的房间里才正式工作这种说法，并不太多脱离事实。”[①] 也就是说，西方国家议会中的常设委员会是可以独立行使国会的立法权和监督权，所具有的是一种实体性权力。与之不同的是，我国地方人大专委会属于本级人大的常设工作机构，要接受本级人大及其常委会的领导，主要职责是协助本级人大及其常委会行使各项职权，并不能独立行使本级人大及其常委会的职权，所具有的是一种程序权力而不是实体性权力。鉴于此，一是需要赋予专委会一定范围的监督权。专委会作为地方人大的常设工作机构，其组成人员都是人大代表，从法理层面上讲，它理应享有对“一府两院”的监督权。当然，专委会的监督权需要保持一定的限度。二是需要赋予专委会一定范围的质询权。专委会可以在听取对口部门汇报专题工作报告后进行质询，包括人民群众对对口部门及其工作人员的申诉和意见以及对口部门及其工作人员的行政行为或执法行为，并在必要时要求对口部门限期答复。

① 〔美〕伍德罗·威尔逊：《国会政体》，商务印书馆，1986，第46页。

村民代表制的起源与国家制度创新

任　路*

内容摘要： 对于中国村民自治来说，制度创新一直是关注的焦点。因为村民自治本身就是一个从无到有的制度创新过程。时至今日，虽然村民自治的制度体系日益完善，但是对于制度创新何以形成仍然不甚明了，尤其是具体制度的产生更是如此。作为村民自治制度体系的一部分，村民代表制度的起源为具体制度创新提供了样本与案例，以此来解读一项实践创新如何产生，又是如何上升为国家制度的。我国的村民代表制度大致经历了萌发、雏形、确立与完善四个阶段，逐步实现了从村民议事会向村民代表会议的组织过渡，逐步完成了从“缩小的村民会议”到“真实的代表机构”的角色转换。从整个村民代表制度的发展历程来看，在供给主导型的制度变迁中，直接民主的制度理念，村民自治的制度体系，上下结合的制度路径以及制度的自我强化是村民代表制度创新的关键要素，也影响着制度未来的发展与前景。

关键词： 村民代表制度　起源　制度创新

一　村民代表制度的起源：简单的回顾

村民代表制度应该包括村民代表与村民代表会议两个方面的内容，村民代表是由村民推选出来，代其参加村庄管理、决策和监督的村民。村民代表会议是由村民选举出一定数量的代表组成的会议，其功能是受村民委

* 任路，华中师范大学中国农村研究院讲师，研究领域为基层民主与中国政治。

托，代表村民行使某些村民难以行使的自治权。① 村民代表制度发端于村民代表的产生，作为民意的代表，参与村委会议事，属于非正式的组织形式，而后由村民推选，召开专门的村民代表会议，形成完整的正式组织形式。因此，在1998年《村民委员会组织法》中只涉及了村民代表，到2010年修订《村民委员会组织法》才提出村民代表会议的条文。实际上，村民代表主要通过村民代表会议来行使权力，所以这里使用的村民代表制度主要是指村民代表会议。

（一）中国村民代表制度的萌发：各类代表制的遗产

如果追溯村民代表制的历史渊源，户代表应该是村民代表制的最初形态，这是家户制传统的延续。以强大的习俗为支撑的完整家庭制度和以强大的国家行政为支撑的户籍制度共同构成的家户制，是中国农村社会的基础性制度和本源型传统。② 一家一户构成一个完整的社会单元、经济单元和政治单元，在家户内部，基于老人权威和长幼秩序形成了家长制，正所谓家有家长，户有户主。在与邻家、村落以及官府的接触中，家长和户主是当家人，是家户与外界打交道的全权代表。家户传统一直隐伏于农村社会之中，到如今依然起着重要作用。虽然在正式的政策文件或者政治宣传中不提家长，但是户代表成为新的代名词，也成为村民代表制度的生长点。因此，在《村民委员会组织法》中要求召开全体村民会议或者户代表会议，而基层索性再进一步，从户代表到联户代表，这就直接导致村民代表会议的产生。③

中华人民共和国成立初期，在土地改革与民主建政的过程中，农村普遍建立村人民代表会制度，成为村级政权机关。1950年颁布的《乡（行政村）人民政府组织通则》规定：乡、行政村行使政权的机关为人代会和人民政府。在行政村一级是村人大会和村政府，农民通过选举产生的村人大代表参与政权，行使民主权利。经过短暂的乡政并立后，乡与行政村的人大逐步为合作社组织体系所取代。直到政社分开，乡镇人民政府恢复后，县乡一级的人民代表会议才重新恢复，由农民直接选举基层人大代表，讨论与决定基层政务等。这对于村民代表会议的出现以及相关议事程序有启

① 徐勇：《中国农村村民自治》，华中师范大学出版社，1997，第85页。

② 徐勇：《中国家户制传统与农村发展道路》，《中国社会科学》2013年第8期，第108—109页。

③ 汤晋苏：《村民会议与村民代表会议》，《政治与法律》1995年第2期，第12页。

发与示范意义。

在合作化运动到人民公社时期，政权组织与经济组织从并存到合一，形成高度集中的三级管理体制，公社、生产大队和生产队分别建立管理委员会，按照民主办社的原则，生产大队建立社员代表大会，是生产大队的权力机关，生产小队建立社员大会，是生产小队的权力机关。[①] 当时，生产大队规模较大，于是设立社员代表大会，生产小队人数不多，成立的是社员大会。在实际的公社管理中，民主办社并没有得到真正的落实，社员代表大会和社员大会也仅仅是制度上的规定，却为村民代表会议留下了制度遗产。在撤社建乡后，为了与公社体制接轨，实现组织体系重建，村民委员会代替原来的生产大队管委会，村民小组代替原来的生产队管委会，与之相应的村民会议、村民代表会议和村民小组会议等发展起来。在制度背景方面，人民公社时期大队社员代表会议直接作用和影响村民代表会议产生。不少社员，有过一定的社员代表会议经验，广大村民对于这一制度还有着清楚的记忆。[②] 所以，对于村民代表会议的制度设计也许可以看成是社员大会和社员代表大会的制度接续。

（二）村民代表制度的雏形：扩大的村委会

对于村民代表会议的雏形，比较公认的看法是来源于村民议事会。河北、四川等地推出了诸如“党员议事会”、“村民议事会”、“联户代表会”、“干群对话会”等基层民主决策形式。这些会议组织形式，虽然具有村民直接参与民主决策的特点，但不够规范，也不普遍，实际上是村民代表会议的萌芽或雏形。[③] 从最早产生村民代表会议的河北正定县南楼村来看，村委会邀请村里的“三老”，即老干部、老党员、老农民，帮村委会出主意，后来改为村民选举代表，形成村民代表会议制度。[④] 此外，还有赵县的村民议事会、辛集的村民代表议事会等。这些议事组织相当于村委会的帮手，发挥着意见沟通与咨询的作用。村民议事会与村委会有着千丝万缕的联系，于是有学者认为，在行政村一级，建立村民委员会和村民代表会议是一个

① 汤晋苏：《村民会议与村民代表会议》，《政治与法律》1995 年第 2 期，第 11 页。

② 汤晋苏：《村民会议与村民代表会议》，《政治与法律》1995 年第 2 期，第 12 页。

③ 民政部基层政权建设司：《村民代表会议制度教程》，教育科学出版社，1998，第 5 页。

④ 杨爱民：《中国农村基层民主政治建设的创举——关于村民会议制度的思考》，《政治学研究》1996 年第 2 期，第 29 页。

双重架构。[①]

事实上，从村民代表会议的召开来看，最初只规定村民委员会负责召集，后来虽然加入五分之一村民代表提议，应当召集村民代表会议的规定，同时又规定村民代表会议由村委会成员与村民代表组成。由此，村委会不仅有召集村民代表会议的权力，而且在村民代表会议中占有重要地位。从村民代表的构成来看，相当一部分村民代表是村民小组长兼任，进一步扩大了村委会的影响力。换种思路，村委会成员与村民代表相似，与村民的关系都是委托代理关系，不同的是村委会成员是全村范围内由村民选举产生的“主要村民代表”而已。此时的村民代表会议或者说议事会是村委会的咨询机构，类似于一个“扩大的村委会”。

（三）村民代表制度的确立：缩小的村民会议

村民代表制度最终确立来源于村民会议的简化。作为村庄的权力机构，村民会议拥有广泛的权力，村委会向村民会议负责并报告工作，村民会议审议村委会工作报告，评议村委会成员，涉及村民利益的重大事项由村民会议讨论决定，以及制定和修改村民自治章程和村规民约。由于行政村规模大、人口多、居住分散、作息时间不一、人口流动性大、村民素质等问题[②]，在实行《村委会组织法》过程中，遇到了一些新情况，村民会议难以召开，村民自治的一些措施难以通过村民会议的形式得到落实，村民参政议政的积极性难以充分发挥。那些较大的村，不用说村民会议不便召集，即使召开后也不便于讨论和决议。[③] 于是，一些地方将村民代表会议作为村民会议的替代，赋予其重大事项的决策权。河北、山东、辽宁、黑龙江等地出现了由村民选举产生代表组成村民代表会议，代行村民会议职权的组织形式。村民代表会议制度正式诞生，并逐步由点到面，迅速扩展开来。[④] 面对村民代表会议这一新生事物，理论工作者与实务部门展开激烈的讨论，一种意见认为应肯定村民代表会议制度：“应在宪法和法律规定的范围内，

---

① 沈延生：《村政的兴衰与重建》，《战略与管理》1996 年第 6 期，第 14 页。

② 中国基层政权建设研究会：《中国农村村民代表会议制度》，中国社会出版社，1995，第 3—4 页；徐勇：《中国农村村民自治》，华中师范大学出版社，1997，第 83—84 页；高杰：《论我国村民代表会议制度》，《法学研究》1995 年第 2 期，第 17 页。

③ 杨爱民：《中国农村基层民主政治建设的创举——关于村民会议制度的思考》，《政治学研究》1996 年第 2 期，第 27 页。

④ 民政部基层政权建设司：《村民代表会议制度教程》，教育科学出版社，1998，第 5 页。

结合农村实际，采取切实可行的形式，即建立村民代表会议制度，来保证村民行使当家做主、直接参与民主管理的权利”。[1] 村委会组织法“应当在条文中列上村民代表会议，并对村民代表会议的组织、职责和要求作出规定”。[2] 另一意见认为村民代表会议制度不符合直接民主原则，影响村民会议这一村民行使民主权利之根本形式的确立，所以“村民会议制度的确立，从长远来看，很不利于直接民主原则的贯彻，因而是不可取”。[3]

争论很快有了结论。1990 年 9 月，民政部下发了《关于全国农村开展村民自治示范活动的通知》，第一次以中央部委文件的形式肯定了村民代表会议。到 1994 年，全国 1017256 个村中，已有百分之五十的村建立了村民代表会议制度，全国 15 个省（直辖市、自治区）在地方性法规中列入了有关村民代表会议制度的条款。[4] 1998 中国共产党十五届三中全会通过《中共中央关于农业和农村工作若干重大问题的决定》，指出：“搞好村民自治，制度建设是根本。重点是建立村民委员会的民主选举制度，以村民会议或村民代表会议为主要形式的民主议事制度，以村务公开、民主评议和村民委员会定期报告工作为主要内容的民主监督。”之后经过修订正式颁布的《村民委员会组织法》将村民代表会议写入其中。

但是，村民代表会议作为权力机构有前置条件，在《村民委员会组织法》中规定：“人数较多或者居住分散的村，可以推选产生村民代表，由村民委员会召集村民代表开会，讨论决定村民会议授权的事项。”从法条的内容来看，村民代表会议是不便召开村民会议条件下，经村民会议授权，代行村民会议部分权力的权力机构，是村民会议的补充。正是在这种意义上，村民代表会议是“缩小的村民会议”。

（四）村民代表制度的完善：真实的代表机构

村民代表制度将村民会议进行了简化，增强了可操作性，但是村民代表会议与村民会议的关系如何处理，如果是授权，那么权力如何分割，哪

---

① 崔维连：《村民代表会议制度刍议》，我国基层政权建设研究会等编《实践与思考》，辽宁大学出版社，1989，第 185 页。

② 周莲华：《应肯定村民代表会议》，我国基层政权建设研究会等编《实践与思考》，辽宁大学出版社，1989，第 191 页。

③ 慧铭纹、张魁中：《浅议村民代表会议》，我国基层政权建设研究会等编《实践与思考》，辽宁大学出版社，1989，第198 页。

④ 高杰：《论我国村民代表会议制度》，《法学研究》1995 年第 2 期，第 18 页。

些事项必须由村民会议决定，哪些事项可以由村民代表会议决定。村民代表与村民的关系如何处理，如果是委托，怎么保证村民代表反映民意，村民又怎样监督村民代表等。在1998年的《村民委员会组织法》中只有原则性的规定。一方面容易出现村民代表会议取代村民会议，一些与全村村民利益相关的事项由村民代表会议决定，并未经过村民会议的决策。另一方面容易出现村民代表与村民之间的互不信任，村民代表不能代表村民，村民也不能选择代表。为此，在2010年修订的《村民委员会组织法》中，增加了有关村民代表会议的内容，除了明确村民代表会议的提法外，对于村民代表会议与村民会议的授权关系也有所涉及。比如：村民会议可以授权村民代表会议审议村民委员会的年度工作报告，评议村民委员会成员的工作，撤销或者变更村民委员会不适当的决定。村民会议可以授权村民代表会议讨论决定关系村民利益的九类重大事项。对于村民代表的产生、任期以及决策程序进行了相应的规定。为了防止村民代表会成为扩大的村委会，还限定非村委会成员的村民代表占村民代表会议的五分之四以上，村民代表必须向推选户或村民小组负责，接受村民监督。相较以前的原则性规定，现在添加的一些关键性的规定，对于村民代表会议来说至关重要。随着相关法律制度的完善，村民代表会议在整个村庄权力体系中的独立性增强，权能更加完整。村民代表会议作为决策村中事务的权力机构，其中的村民代表通过定期开展活动，代表村民议决村中重要事项，直接参与村中重大事务决策，行使决策权、管理权和监督权。[①]

在法律制度之外，机制创新也是村民代表制度完善的另一路径。面对复杂多变的农村基层实践，原则性或单一的制度要贯彻落实离不开多样化的机制创新。诸如村民代表会议的提案机制，由村民代表收集村民意见，制定提案，争取其他代表支持，纳入会议议程；公示与公开机制，即在召开村民代表会议前，将相关议题对外公示，允许利益相关的村民列席会议，会后将议决结果对村民公开，接受村民的监督；听证和协商机制，村民代表会议对于重大的事项需经过群众听证，征询群众的意见，增进相互之间的沟通，形成广泛共识。此类机制创新推动了村民代表制度的有效实现，也为制度完善积累了经验。

① 民政部基层政权建设司：《村民代表会议制度教程》，教育科学出版社，1998，第3页。

二　从村民代表制看国家制度创新何以形成

回顾村民代表制度从无到有的过程，不时冒出一个疑问，与村民会议或村民委员会相比，村民代表会议为什么在实践中已见成效，而在全局的制度建设上却迟迟未见？进一步追问一个普遍的问题，在村民自治中，是什么因素影响了一项实践创新上升为制度创新？

首先是制度理念，即村民自治中的直接民主原则及其实现形式。长久以来，在村民自治的制度建设中秉持一种纯粹的直接民主理念。一方面直接民主与马列主义关于民主的理论相契合，列宁认为，民主就是指“在形式上承认公民一律平等，承认大家都有决定国家制度和管理国家的平等权利”，必须建立“真正代表民意”的新制度，“人民需要共和国，为的是教育群众走向民主。需要的不仅仅是民主形式的代表机关，而且要建立由群众自己从下面来管理整个国家的制度，让群众实际地参加各方面的生活，让群众在管理国家中起积极的作用”。[①] 另一方面是党和国家领导人直接民主的理想。[②] 特别是作为村民自治重要支持者的彭真，彭真在全国人大常委会审议《村民委员会组织法（试行）》草案时，即席发表讲话，认为“旧中国留给我们的，没有什么民主传统。我国民主生活的习惯是不够的。这个问题怎么解决？还是要抓两头：上面，全国人大和地方各级人大认真履行宪法赋予的职责，发展社会主义民主，健全社会主义法制；下面，基层实行直接民主，凡是关系群众利益的事，由群众自己当家，自己作主，自己决定。上下结合，就会加快社会主义民主的进程”。[③] 这一讲话之后整理为《通过群众自治实行基层直接民主》，作为村民自治重要的指导思想。为此，在《村民委员会组织法（试行）》中并没有村民代表会议的提法，并且在一些立法工作者眼中，村民代表会议是与立法精神相背离。2000 年 11 月 6 日至 8 日，全国人大内务司法委员会在北京主持召开了一个“贯彻执行村民委员会组织法研讨会”。会议的宗旨之一是力求正确理解村委会组织法。参加会议的不仅包括全国人大内务司法委员会的领导成员，还包括全国人大常委会的一个副委员长、一个秘书长和一个副秘书长，包括中央组织部的

① 《列宁全集》第 24 卷，人民出版社，1972，第 153—154 页。

② 唐鸣：《村民会议与直接民主》，《华中师范大学学报》（人文社会科学版）2009 年第 6 期，第 20 页。

③ 高杰：《论我国村民代表会议制度》，《法学研究》1995 年第 2 期，第 18 页。

一个副部长和民政部的一个副部长，包括各省、自治区、直辖市人大内务司法对口机构负责人和组织、民政部门的实际工作者。会议认为：村委会组织法的基本精神是村民实行直接民主。[①] 正是这样，在立法者的意识里，村民会议与直接民主划等号，村民代表会议是间接民主形式，对于追求直接民主的群众自治，村民代表会议与村民会议相比居于次要位置。

不过，对于主管村民自治的实务部门，民政部对于村民代表会议的态度则比较灵活。一些地方针对村民会议面临的实际困难，探索建立村民代表会议后，得到了民政部的支持。当1990年开展村民自治示范活动的时候，出现才几年的村民代表会议成为示范活动的一项重要指标，村民代表会议得以广泛推行。民政部有关人士的一份报告中指出："作为中国农村实行村民自治和基层直接民主的有效形式，村民代表会议实际已成为村民自治和基层民主制度不可缺少的重要组成部分，它的产生和发展不仅是农村社会发展的必然要求，而且对于促进农村村民自治和基层民主的发展，对于农村社会的全面进步，具有独特的社会作用和重要的意义。"[②] 从中可以看出，民政部之所以采取积极态度，作为业务主管部门从推动村民自治向前发展的角度出发，与其让村民会议空转，不如接纳村民代表会议，这是受农村经济社会条件限制下所能采取的最为接近村民会议的形式，或者是向村民会议发展的过渡形态，同时村民代表会议是基层群众在实践中进行的有益探索，许多地方自生自发形成的决策和议事形式，与群众自治的大原则是相符的。更重要的是村民代表会议推动了村民自治和基层民主的发展，至少从实际效果来看，村民代表会议是有效的，在村民会议难以召开的情况之下，村民代表会议有助于农民广泛参与村庄管理，重大决策和民主监督，达到了村民会议所体现的直接民主效果。从宏观制度与政策环境来看，村民代表会议的诞生是原则性的理念与灵活性的策略相互作用的结果。历来重视原则性与灵活性的辩证实践是中国政治生活的显著特点。对于村民代表会议而言，立法部门的原则性与实务部门的灵活性推动了制度的创新，再从制度的创制和执行方面来看，地方的制度创新得到了中央的积极回应，于是出现了"上有统一的制度规定，下有灵活的实现形式"的局面。

其次是制度路径，即供给主导型制度变迁的上下结合。我国的制度变

① 唐鸣：《村民会议与直接民主》，《华中师范大学学报》（人文社会科学版）2009年第6期，第20—21页。

② 中国农村基层政权建设研究会：《中国农村村民代表会议制度》，"前言"，中国社会出版社，1995。

迁是一种强制性制度变迁，实际上是一种供给主导型的制度变迁，即在一定的宪法秩序和行为的伦理道德规范下，权力中心提供新的制度安排的能力与意愿是决定制度变迁的主导因素。[①] 中国村民自治整体上是供给主导的制度变迁，农民的制度需求和实践创新也影响着制度的创新，在某种程度上决定制度能否切实运行。往往实践的创新要先于制度的确认，统一的制度在问题倒逼之下又衍生出新的实践探索，如此形成一个上下结合的制度路径。

上下结合的制度路径在中国村民自治制度建设中表现得更加明显。农村经济改革冲击原来的公社体制，基层治理面临挑战。为解决治理上的困难，国家试图重振原有的基层政治组织，强化国家内部组织纪律，但结果都收效甚微，因而选择了鼓励农民的政治参与。[②] 当广西等地出现村委会组织后，得到国家的认可，并向全国推广，最后上升为国家立法，这些体现了国家在村民自治发展中的主导性角色。此外，对于刚刚分田到户的农民来说，面对社会治安无人管理、基础设施无人维护、公益事业无人参与的问题，实现“有人管事”是最紧迫的要求。于是，农民自发建立村委会、村管会等组织，此时国家的目标和农民的需要趋于一致，制度供给也倾向于首先满足农民对于村委会组织的制度需求。在 1983 年撤社建乡以及村委会的普遍建立后，党和国家更多地将注意力放在组织重建，目标是建设好村民委员会，以便维护农村社会秩序，协助乡镇政府的行政管理。这使得制度建设集中于村委会本身，尤其是村委会选举，包括村委会选举方式、程序，候选人条件等，对于村庄管理、决策、监督等重视不够。单从村民会议来看，对于村民会议的召集方式、提出议案、议决事项、决策方式等都没有具体的规定，仅仅是村民会议的原则性规定，更何况村民代表会议的制度建设。

有关村委会的制度创新随着 1987 年《村民委员会组织法（试行）》的颁布得到最终确定，并在全国范围内进行试点推广，一时间村委会在各地农村相继成立。在村民自治的实践中，由于村民参与有限，村民会议制度难以落地，村委会由于缺少监督和制约，容易出现“村委会自治”和“村干部自治”的情况。基于以往制度的接续，以及村民会议现状，不同地方

---

① 唐兴霖、马骏：《中国农村政治民主发展的前景及困难：制度角度的分析》，《政治学研究》1999 年第 1 期，第 53 页。

② 王旭：《乡村中国的基层密民主：国家与社会的权力互强》，《二十一世纪》1997 年 4 月号，第 150 页。

不约而同地进行了实践创新，用推选代表开会的方式来进行决策，形成了村民代表制度的雏形。沿着之前村民委员会的制度创新路线图，村民代表制度进入1998年《村民委员会组织法》，成为正式的法律制度，再回到实践当中，进一步地丰富与发展。从最新修订的《村民委员会组织法》中，村民代表制度的内容相较于前又有了新的变化。

总之，在中国的制度创新中，制度供给主导是说主导权在供给一方，即国家与政府，表现为中央政策与国家法律的出台，与之相对，制度的创新更多是来源于农民的创举和地方经验的总结，被国家与政府接纳后，才会形成新的制度。在上下结合的制度创新路径下，村民代表会议制度不大可能直接由政府创制，而是发轫于地方或者说农民创造，然后是制度的试点，再到制度的实施，最后上升为法律。因此，只有在村委会的普遍建立和发展完善的时间点上，经过地方的实践创新，村民代表会议才逐步走到村民自治的前台。

再次是制度体系，即村民代表制度受村民自治发展阶段的影响。任何一项制度都不是一个封闭的循环，而是一个与其他制度密切相关的开放体系。村民代表制度的产生与整个村民自治制度体系的发展有关，在这一制度体系中，村民委员会无疑是最重要的制度。不夸张地说，村民委员会本身成就了村民自治，村民自治也推动了村委会制度体系的完善。村民代表制度的演进与村民自治的发展相伴随。根据村民自治的内在规律与外在表现，在国家与社会互动关系视角下，将村民自治分为三个主要的波段：自生自发阶段、规范规制阶段和内生外动阶段。① 在前两个发展阶段，与村委会配套的村民代表制度也经历了一个大的变动。

在村民自治处于自生自发阶段的时候，村委会一般设立在自然村，最早成立村民委员会的广西壮族自治区宜州市屏南乡合寨村果作和果地就是两个自然屯，人口和规模比较小，居住也相对集中，位于山间平坝地区。在分田到户之后，农户家庭获得生产经营自主权，生产队失去组织和管理功能，面对农业生产和社会治安等问题，以自然村为单位通过举行村民大会的方式成立村民委员会，并由村民委员会进行自我管理，遇到重大事项一般由村民会议讨论决定。因为当时的村民会议是在自然村召开，会议召集比较简单，会议内容集中，会议人员相对确定，村民会议议决后直接交

① 徐勇：《找回自治：村民自治有效实现形式的新探索》，《华中师范大学学报》（人文社会科学版）2014年第4期，第1页。

给村民委员会执行，所以，村民会议能够有效运转。另外，村民委员会是村民直接选举产生，一个村委会成员对应十多个农户，联系方便，沟通顺畅，没有必要组织村民代表会议。因此，1987 年《村民委员会组织法（试行）》中规定：村民委员会一般设在自然村；几个自然村可以联合设立村民委员会；大的自然村可以设立几个村民委员会。在试行的这部法律中找不到有关村民代表或村民代表会议的内容。

随着村民自治上升为国家制度，以统一的制度形式在全国铺开后，村委会走向全国，村民自治也进入由国家进行规范和规制的阶段，主要是村民自治的规范化与制度化，《村民委员会组织法（试行）》中的条文以国家文件和地方法规、实施办法的方式向下贯彻执行。原本的村委会是自然村规模，为了与公社体制进行对接，逐渐把村委会上移到行政村，即原来生产大队一级，与之相对的是村民会议也成为行政村范围内的村民会议，当时并没有意识到村民会议可能遇到的规模问题，或许对农民的政治素质以及参与的积极性缺乏客观的认知，也没有预料到农村经济社会快速发展所带来的人口流动和农民原子化。行政村上的村委会和村民会议均出现困境，村民会议难以有效议事和决策，不能制约村委会，导致村委会选举后，村民自治演变成少数村干部的自治或者村委会自治，村民会议也失去了意义。村民会议的困境倒逼出村民代表会议，村民代表大都是以自然村或村民小组为单位，在这一单位内，村民推选出代表，当作民意传导和决策参与的孔道，缩小村民与村民会议的距离，并以授权的方式，将村民代表会议实体化，由此缓解行政村范围内村民参与管理、决策和监督的困难。村民代表会议作为一种新的力量，平衡村委会的权力，实现制度之间的协同，从而保证村民自治的良性运行。村民代表会议的产生是村民自治自我完善的表现之一。

最后是制度强化，即村民代表制度的自我强化机制。随着村民代表制度的确立，制度本身的自我强化机制就已经开始。制度变迁一旦走上了某一路径就会沿着既定的路线不断地获得自我强化。[①] 制度的自我强化机会与资源支持取决于规模报酬的总量，即受益群体的规模大小。[②] 村民代表会议在村民会议授权下对村庄重大事项进行讨论，并且作为村民会议的简化形

① 吴敬琏：《路径依赖与中国改革》，载《经济学与中国经济改革》，上海人民出版社，1995，第 11—13 页。

② 唐兴霖、马骏：《中国农村政治民主发展的前景及困难：制度角度的分析》，《政治学研究》1999 年第 1 期，第 52 页。

式，具有可操作性，因而在村庄的实际管理中占有更突出的地位，直接关系到农民的民主权利能否得到实现，自身利益能否得到维护。具体来看村民代表会议的状况，根据 1995 年民政部相关统计数据，辽宁省普遍建立村民代表会议制度，共有村民代表 537855 名，平均每村 33.6 人，1993 年全省共召开村民代表会议 79655 次，平均每村召开 5 次；村民代表参会率达 92%；村民代表向村委会提出意见、建议 99050 条，已得到解决 77612 条，占 78%。山东全省建立村民代表会议的有 74700 个村委会，占全部村委会的 84.6%，全省村民代表 2785199 名。江苏全省共有 1180662 名村民代表，平均每村 32.89 人。全国农村至少已有 50% 的村庄建立了村民代表会议制度。[①] 在村民自治不断走向深化的今天，几乎所有的村庄都建立了村民代表会议。当村民代表制度由点到面，逐渐推开，到全面普及过程中，广大的农民群众构成一个庞大的受益群体。

毋庸讳言，成规模的受益群体并不能自动转化为成规模的积极行动者。制度自我强化能否形成，村民代表会议能否运转起来，还需要看农民的民主实践能力。从农民的民主能力来看，根据 2013 年的数据，表示经常参加村民代表会议的农民占比为 24.16%，偶尔参加的占比为 34.57%，农民参与率达到 58.73%。从参与程度来看，在村民代表会议上，经常提出意见的占 18.31%，偶尔提意见的占 45.58%，农民提意见率达 63.89%。进一步对在村民代表会议上提出意见的农民进行分析，表示自己的意见均被采纳的占比为 8.59%，部分被采纳的占比为 78.69%，农民意见采纳率达 87.28%。[②] 单就数据来看，农民参与的比例虽然不高，但是从参与程度来看，在农民中间存在着一部分积极的参与者，通过他们的参与让村民代表制度贯彻落实。接着从村民代表来看，作为受益群体的一部分，相对于村民而言，村民代表一般素质较高或社会影响较大。在农民的政治文化素质普遍偏低的背景下，村民代表会议在村民自治中的实际影响和作用较大。[③] 最初的村民代表主要是由村委会邀请的老党员、老干部组成，他们的奉献精神和责任感强，在当村民代表的过程中找到了自我实现的方式。之后村民代表的产生日益制度化，5—10 户推选一人，或者村民小组推选若干人。

---

① 汤晋苏：《村民会议与村民代表会议》，《政治与法律》1995 年第 2 期，第 13 页。

② 本项数据来源于华中师范大学中国农村研究院 2013 年暑期百村调查数据。2009 年以来，“百村观察”平台利用寒假和暑假，对全国 31 个省（自治区、直辖市）200 多个村进行每年两次的大规模抽样调查，其中，暑假调查是定点跟踪调查，寒假是随机抽样调查。

③ 徐勇：《中国农村村民自治》，华中师范大学出版社，1997，第 88—89 页。

对于村民代表而言，公众的推选不仅赋予自己身份的合法性，同时也是对自己的尊重与肯定，是农村日常人情面子的一种正向激励。村民代表与推选他的村民生活在一起，尤其是在同一个村民小组内，土地等集体产权将他们联系在一起，有着共同的利益基础，在农业生产、生活服务以及社会交往等方面可能面临共同的问题，村民代表解决公共问题不仅是在履行自己的责任，也在改善个人的福利状况。当然，村民代表是义务任职，对于个人的激励不足，制约了村民代表会议的运行效果。为此，在未来的村民自治中需要进一步培育村民和村民代表的民主实践能力，让村民代表会议有效运作起来。

地方人大制度中执政党的权力实现方式

方 雷 姜永熹*

内容摘要：人民代表大会制度是我国的根本政治制度，中国共产党作为执政党在地方人民代表大会及其常设机构的组成过程、人事安排、工作过程与权力行使过程中发挥着重要的作用，但在制度安排、组织衔接中也存在着不规范的问题。因此，需要进一步完善执政党介入地方国家权力机关的方式，通过权力机关更好地实现党代表人民利益的意志，更好地实现坚持依法治国和党的领导的有机统一。

关键词：地方人民代表大会制度　执政党　权力实现方式

"党对人大的领导是党的'政治权利'（潜在权力），转化为国家权力"① 的过程，具体表现在国家权力机关的组成过程、人事安排、工作过程以及权力行使过程之中。目前，我们党在全国人民代表大会及其常委会中的执政方式已经逐步成熟，而在地方层面党与地方国家政权机关间的权力关系还有待理顺。因此，本文以权力实现方式为观察维度，探讨执政党介入国家权力机关的制度安排与过程，分析政党与国家制度间的契合程度，并借此提出相应看法与建议。

---

* 方雷，山东大学马克思主义学院教授，研究领域为政治学理论与方法、地方政府与政治；姜永熹，山东大学政治学与公共管理学院政治学硕士研究生，研究领域为政治制度与地方政治。

① 郭道晖：《权威、权力还是权利——对党与人大关系的法理思考》，《法学研究》1994 年第 1 期。

一　党的执政在地方人民代表大会组成中的具体体现

“政党是由在选举中提出的正式标识来辨明身份的、能够通过选举（自由的或不自由的）提名候选人占据公共职位的政治集团。”① 因此党的执政在地方人民代表大会组成中的体现是指党在地方人民代表大会产生过程中发挥的作用，以及最终选举结果中党员代表占总代表数的多数。

（一）党对于地方人民代表大会选举过程的实际领导

执政党的权力实现过程首先表现在选举过程中。《中华人民共和国全国人民代表大会和地方各级人民代表大会选举法》第八条规定：“省、自治区、直辖市、设区的市、自治州的人民代表大会常务委员会主持本级人民代表大会代表的选举。不设区的市、市辖区、县、自治县、乡、民族乡、镇设立选举委员会，主持本级人民代表大会代表的选举。不设区的市、市辖区、县、自治县的选举委员会受本级人民代表大会常务委员会的领导。乡、民族乡、镇的选举委员会受不设区的市、市辖区、县、自治县的人民代表大会常务委员会的领导。”同时，第九条规定：“不设区的市、市辖区、县、自治县的选举委员会的组成人员由本级人民代表大会常务委员会任命。乡、民族乡、镇的选举委员会的组成人员由不设区的市、市辖区、县、自治县的人民代表大会常务委员会任命。”通过这样的规定可以看出，人民代表大会代表产生的间接选举过程由人民代表大会常委会负责，直接选举过程由专门的选举委员会负责，由于《选举法》规定的选举委员会成员由人大常委会任命，这就意味着人大常委会在选举过程中发挥着至关重要的作用。但在实际过程中，本级党委要成立换届工作领导小组负责本地区换届选举工作。同时，选举委员会的正职一般由本级党组织的正职担任，“成员都是由党委、人大、政府的领导干部所组成”。②也就是说，人大代表选举工作实际是在地方党委的统一领导下进行。

有学者指责地方党委在人大选举过程中过多“包办”，党委对于选举工作的直接领导对选举工作的合法性造成了严重的损害。换言之，这个质疑

① 〔意〕萨托利：《政党与政党体制》，王明进译，商务印书馆，2006，第96页。

② 邹平学：《完善人民代表选举产生机制的若干思考——为纪念人大制度50周年而作》，《法学评论》2005年第1期。

的实质在于，地方党委领导人大代表的选举，其权力行使的方式是党的制度设计上的规定还是《宪法》规定，是否违背了党的执政精神，甚至是违背宪法？应该通过制度设置的方式，通过详细的法律、法规以及党内规定，明确划定党与人大之间在选举工作中的作用边界，定位党的领导的具体方式，进一步完善人大代表的选举办法。

（二）党在人大代表候选人的提名中的作用

党对于人大选举工作的领导更主要的是反映在党在人大代表候选人提名中的作用。《选举法》第二十九条规定："全国和地方各级人民代表大会的代表候选人，按选区或者选举单位提名产生。各政党、各人民团体，可以联合或者单独推荐代表候选人。选民或者代表，十人以上联名，也可以推荐代表候选人。"除此以外，根据《选举法》第三十九条"选举人对于代表候选人可以投赞成票，可以投反对票，可以另选其他任何选民，也可以弃权"，即人大代表产生的方式还可以包括选民"另选他人"的内容。在实际结果中，一般表现为中国共产党联合其他民主党派或人民团体提出的候选人提名和选民或代表联合提名两种形式。就全国范围来看，当前正式候选人产生的主要方式是政党与人民团体的联合提名。① 当然，这并不是意味着选民或代表联合提名的候选人质量较差，而是由不规范的选举过程所导致的。《选举法》第三十一条规定"如果所提代表候选人的人数超过本法第三十条规定的最高差额比例，由选举委员会交各该选区的选民小组讨论、协商，根据较多数选民的意见，确定正式代表候选人名单"，这也意味着当政党和团体提名的候选人和选民或代表联名提名的候选人总人数超过最高差额比例时，其最终结果的确定是"讨论、协商"的结果，而不是选民投票的结果，这种不完善的法律规定无疑为个别领导包办操作提供了空间。

人大候选人提名过程中的不规范现象，归因于地方党委与人大机关在提名过程中的权限模糊。首先，在党内民主发展不充分的前提下，导致选举候选人提名更容易体现个人的意志。其次，强调组织安排，使得人大代表候选人对其资格的获得更认为是组织的"给予"而不是人民的"选举"。

① 在 1997 年山东省青岛市城阳区换届选举中，经过酝酿、协商产生的城阳区人大代表正式候选人 293 人。政党和人民团体提名的候选人 901 名，被确定为正式代表候选人的为 240 名（包括 30 名下派参选的领导干部），占 26%；选民联名提名代表候选人 424 名，被确定为正式代表候选人的为 53 名，只占 13%。见史卫民、雷兢璇《直接选举：制度与过程》，中国社会科学出版社，1999，第 100 页。

最后，从选举结果来看体现了党的意志，但是实际将民众对于选举过程的意见和矛盾直接集中于党的组织。

（三）党员代表占代表总数的比例与人大代表构成

作为执政党，其执政地位最终还是体现在选举的结果中，即党的成员在人民代表大会中占多数。根据学者研究，从第一届全国人民代表大会到第十一届全国人民代表大会，中共党员数占总代表数的比例均超过50%，平均比例为65.1%，自第九届全国人民代表大会至第十一届全国人民代表大会，党员代表比例均超过70%。[①] 地方人大选举结果目前尚无全国性的统计比对，各级行政区内的调研数据也非常缺乏，根据中国共产党在地方选举中“设定了中共党员不宜超过65%”[②] 的指导性原则，以及近年来全国人大的代表构成推定，地方人大代表中的党员比例应该在65%左右，部分市县乡镇的比例可能超过70%。

应当注意的是，在我国的选举过程中，人民代表大会的代表性体现并不是按照党派来进行划分的，《选举法》第六条所规定的：“全国人民代表大会和地方各级人民代表大会的代表应当具有广泛的代表性，应当有适当数量的基层代表，特别是工人、农民和知识分子代表；应当有适当数量的妇女代表，并逐步提高妇女代表的比例。全国人民代表大会和归侨人数较多地区的地方人民代表大会，应当有适当名额的归侨代表。”[③] 从九届人大和十届人大的统计数字看，来自各级国家机关的代表超过40%，九届人大为1231人（41.32%），十届人大为1296人（43.43%）。[④] 地方选举中，2003年山东省人大代表中“仅按干部界别当选的代表，占总代表数的37.6%”，如再考虑到其他界别中的党政干部比例，党政领导干部在地方选举结果中的比例远超半数。[⑤] 党政干部过多跻身人大代表当然不利于人大履

① 第九届全国人民代表大会（1998—2003）党员比例为71.5%，第十届（2003—2008）党员比例为72.9%，第十一届全国人民代表大会（2008—2013）党员比例为73.73%。见刘乐明、何俊志《谁代表与代表谁？十一届全国人大代表的构成分析》，《中国治理评论》2013年第2期。

② 何俊志：《作为一种政府形式的人大制度》，上海人民出版社，2013，第85页。

③ 在实际代表构成中体现为：中共党员、民主党派和无党派人士、妇女、少数民族、工人农民、知识分子、干部、解放军等八个界别。

④ 赵晓力：《论全国人大代表的构成》，《中外法学》2012年第5期。

⑤ 朱春湖：《地方人大代表构成中干部代表比例过高问题亟待解决》，《山东人大工作》2004年第3期。

行其对其他国家机关的监督、罢免等职权，但与学界和社会的批评形成反差的是，在人大召开期间对相关法律法规、公共事务最熟悉的，最富于议政素养的，恰恰多是拥有长期处理公共事务经验的党政官员。总的来看，非竞争性的选举过程、过于侧重“代表”能力而忽视代表结构的选举目的、非专职化的代表设计等，都影响了人大作为国家权力机关的地位和作用。因此增强人大代表的社会属性、强调人民代表大会在意见综合过程中的作用，是在推进“依宪治国”过程中，转变党的执政方式的重要内容。

二　党的领导在地方人大常设机构中的制度安排

党的领导在地方人大常设机构中的制度安排最突出的表现是“党委书记兼任同级人大常委会主任”。

（一）党委书记兼任地方人大常委会主任的源起与发展

地方党委书记兼任地方人大常委会主任发端于20世纪90年代，其理论依据最早可追溯于1992年中共十四大关于“进一步完善人民代表大会制度，加强人民代表大会及其常委会的监督职能，更好发挥人民代表的作用”[①] 的表述。在次年的全国31个省、自治区、直辖市（除港澳台地区）的换届选举中，有10个省、自治区、直辖市的党委书记兼任本级人大常委会主任，之后各地的兼任情况逐渐增加。2002年中共十六大报告中第一次提出了“依法执政”的概念，并明确提出“按照党总揽全局、协调各方的原则，规范党委与人大、政府、政协以及人民团体的关系，支持人大依法履行国家权力机关的职能，经过法定程序，使党的主张成为国家意志，使党组织推荐的人选成为国家政权机关的领导人员，并对他们进行监督”。因此，自2002年开始的各省、自治区、直辖市的换届选举中，中央统一要求，各省委书记除非兼任政治局委员，一般应被推荐为本省人大常委会主任的候选人。自此，在省级层面党委书记兼任人大常委会主任逐步铺开，而市县乡镇一级的兼任情况也日益普遍。截至2014年11月，全国除港澳台地区外的31个省、自治区、直辖市中，只有北京、上海、重庆、天津四个直辖市和新疆、西藏自治区以及广东省的党委书记不兼任省（自

① 中共海南省委课题组：《关于党委书记兼任人大常委会主任的探讨》，《组织人事学研究》1994年第1期。

治区、直辖市）人大常委会主任，省党委书记兼任省人大常委会主任的比例达到77.4%。[①]

然而，就在省级党委书记兼任同级人大常委会主任逐步普遍的过程中，在市县乡镇，反向的发展趋势也逐渐明显。“以15个副省级城市为例，截止到2011年11月14日的统计，只有宁波、武汉、西安、厦门还采取兼任模式，其他的都已分设，其中广州、深圳、杭州都是2010年分设的。”[②] 在2009年出台的《中共四川省委关于进一步加强人大工作的意见》明确指出，市、县、区可由书记兼任，也可由其他合适人选担任。在随后的换届中，四川省内不少县区的党委书记都不再兼任同级人大常委会主任。2009年9月28日，湖北省委发出台了《关于进一步加强和改进人大工作的决定》，规定“市县人大常委会一般配备专职主任”，并明确到此次市县乡班子换届时统一调整配备。另悉，截至2014年2月14日，浙江省各地级市党委书记均不再兼任本级人大常委会主任。[③]

（二）党委书记兼任地方人大常委会主任的机制

从宏观上看，党委书记兼任地方人大常委会主任是党在政治现代化过程中权力实现方式的转变，落实《党章》中关于“党必须在宪法和法律的范围内活动”这一要求的尝试，它旨在通过理顺执政党同国家权力机关的关系，改善过去“党政不分”、“以党代政”的弊病。从微观上看，党委书记兼任地方人大常委会主任是在国家权力机关内部的组织层面体现党的领导，以“兼任”作为技术手段，提升人大在政治体系中的地位，充实人大的资源，进一步发挥国家权力机关的作用，也是在操作层面实现“党通过国家政权机关实现对国家和社会的领导”。因此，对于党委书记兼任人大常委会主任这一执政方式创新的本意和初衷应当是肯定的。

但问题在于，截至目前，“党委书记兼任同级人大常委会主任”的行为既没有明确的法律规定，也没有成熟的规则规范。尽管有学者援引宪法第三十四条选举权的内容和第一百零三条对于县级以上人大机关组成人员的规定，认为党委书记作为中华人民共和国公民，不担任行政、审判、检察机关的工作人员，在法理上并没有禁止党委书记兼任人大常委会主任，并

---

① 根据各省级人大常委会官方网站提供的人事信息整理。

② 钱昊平等：《书记兼主任，继续还是放弃?》，《南方周末》2011年11月17日。

③ 新华网：《浙江：市委书记不再兼任人大常委会主任》，2014年2月17日，http://www.zj.xinhuanet.com/newscenter/headlines/2014-02/17/c_119373026.htm，2014年10月13日访问。

将“书记兼任主任”与党的领导完全划上等号。这种观点明显是不妥的。考虑到现实中党委书记同政府的密切关系，法理的可行性并不切实地体现于实践中。与其说“党委书记兼任人大常委会主任”是一种规定或模式，不如说“书记兼任主任”是地方党的执政创新的试验形式，是党对于如何释放人民代表大会制度空间的一种探索。如此一来，当前“兼任”现象在省级层面扩大和在市县乡镇一级减少就可以得到合理的理解了。

从短期来看，党委书记兼任人大常委会主任增强了人大对于资源的获取力度，但从长远判断，“兼任”行为将因在实际运行中的弊端而逐渐消除或将被总结为更加切实可行的方式进而制度化、法律化。

三　党的组织在地方人大机构中的嵌入形式

执政党在地方人大制度中的权力实现方式除了选举本党代表、由地方党的最高领导人出任人大常设机构领导人外，还有党在人大常设机构中的党组以及人大机关党委（支部），以及人民代表大会召开时，在各代表团中成立的临时党支部。[①] 这些党的组织构成了党对于人大的组织领导。在实践中，发挥作用最突出的是人大常设机构中的党组。

（一）人大党组的性质与功能

关于党组的性质，在《党章》中有明确的表述，《党章》第四十六条规定“在中央和地方国家机关、人民团体、经济组织、文化组织和其他非党组织的领导机关中，可以成立党组。党组发挥领导核心作用”。可见党组是党向非党组织的机构延伸，其目的是通过党组发挥领导核心作用，保证党的领导实现。党组与党的支部等其他组织不同，不构成一级独立的行为主体，如不能发展党员等，而是作为各级党的委员会的派出机构。《中国共产党地方委员会工作条例（试行）》规定地方党委的领导主要包括“在地方国家机关、人民团体、经济组织、文化组织和其他非党组织的领导机关中成立党组”。《党章》第四十七条又规定“党组的成员，由批准成立党组的党组织决定。党组必须服从批准它成立的党组织领导”。从党的规定可以看出，党组的任务是服从、贯彻党的领导，无论是其人员构成还是主张、决定等内容都来自批准其成立的党组织。这在地方层面表现为党组直接接受

① 何俊志：《作为一种政府形式的人大制度》，上海人民出版社，2013，第103页。

地方党委的领导，即二者之间是“领导与被领导”的关系。党委对于地方事务的领导实际是寓于党组在其所在的非党组织（人大、政府、政协等）中的作用，这是“党委一元化领导”的组织体现。

关于党组的功能，在《党章》中规定为“党组的任务，主要是负责贯彻执行党的路线、方针、政策；讨论和决定本单位的重大问题；做好干部管理工作；团结党外干部和群众，完成党和国家交给的任务；指导机关和直属单位党组织的工作”。在地方人民代表大会制度中党组的功能表现为以下几个方面。(1) 在人大的立法过程中，贯彻党的指示精神和本级党委的主张、决定。《中国共产党地方委员会工作条例（试行)》对“地方党委的领导”规定为“通过法定程序使党组织的主张成为本地区的法规或政令”，即通过党组实现对人大地方立法权行使的领导。在立法过程中，党组不仅要向人大传达本级的党委的决定，而且要将人大的意见及时反馈给党委，成为党与立法机关间的中介。(2) 决定人大日常工作中的重要事项。党组与一般的党支部不同，党组本身就是带有领导性质的组织，其成员一般由人大常委会、各专门委员会和工作委员会的党员领导组成。按照《党章》的规定，党组发挥“领导核心作用”的主要内容应该是体现在它在地方党委与人大之间的中介作用以及对人大内部重大事项的领导和决定作用上。此外，党组还肩负着向本级党委提名人大干部等职责。因此人大党组除了在向本级党委负责时，也在本单位内部发挥领导核心作用。这是党组作用的双重表现。(3) 与政府、政协等其他非党组织间的党组的协调工作，实现党委领导下党内意见交流。人大党组与政府党组间的交流，既是党内意见交流、形成决策的过程，也是实际体现人大对政府监督的实然方式，它与西方议会与政府直接的、以文件等正式形式不同，是以内部讨论的方式，通过不同机构领导人和组成人员所共同的党员身份，在党框架中实现意见交换和监督，体现了“集体领导、民主集中、个别酝酿、会议决定”的原则。

（二）人大党组的作用发挥与地方人大制度的发展

通过上述关于党组在人大机构中的作用可以看出，人大党组与其他非党组织的党组一体构成了地方党委的领导体系，它以地方党委为核心，通过党委对党组的直接领导，形成了金字塔式的领导结构，由此构成党在地方层面对公共事务的领导。在制度设计层面，党通过在人大机构中的组织嵌入实现对国家权力机关的控制，这一点与西方的议会党团并无太大差异，西方议会党团同样强调党员要服从党的主张和决定。因此，强调党组在人大中作用的发挥，是完善党的执政方式的题中应有之意。通过在党委领导下不同机构内部的党组间的交流，在一定意义上实现了权力分立与相互监督，发挥不同机构各自的积极性，这一点是大有裨益的。正因如此，截至2014年5月，全国已有18个省份，党委书记不再兼任人大常委会党组书记，由专职的人大常委会副主任担任。[①] 这正是各地在自觉地发挥人大党组在人大制度中的优势和积极性，强调人大党组在其职权内的主导作用。换言之，如何使党组的作用发挥规范于宪法和法律规定的框架内，实现于人大制度的完善和发展中，是党完善其执政方式所必须要思考的问题。

纵观党组的发展历程，党组的设置实际上是在国家机关内部寻找到可以贯彻党的决定的载体。党通过组织嵌入的方式实现对人大的领导，就避免了党以直接命令的形式指挥国家机关的运作，也避免了由于党的意志无法上升为国家意志，使得党的执政地位被削弱的情况出现。但是由于《党章》规定，地方人大常委会党组必须服从于地方党委，以及党组的人员构成是由地方党委决定的。这就意味着党委的决定可能直接影响到人大机关的内部工作，即由重大事项、重大问题的领导转变为对机关内部微观工作的直接干预。而且，人大常委会党组成员以及各专门委员会中的党员同时也是人大机关内部的工作人员，作为个人，他们同时肩负着双重身份。这就很容易导致在工作中直接以党的命令和纪律要求党员服从党委的决定，从而压制了其作为人大工作人员的积极性。如何处理党在人大制度中的权力边界问题，还有待于通过相应的制度、法律设置来进行规范。

由于地方人大，特别是市县乡镇的人民代表大会及其常设机构并不拥有立法权，在县级以下的人民代表大会中，受到规模和人数的限制，很多活动主体区分并不明显，很容易让人产生误判。因而，无论是在政治资源分配还是在地方政权中人大的话语权都有待加强；特别是在乡镇一级，机构间的功能分化程度较低，党委对于国家政权机关的直接领导更明显。党组制是执政党谋求在制度内实现对国家政权机关领导的重要形式，也可以看作未来完善执政党的执政方式的重要途径。因此，探索在制度规范和实际运行程序中更好地发挥党组在地方人大中的作用也是促进人民代表大会制度发展的重要维度。同时，制度性的改革与创新更容易在地方层面得以

---

① 新华网：《全国18省份一把手不兼任人大常委会党组书记》，2014年5月13日，http://news.xinhuanet.com/renshi/2014-05/13/c_126493194.htm，2014年10月25日访问。

突破，也是改革开放以来的重要经验之一。

四　党管干部与地方人大任免权的行使落差

党管干部是中国政治生活中的重要原则与制度，党对于国家机关干部的任免和管理无可避免地要与《宪法》所规定的人大任免权的行使范围发生重叠和交叉，而又因二者的权限存在制度层面协调的空间，并由此构成党与国家制度间契合的又一个接入点。

（一）党管干部与地方人大任免权行使的范围交叉

党管干部可以理解为“从执政党运用权力推动国家和社会发展的角度，对干部的使用、干部用权的全过程进行控制，保证执政党路线、纲领、方针、政策得到执行，保证党的执政目标得以实现”[①]，因此党管干部原则是执政党必须坚持的原则，也是无可非议的内容。当然，执政党对于干部的管理和任用是在法律和制度的规范中进行的，其操作过程构成了党管干部制度。理解党管干部，首先要理解“干部”的范畴。一般来讲，党管干部是指党管理“重要干部”[②]，在与国家制度相关的领域，是指管理“国家机关的领导成员”。根据中共中央《党政领导干部选拔任用工作条例》，领导干部是指“中共中央、全国人大常委会、国务院、全国政协、中央纪律检查委员会的工作部门或者机关内设机构的领导成员，最高人民法院、最高人民检察院的领导成员（不含正职）和内设机构的领导成员；县级以上地方各级党委、人大常委会、政府、政协、纪委、人民法院、人民检察院及其工作部门或者机关内设机构的领导成员；上列工作部门的内设机构的领导成员”。

在国家政治制度设计中，地方人民代表大会及其常委会通过任免权的行使，决定国家机关的领导人的任免。根据《宪法》第一百零一条规定：“地方各级人民代表大会分别选举并且有权罢免本级人民政府的省长和副省长、市长和副市长、县长和副县长、区长和副区长、乡长和副乡长、镇长和副镇长。县级以上的地方各级人民代表大会选举并且有权罢免本级人民

① 王长江：《关于“党管干部”科学化的几点思考》，《中共中央党校学报》2006年第4期。

② 党管干部中对于“干部”的限定是指“重要干部”，对于重要干部的定义目前尚无明文规定，一般可以分为“执政党和国家机关的领导成员”以及“重要政治团体的重要干部”。参见石文龙《依法执政与“党管干部”实现方式的转变》，《理论与改革》2011年第5期。

法院院长和本级人民检察院检察长。”《地方组织法》第四十四条规定县级以上各级人大常委会“在本级人民代表大会闭会期间，决定副省长、自治区副主席、副市长、副州长、副县长、副区长的个别任免……根据省长、自治区主席、市长、州长、县长、区长的提名，决定本级人民政府秘书长、厅长、局长、委员会主任、科长的任免，报上一级人民政府备案”。因此，在制度设计中，党管干部与人大任免权的行使存在范围交叉，这就意味着二者权力的行使存在边界。

在程序上，党管干部制度在人民代表大会制度中的实现过程表现为向人民代表大会和人大常委会推荐重要干部。根据《党政领导干部选拔任用工作条例》第四十五条规定，“党委向人民代表大会或者人大常委会推荐需要由人民代表大会或者人大常委会选举、任命、决定任命的领导干部人选，应当事先向人民代表大会临时党组织或者人大常委会党组和人大常委会组成人员中的党员介绍党委推荐意见”，以及第四十六条规定“党委向人民代表大会推荐由人民代表大会选举、决定任命的领导干部人选，应当以本级党委名义向人民代表大会主席团提交推荐书，介绍所推荐人选的有关情况，说明推荐理由。党委向人大常委会推荐由人大常委会任命、决定任命的领导干部人选，应当在人大常委会审议前，按照规定程序提出，介绍所推荐人选的有关情况。”人民代表大会或人大常委会根据党委对于干部的推荐情况，审核、评议并最终决定是否通过任命。通过规定可以看出，党向人大和人大常委会推荐干部实际上经历了两个阶段：首先是党委就干部人选向人大及常委会中的党员通报、交流，其次是根据党内意见交流的反馈意见确定后，正式向人大和人大常委会提请推荐。第一过程中反映了党内民主的程序，也是保证党组在人大常委会中的中介作用发挥的重要过程。第二个过程反映了“党的主张经过法定程序上升为国家意志的过程”，赋予了党对人事安排的合法性，也为人大及其常委会行使监督权提供了制度空间。

（二）党管干部与地方人大任免权行使中的制度协调

尽管在程序安排上，党管干部程序与人大任免权行使是有规可依的，但是在实际过程中，党管干部和人大任免权行使的边界性是模糊的，诸如“未任到岗、未免离岗、突击任免”等问题十分突出，究其原因还是在制度运行过程中，党管干部与人大任免权行使中缺乏制度性的协调。

中国的地方权力结构同时存在纵向和横向的交叉分割，地方党委不仅要与人大相联系，更要服从上级党委的决定。中国单一制国家结构决定了，地方干部流动过程中的调任、“空降”等行为是中央对地方的领导体现和保证。对于部分垂直管理的政府部门，如工商、税务、海关、银监等等政府职能部门，实行垂直领导，其负责人往往由上级部门直接任命。在各项制度性监督制度尚未成熟时，对地方领导干部经常地调动可以有效防止地方腐败的滋生，巩固中央权力。但频繁的调动任免突破了任期对于领导干部的限制，更使得人大的监督无从谈起。据统计，“从 1993 年 9 月到迄今的 20 年中，邯郸市先后有 12 任市长施政，平均任期刚过 1.5 年。2006 年湖南省调查发现，某市 9 个县市区乡镇班子的 2283 名正、副职干部，不到 3 年就变动了 1426 人，占 62.5%”。[①] 按照规定，各级政府部门正职只能由人民代表大会进行任免，各级政府部门副职由人民代表大会常委会负责任免。如果按照规定，这么频繁的人事调动同时必须要求同样甚至更多次数召开人民代表大会和人大常委会会议，而每次的会议议题仅仅是对于领导干部的任免。如此一来，不仅劳民伤财，而且这么短的时间内，人民代表大会的代表和人大常委会成员根本无从详细地对该干部进行评议、审核以及进行相关的任前考察、法律测试、离任审计等，进而导致人大的任免程序成为“走过场”，甚至有的地方为了图省事让人民代表大会和人大常委会事后追认、“补程序”。

如何在发挥地方积极性的前提下保证中央的绝对权威，这是任何单一制国家所必须认真考虑的内容。任期制是对领导干部终身制破除后对地方人事变更的严格规范，既为地方干部提供了实现其公共责任的时间，也为考核监督提供了时间安排。事实上，地方领导干部既要受到同级人民代表大会和党组织的监督，也要受到上级党组织的监督，如果纵向与横向的监督都可以发挥积极的作用，那么地方领导干部的权限已经受到极大的制约。然而由于人大与政府及二者领导成员间地位的不对等，使得处于弱势地位的人大不得不强调“党的领导”而不是使用自己的职权，不敢否决党委的推荐使党委“面子上不好看”，从而换取党委对人大工作的支持。[②] 因此，发挥人大的监督作用必须要协调人大与党委间的关系。但是，增强人大地位的方式不能够重走“人治”的老路，不能够简单地依靠提高人大领导人

① 支振锋：《严格任期制，避免官员成“临时工”》，《法制日报》2013 年 7 月 15 日。

② Young Nam Cho, “From ‘Rubber Stamps’ to ‘Iron Stamps’: The Emergence of Chinese Local People’s Congresses as Supervisory Powerhouses,” *The China Quarterly* 171 (2002): 724 - 740.

的党内地位来解决人大机关的政治地位问题，而应该通过详细的规范确定党委对干部推荐过程中的权限和程序，以及与人大的协调制度，使党委推荐干部与人大任免干部的程序相契合，真正由人大通过任免程序“决定”干部的任免。

党内民主与人民民主的共同发挥，这是落实党的规定中推荐重要领导干部过程的两个侧重。实际上，“地方党委的提名权，就已经能够充分体现党委对于干部人事任免的领导和控制。只要党委的提名权得到保证，党委在干部任免过程中的权威就有保证”。[①] 落实人民代表大会及其常委会对于党推荐的领导干部的任免权，即由人大通过充分的调查、测评、审计等方式决定领导干部的任免，将党委的推荐权与人大的决定权区分明确，更好地发挥人大对于人事安排的监督，有利于克服地方党委“一把手”权力过于集中而导致的腐败。《党章》中规定的“党必须在宪法和法律的范围内活动”实际就是明确了党的权力必须在制约中行使，不能因为人大依法行使任免权与监督权形成的对党委的权力制约，就将人大权力行使与党的领导对立起来。

① 张恒山等：《依法执政：中国共产党执政方式研究》，法律出版社，2012，第225页。

中国代表制的当代实践

测量中国的选举竞争：指标建构及其验证*

何俊志*

内容摘要： 一套关于民主选举的理论体系需要阐明竞争与参与之间的内在关系，但是，先前的国内研究主要侧重于用投票率来测量参与指标而缺乏对竞争程度的测量。在检视英语学界测量选举竞争的学术文献之后，本文尝试筛选出一些适合用来测量中国地方人大代表选举的竞争指标。以上海市杨浦区人民代表大会2011年换届选举的相关记录为基础，本文在对相关指标进行验证之后，选择了其中的竞争性指数作为主要测量指标，并提供一些参照性指标。这一指标选择及其验证，将有利于测量中国地方选举的竞争程度和相应的理论建构。

关键词： 选举竞争　测量

政治学行为主义革命以来，作为民主的两个基本属性，选举过程中的竞争与参与一直是政治科学研究的重要对象。自唐斯以来，对竞争与参与间关系的研究，甚至构成了一支相对独立的研究脉络，并逐渐发展出了一套相对稳定的理论体系。[①] 在理论上，对选举过程中的参与和竞争程度的测

* 曾发表于《经济社会体制比较》2015 年第 2 期。

* 何俊志，中山大学政治与公共事务管理学院政治科学系教授，主要研究领域为比较政治学、当代中国政治、港澳政治。

① 〔美〕安东尼·唐斯：《民主的经济理论》，姚洋、刑予青、赖平耀译，上海人民出版社，2005，第 243—249 页；William H. Riker and Peter C. Ordesshook, "A Theory of Calculus of Voting," *American Political Science Review* 62 (1) (1968): 25 – 42; Gary W. Cox and Michael C. Munger, "Closeness, Expenditures and Turnout in the 1982 U. S. House Elections," *American Political Science Review* 83 (1989): 217 – 231。

量，已经是公认的评价一国民主质量的重要指标；在实践中，理顺参与和竞争之间的内在关系，也是民主选举高质量运行的重要前提。

反观中国各级政府的公报和国内学术研究的现有成果，在考察中国的选举现象时，都比较注重体现参与程度的投票率指标。自 1953 年的《选举法》实施以来，高参选率一直是一个令政界和学界骄傲且惊叹的话题，参选率高低甚至已经作为衡量选举是否成功的标志。[①] 但是，对于评价选举质量同等重要的竞争性程度，则一直缺乏基本的测量，更谈不上相关的理论研究。而中国的地方选举实践次数的增多和经济社会的发展，必然带来地方选举过程中竞争性因素的成长。为了更为全面和准确地观察地方选举过程，建立相应的理论体系，当务之急，就是要发展出一套能够测量地方选举过程中竞争性程度高低的指标体系。

作为一个初步的尝试，本文将首先考察国际学术界为了测量选举竞争而建立起的一些基本的指标体系。然后，在中国的制度背景下进行适度筛选，保留一些能够用来测量中国地方选举竞争程度的基本指标。最后，再结合中国地方选举过程的一些实际数据，验证各种指标的适应情况。

接近度与两极竞争模式的测量

所谓接近度（closeness），就是在选民投票之后，在同一选区内相互竞争的两个候选人之间所获得的选票之差。接近度系数越大，说明二者之间的差距越大，竞争程度越低；反之，则表明二者之间的竞争程度越高。在追溯接近度指标的起源方面，大多数著作都会指向唐斯所建构的“假说”。在唐斯的理性选择模型中，只有当预期收益大于成本时，理性选民才会去投票。而作为体现选举竞争激烈程度的接近度，正是理性选民所考虑的预期收益核心变量。因为当选民所预期的接近度越高时，选民所投出的选票改变结果的可能性才越大。[②] 唐斯关于理性选民的这一投票模型，被一些后来的研究者简称为“唐斯紧接近度假设”（Downsian Closeness Hypothesis,

① 汪铁民：《选民选举的心理和行为的调查分析》，载蔡定剑主编《中国选举状况的报告》，法律出版社，2002，第 150—198 页。

② 〔美〕安东尼·唐斯：《民主的经济理论》，姚洋、刑予青、赖平耀译，上海人民出版社，2005，第 243—249 页。

DCH）。[①] 围绕这一基本的假设，后继的形式和实证研究都试图回答，选举竞争的接近度高低，是否会影响到投票率。而这些研究所得以展开的一个基本前提，就是要设计出一套测量接近度的指标体系。

在明确了接近度的概念之后，测量接近度的一个最简单的模型，就是将选举竞争模式简化为两个候选人在一个选区内竞争一个职位。而接近度测量的指标设计，就是要找到一种将二者间的差距表现出来的指标。直观而言，如果以 V_1 代表当选者所获选票，V_2 代表落选者所获选票，则二者间的直接差距就可以表示为（$V_1 - V_2$）这一绝对指标。这一差值越小，说明接近度越高，选举竞争程度越高。直观而言，令 $D = V_1 - V_2$。D 越小，说明选举竞争程度越高。

但是，这里存在的一个问题在于，虽然每个选区所选出的代表名额一样，但是并不能保证每个选区的选民数量完全一样。而且，即使在选区划分时能够保证各个选区的选民数量大致相等，也不能保证每个选区参加投票的选民数也大致相等。在选区选民数和参加投票的选民数不等的情况下，仅用（$V_1 - V_2$）这一绝对指标来测量接近度，各个选区的指标就无法用来进行相互比较。

正是基于这一难题，大多数研究者都主要采用相对指标，即（V_1/V_2）、（$V_1 - V_2$）/（$V_1 + V_2$）或 V_1/（$V_1 + V_2$）等来建构接近度指标。例如，Settle 和 Abrams 曾经用当选者所获选票占总选票的比例［V_1/（$V_1 + V_2$）］，来形成接近度指标。[②] 与此类似的是，Patterson 和 Calderia 也曾经用当选者的边际获胜率［（$V_1 - V_2$）/（$V_1 + V_2$）］，即当选者所获选票比例减去落选者所获选票比例来确立接近度指标。[③] 略为不同的是，Dawson 和 Zinsor 在此前曾经用登记选民的数量来替代投票选民的数量。[④] 在系统考察上述三种测量方式之后，Cox 和 Munger 在测量选举竞争程度时，也采用了边际获胜率来确定

① John G. Matsusaka and Filip Palda, "The Downsian Voter Meets the Ecological Fallacy," *Public Choice* 77 (1993): 855 - 878.

② Russell F. Settle and Burton A. Abrams, "The Determinants of Voter Participation: A More General Model," *Public Choice* 27 (1976): 81 - 89.

③ Samuel C. Patterson and Gregory A. Calderia, "Getting Out the Vote: Participation in Gubernational Elections," *American Political Science Review* 77 (1983): 675 - 689.

④ Paul A. Dawson and James E. Zinser, "Political Finance and Participation in Congressional Election," *Annals of American Academy of Political and Social Science* 425 (1976): 59 - 73.

接近度指标。①

在上述几种指标中，适用范围较为普遍的是（V_1-V_2）/（V_1+V_2）这一边际指数。这一指数的优点是，能够以较为简单的方式测量出一个选区内候选人所获选票的接近度。不过，就这一公式计算出的结果与投票率之间的关系进行分析时，由于公共的分母就是投票率，在统计上很容易出现伪相关的现象。在 Cox 看来，为了避免在计量分析的过程中出现伪相关，直接采用绝对值（V_1-V_2）反而会更好。② 但是，如前所述，如果只有（V_1-V_2）来测量，又无法解决选民数量不等所引出的问题。因此，Cox 的这一建议所得到的回应并不多。

更为普遍的问题在于，上述所有的指标都对实际的选举情境做了过度简化的假设。这是因为，上述所有的公式都假设选举就是两个候选人围绕着一个职位展开竞争。在选区划分方式上，当代世界上只有英国、美国和加拿大等国的全国性议会选举，采用的是每个选区产生一名代表的小选区制。而且，即使在小选区内，我们也不能保证在历次选举中只有两个政党或两名候选人角逐一个职位。一旦政党或候选人数量超过两个，上述的所有指标都有产生偏差的可能。

多极模式下的多元指标

要解决上述的接近度指标的过度简化所引出的问题，出路之一就在于放松某些假设。对于接近度指标而言，放松假设的方式无非有两种：一是假设一个选区之内不止产生一名议员；二是假设参与竞争的力量不止于两极。

在放松了这两个假设之后，一些学者提出，可以适当拓宽（V_1-V_2）的解释。在原来的指标下，（V_1-V_2）被解释获胜者与落选者之差，这显然只适用于只有二人竞争的状况。但是，如果我们把（V_1-V_2）设定为获胜者中的得票最少者与落选者中的得票最多者之差，这一指标就既可以适用

① Gary W. Cox and Michael C. Munger, "Closeness, Expenditures and Turnout in the 1982 U. S. House Elections," *American Political Science Review* 83 (1989): 217 – 231.

② Gary Cox, "Closeness and Turnout: A Methodological Note," *Journal of Politics* 50 (3) (1988): 768 – 775.

于两极模式，也可以适用于多极模式。[①] 如果沿着边际指标的思路，这一边际公式就可以表示为 $[(V_1 - V_2) / (V_1 + V_2)]$。但是，由于这里的 $(V_1 + V_2)$ 显然只包含了得票最少的当选者和得票最多的落选者共同获得的选票，难以考察整体情形。因此，一些学者在将边际思维运用于多极竞争时，更倾向于使用 $[(V_1 - V_2) / V_1]$ 来进行测量。[②] 这一公式虽然也没有考察整体情形，但是可以比较灵活地测量到当选者与落选者之间的差距大小。

如果一个国家采用法国式的二轮选举制，在第一轮投票后如无人获得过半数，选举就需第二轮投票。而且，在法国式的议会选举制度下，只要在第一轮投票中获得了12.5%以上选票的候选人，就可以作为第二轮投票的候选人。在这种制度下，无论在第一轮还是第二轮投票中，都有可能有多个候选人，同样有可能存在多个政党。面对这种情况，一些学者提出，此时可以采用得票最多的候选人所获选票，减去得票第二多的候选人所获选票，再除以总选票，以形成适合多党竞争的选举制度。这一适合多党竞争的选举竞争公式可以表示为：$[(V_1 - V_2) / \sum Vij]$。[③] 相对于前面的公式而言，这一公式的好处在于，其分母是所有的选票之和，而不仅仅是前两名候选人所得的票数之和，从而在一定程度上将其他政党或候选人的影响力也纳入了考虑范围。这一公式虽然已经将分母扩展为所有的选票，但由于分子仍然是前两名候选人所获选票之差，因此仍然还主要是在测量前两名候选人之间的得票接近度。

为了能够测量到更多的政党与候选人之间的接近度关系，一些学者开始采用相反的思路，通过引入熵（entropy）的概念来测量选举竞争的动荡（instability）程度。简而言之，这一熵指数可以概括为：$ENT = -a_1 \times \ln(a_1) - a_2 \times \ln(a_2) - a_3 \times \ln(a_3) - a_4 \times \ln(a_4)$。在这一公式中，假定有四位候选人参选，$a_1$ 即为第一位候选人所获选票除以四位候选人所得选票总数的商，依此类推，a_2、a_3 和 a_4 分别为第二、三、四位候选人所获得选票与总票数之

① Gary W. Cox, Frances M. Rosenbluth, and Michael F. Thies, "Mobilization, Social Networks, and Turnout: Evidence from Japan," *World Politics* 50 (1998): 447 - 474.

② James W. Endersby, Steven E. Galatas and Chapman B. Rackaway, "Closeness Counts in Canada: Voter Participation in the 1993 and 1997 Federal Elections," *Journal of Politics* 64 (2) (2002): 610 - 631.

③ Christine Fauvelle-Aymer and Abel Francois, "The Impact of Closeness on Turnout: An Empirical Relation based on A Study of Two - Round Ballot," *Public Choice* 127 (2006): 469 - 491.

商。① 但是，这一指数的问题在于，它假设所有选区的规模和候选人人数都一样，在客观上要求在同一区域内所有的选区规模都一样。这在现实之中显然是不太可能出现的。

为了解决同一行政区域内不同选区规模的测量问题，又有学者提出了用竞争指数来统一测量大小不一的各选区的竞争程度。这一竞争指数的公式为：$C_{kj}=K^{k}\Pi_{i=1}^{k}P_{ij}$。其中 K 为选区政党数量，$P_{ij}$为第 i 个政党在第 j 个选区所获得的选票比例。其分值介于 0 与 1，当某个政党得票为 0 时，竞争指数为 0；当各党均分选票时，分值为 1。② 显然，分值越高，说明各党之间的竞争程度越高。这一公式的优点在于，它既适用于两党竞争模式，也适用于多党竞争模式，同时可以对不同规模的选区进行比较。

与此类似的是，还有学者设计出了分化（fractionization）指数来测量政党之间的分化程度。这一分化指数的公式为：$F=1-\sum_{i=1}^{n}\frac{\left(\frac{N_i}{N}\right)(N_i-1)}{N-1}$。其中 N 为选民所投的有效票数，N_i 为某个政党所获的选票数，n 为选区政党数量。③ 可以设想：当只有两个政党竞选且只有两位选民投票时，如果某一候选人获得了全票，则 $F=0$；如果两人一人得一票，则 $F=1$。因此，对于这一公式而言，其分值同样介于 0 与 1，越近于 1，说明选票分布的异质化程度越高，从而也表明选举竞争程度越高。

显然，同样是在多数决制的规则下，这里所列出的五种指数都可以适用于多个候选人或政党竞争的多极模式。不过，在尝试将这些指数用于测量中国的地方选举时，我们还必须要考虑到中国所特有的选举制度所提出的一些特殊要求。

测量中国地方人大选举竞争的主要问题

全国人大常委会在 1979 年修订选举法时，就已经抛弃了先前的等额

① Gebhard Kirchgässner and Anne Meyer Zu Himmern, "Expected Closeness and Turnout: An Empirical Analysis for the German General Elections, 1983 – 1994," *Public Choice* 91 (1997): 3 – 25.

② James W. Endersby, Steven E. Galatas and Chapman B. Rackaway, "Closeness Counts in Canada: Voter Participation in the 1993 and 1997 Federal Elections," *Journal of Politics* 64 (2) (2002): 610 – 631.

③ Henri Capron and Jean-Lois Krusman, "Is Political Rivalry An Incentive to Vote?", *Public Choice* 56 (1) (1988): 31 – 43.

选举原则而代之以差额选举原则。差额选举和秘密投票等原则的确立，实际上已经在制度层面上为中国地方人大代表的选举提供了竞争性空间。虽然在选举实践中，整体竞争的程度并不高，竞争过程的公开性和规范性程度也不足。但是，国内外的观察者已经注意到，在运行层面上，中国的选举制度已经可以纳入半竞争性选举制度的范畴。① 在竞争的分布并不均衡的背景下，某些地方的选举竞争已经达到了相当激烈的程度。② 可以预见的是，随着社会经济的发展和选举次数的增多，中国地方人大代表选举过程中的竞争程度还将进一步提高。在这种背景下，现实状况和未来发展，都需要学术界构建出一套能够有效测量中国地方选举竞争情况的指标体系。遗憾的是，在中国的地方人大研究领域，目前还并没有看到这样的指标出现。

在参考国外学者的相关研究成果，并考虑将其用于测量中国地方人大代表选举过程中的竞争程度时，必须要考虑到下列基本前提。

第一，中国的人大代表选举是在中国共产党的领导下展开的，中国共产党在领导选举的同时，也作为政党提出候选人。中国有中国共产党领导下的八个民主党派和其他的人民团体，在代表选举的候选人提名过程中，各地的基本做法都是，由中国共产党和各民主党派及人民团体联合提名候选人。因此中国的地方选举就无法测量政党之间的竞争情况，最多只能测量候选人之间的竞争状况。

第二，中国的选举法为地方选举机构提供了一套弹性的选区划分体系。法律只规定了每一选区的代表名额为1—3名，具体如何划分的权力则授予各地的选举委员会。由此而形成的局面是，即使在同一个行政区域内，每次选举都同时存在着1人选区、2人选区和3人选区，且均以绝对多数决确定谁获胜。这种选区划分制度就决定了，中国的选举制度既不是单纯的小选区制，也不是与比例代表制相匹配的大选区制，而是一种同时在特定区域内并行采用1人选区、2人选区和3人选区的选区制度。

第三，由于中国的选举法区分了初步代表候选人与正式代表候选人，

---

① Tianjian Shi, "Voting and Nonvoting in China: Voting Behavior in Plebiscitary and Limited - Choice Elections," *The Journal of Politics* 61 (4) (1999): 1115 - 1139; Melanie Manion, "Chinese Democratization in Perspective: Electorates and Selectorates at the Township Level," *The China Quarterly* 163 (3) (2000): 764 - 782.

② Junzhi He, "Independent Candidates in China's Local People's Congresses: A Typology," *Journal of Contemporary China* 19 (64) (2010): 311 - 333.

同时规定，直接选举的正式代表候选人人数应多于应选代表名额的三分之一至一倍。在实践中，一个操作性的惯例是，各地为了提高一次选举成功率，一般都将正式代表候选人的人数确定为比代表名额多一名。因此，就正式代表候选人的人数而言，中国的地方人大代表选举就只存在三种情况：代表名额为1的选区有2名候选人；代表名额为2的选区有3名候选人；代表名额为3的选区有4名候选人。

第四，与封闭名单的比例代表制不同的是，中国地方选举的代表候选人是按照姓氏笔画排名，而不是像封闭名单的比例代表制那样，由各政党自行决定本党的候选人的排名顺序。这一特征就决定了，我们不能像封闭名单的比例代表制那样，可以直接从候选人的排名顺序中看出当选的可能性。

最后，中国的选举法和选举实践在压缩正式代表候选人人数的同时，还为选民设置了“另选他人”的选项。这一制度安排所导致的后果是：尽管正式候选人的人数非常有限，但是在投票之前，根本无法了解到底有多少选民会以“另选他人”的方式写入候选人。这一特征在现实之中显然会给我们的测量带来一些新的难度。不过，在大多数情况下，当选区人数达到一定规模，“另选他人”所产生的选票又不构成实质性影响的情况下，这一点也可暂时不予考虑。

建构测量中国地方人大代表选举竞争的指标

在考察中国的村民委员会选举的竞争程度时，孙龙和仝志辉曾经建构过一套测量村民委员会选举竞争程度的指标，即 $Y=1-(X_1-X_2)/X_0$。其中，Y 为竞争性指数，取值范围介于0到1，取值越大说明竞争性程度越高；X_0 为回收的有效票数；X_1 为当选的村委会主任得票数，X_2 为得票最多的落选村委会主任得票数。[①] 显然，这里所建构的指标所采用的正是接近度的思路，而且也考虑到了有多个候选人竞争同一职务的可能性。但是，由于村委会主任只有一个职位，这一指标也就难以适用于有几个职位的选区。

考虑到中国地方人大代表选举制度的上述特征，第一部分中所列的各

① 孙龙、仝志辉：《程序引导与村委员会选举的规范化：吉林省五县40个村第五届村委会换届选举的调查分析与思考》，载刘亚伟主编《无声的革命：村民直选的历史、现实和未来》，西北大学出版社，2002，第141页。

种接近度指标，都将无法直接用来测量中国地方人大代表选举的竞争程度。与此同时，由于选区大小并不统一，熵指数也难以直接适用。同时，由于中国的地方人大选举制度采用的是多数决制，所有其他以比例代表制为基础的指标体系也将无法适用。在排除了上述的指标体系之后，余下的就仅有三种指标，即在多人竞争中考察竞争程度的边际指标、竞争指数和分化指数，才有可能在一定程度上用来测量中国地方选举的竞争程度。不过这三种指标也只能改造为测量候选人之间的竞争，而不是政党竞争程度的指数。

在考虑适用了多极竞争的边际指标时，前述的讨论实际上为我们提供了三套参考指标，即 $(V_1-V_2)/(V_1+V_2)$、$(V_1-V_2)/V_1$ 和 $(V_1-V_2)/(\sum Vij)$。为了同时适应多人选区，这里的 v_1 即为当选者中得票最少者，V_2 为落选者中得票最高者。为了与下列的讨论相匹配，我们可以将这三套边际接近度指数分别表示为：$M_1=1-(V_1-V_2)/(V_1+V_2)$；$M_2=1-(V_1-V_2)/V_1$；$M_3=(V_1-V_2)/(\sum Vij)$。$M_1$、$M_2$、$M_3$ 均介于 0 到 1，值越大表示竞争程度越高。

结合中国现行的选举制度，我们可以把选区大小不一的中国地方人大代表选举的竞争指数设定为：$C_{kj}=K^k\Pi_{i=1}^k P_{ij}$。其中 K 为选区的正式候选人数量，$P_{ij}$ 为第 i 个候选人在第 j 个选区所获得的选票比例。其分值介于 0 与 1 之间，当某个候选人得票为 0 时，竞争指数为 0；当各个候选人均分选票时，分值为 1；或者说，分值越大，代表竞争程度越高。举例而言，如果某一选区选 3 名代表，则根据现行法律和实际操作，实际候选人人数为 4，如第一候选人得票为 50%，第二候选人得票为 30%，第三候选人得票为 15%，第四候选人得票为 5%。则 $C_{kj}=4^4\times0.5\times0.3\times0.15\times0.05=0.288$。

同理，我们也可以把选举分化指数直接改造为：$F=1-\sum_{i=1}^{n}\frac{\left(\frac{N_i}{N}\right)(N_i-1)}{N-1}$。其中，N 为选民所投的有效票数，$N_i$ 为某个候选人所获的选票数，n 为正式候选人的数量。这一指数同样是在 0 到 1 之间，分值越接近 1，说明竞争程度越高。

在投票和计票方式方面，中国的选举制度还有一个独特的地方在于，选民数与选票数并不完全相等。根据当前通行的选票设计要求，选民在投票时是对自己支持的候选人划圈。当选区名额超过 1 名时，选民在投票时就同时圈选了 2 名或 3 名候选人，从而导致计票时的选票数大大超过选民数。

但是，在计票环节，在确定候选人所获选票是否过半时，现行《选举法》第四十三条的规定是，代表候选人获得参加投票的选民过半数的选票时，始得当选。由此形成的情形就是，在2人选区和3人选区，同时会出现2人以上的候选人获得过半数的选票。

显然，由于选区规模大小不等，再加上中国地方选举中独特的计票方式，导致了在2人选区和3人选的选民数与选票数出现不对称的可能。1人选区的选民数与选票数相对称，而2人和3人选区的选民数与选票数不对称，会导致在选区竞争程度比较时的扭曲状况。

表1　选区规模、选民人数、加权选民数与当选门槛

选区规模	选民数	总票数	加权选民数	当选门槛
1	1000	1000	1000	501/1000 = 0.501
2	2000	4000	4000	1000/4000 = 0.25025
3	3000	9000	9000	1501/9000 = 0.1677

资料来源：笔者根据法律和实践规定自制。

为避免这一扭曲的可能，办法之一，就是对2人选区和3人选的选民数进行加权，即在计算候选人所获得的选票和总票数时，无论选区大小，统一计算选区的选票数，即加权选民数。此时，在多人选区中，选票的总票数就不是选民所投票的选票张数，而是各候选人所获得的选票数的加总。

指标验证与选择

在抽象层面上，我们在上一部分中筛选出来的5种竞争指标，即M_1、M_2、M_3、C和F都可以用来测量中国地方人大代表选举的竞争程度。但是，在我们具体使用这些指标来进行测量之前，还必须要先对其进行验证，以检验其效度和信度。接下来，本文将以上海市杨浦区2011年区人大代表换届选举的资料为基础，对上述指标的适应情况进行验证。

在2011年的换届选举中，上海市杨浦区共有662311位登记选民，其633213位选民实际参加了投票，登记选民的投票率达95.6%。在选举过程中，区选举委员会将662311位登记选民划分为134个选区。按照操作惯例，1人选区的候选人为2位；2人选区的候选人为3位；3人选区的候选人数为4位。由此，一共有452位正式代表候选人分布在134个选区之中，最后

产生了320名区人大代表。

表2　上海市杨浦区代表换届选举选区划分（2011）

选区规模	1人选区	2人选区	3人选区
数量	13	58	63

资料来源：上海市杨浦区人大常委会，2011.

由此而形成的候选人的基本分布模式是：所有的选区都至少有2位候选人，有121个选区有3位候选人，有63个选区有4位候选人。按照得票多少排序，候选人在各选区的得票基本情况如表3。

表3　候选人得票情况概要

候选人	观察值	平均得票	标准差	最小值	最大值
得票第一多的候选人	134	3996.59	1561.73	958	10058
得票第二多的候选人	134	3691.73	1642.53	85	9795
得票第三多的候选人	121	2710.65	1935.38	170	9487
得票第四多的候选人	63	1350.85	1226.81	433	9126

资料来源：上海市杨浦区人大常委会，2011。

以上述数据为基础，我们可以逐一求出各个选区的竞争指数。根据五种指标的计算结果表明，边际指标的内部差异较大：同样是边际指标，平均值的最大值是M_3，最小的是M_2。这不但表明各种指标的计算结果的差异较大，同时还反映出边际指标内部的差异也较大。

表4　五种竞争指标的计算结果比较

指标	选区数	平均值	标准差	最小值	最大值
M_1	134	0.4634	0.1938	0.1118	0.9895
M_2	134	0.3259	0.1979	0.0592	0.9792
M_3	134	0.7329	0.1358	0.1171	0.9933
C	134	0.4780	0.1383	0.1758	0.8626
F	134	0.6743	0.1107	0.1192	0.8611

资料来源：杨浦区人大常委会，2011。

为了进一步验证各种指标之间的一致性程度，我们可以计算五种指数的相关系数，并根据相关系数来先确定哪几种指标之间具有的一致性程度相对较高。

从表5中可以看出 M_1、M_2 和 M_3 与所有的其他指标都存在着显著的相关关系，而且 M_1 和 M_2 之间的相关系数极高。C 和 F 分别与 M_1、M_2 和 M_3 相关，但是二者之间并无显著的相关关系。但是相关关系的高低，只能表明各种指标之间的关系，并不能作为何种指标适合测量选举竞争的标准。为了进一步验证各种指标的适宜性程度，我们还可以通过图形来显示五种指标在各选区的分布情况（见图1）。

表5　五种指标之间的相关系数矩阵

	M_1	M_2	$M3$	C	F
M_1	1.0000				
M_2	0.9828*	1.0000			
M_3	0.6860*	0.6563*	1.000		
C	0.6820*	0.5922*	0.3453*	1.0000	
F	0.3857*	0.3432*	0.9014*	0.0214	1.0000

注：* p = 0.05

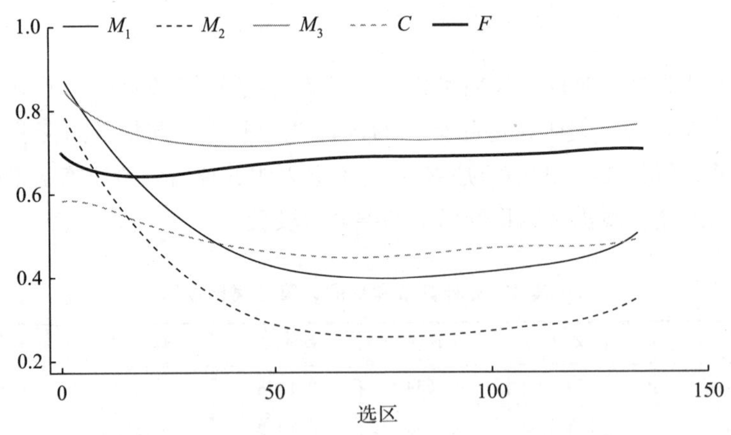

图1　各选区选举竞争程度分布：五种指标的比较

资料来源：笔者自制。

图1反映出，各种指标所反映出的总体分布趋势较为一致，但是部分指标偏向于高估竞争程度，而部分指标则偏向于低估竞争程度。为了进一步确认各种指标的竞争程度，我们还可以通过竞争程度的高低与选区规模大小进行比较，以做最后的判断。

在比较选举制度研究中，一项公认的基本规律是，选区越大，竞争程度越低；选区越小，竞争程度越高。[①] 依据这一原理，在表6中，就只有竞争指数 C 最符合这一标准。M_3 和 F 则直接违背了这一标准。M_1 和 M_2 比较符合从1人选区到2人选区的情况，但是不符合从2人选区到3人选区的情况。再结合图1的情况可以看出，C 和 M_1 正好位于五种指标的中间，即偏高估计和偏低估计值之间。结合上述的图和表的分布情况，我们已经可以得出结论，在上述五种指标都可以用来测量中国地方选举竞争程度的大背景下，竞争性指数 C 是最为理想的指标，边际指标 M_1 是第二理想的指标。

表6　选区规模与竞争程度：均值比较

选区规模	M_1	M_2	M_3	C	F
1人选区	0.5314	0.4000	0.5314	0.5911	0.4519
2人选区	0.4495	0.3146	0.7035	0.4948	0.6411
3人选区	0.4621	0.3210	0.8016	0.4393	0.7507
平均	0.4634	0.3259	0.7329	0.4780	0.6743

资料来源：笔者自制。

结论与讨论

结合先前的文献传统、中国的制度背景和可能的经验数据，本文的基本发现是，可以解决同一行政区内选区规模不等的选举竞争指数（competition index）是目前而言，最适宜用来测量中国地方选举竞争程度的指标；体现得票最少的当选者与得票最多的落选者间的边际差异值的 M_1，是可以用来测量中国地方人大代表选举的竞争程度的次优指标。

这一发现的基本意义在于，后来的研究者可以用本文所检验过的两套指标体系，来对中国的地方选举进行基本的测量，以初步解决选举研究中竞争程度测量的这一基本问题。而在竞争测量的基本问题解决之后，后续的研究才能在更大范围内，对中国地方选举的竞争程度做更为真实和广泛的描述，从而在学术界呈现出中国地方选举的知识图景。

① 〔美〕阿伦·李帕特：《选举制度与政党制度》，谢岳译，上海人民出版社，2008，第11页；Maurice Duverger, "Duverger's Law: Forty Years Later," *Electoral Laws and Their Political Consequences*, Edited by Bernard Grofman and Arend Lijphart, New York: Agathon Press, 1986, pp. 69 – 84。

以此为基础，这些测量的结果还可以用来进一步检验中国地方选举中的选举竞争程度与选举参与程度、选区属性、候选人数量与特质等其他相关变量间的关系。只有在学术界能够在上述变量之间建立起基本关系之后，才有可能立足于中国的背景，发展出关于选举竞争与选举参与之间的理论体系。而且，只有在这些理论体系发展出来之后，我们才能够有效地与其他国家和地区的选举研究进行新的对接。

由于主题和篇幅限制，本文并没有对建构和选择出来的这些指标做进一步的检验，即利用这些测量结果，尝试建立选举竞争程度与其他变量之间的关系。这或许正是后续的研究需要随即跟进的领域。另外，在验证这些指标的适应性程度时，由于资料限制，本文主要使用的是官方公布的正式代表候选人的数量。对于文中曾经提到的“另选他人”选项所引出的更为复杂的问题，本文也没有做更为细致的讨论。“另选他人”选项的存在到底会产生何种可能的结果，还需要更为详细的数据才能验证。

让人大代表履职更有效

——温岭市人大代表工作站研究*

郎友兴　孙娟文　张学明**

内容摘要：宪法和法律确定了人大代表的角色定位以及代表职责。然而在现实工作当中，代表的履职情况，尤其是闭会期间的履职情况并不尽如人意。代表意识不强、同选民联系松散、监督力度较弱等问题影响了人大作用的发挥。本文以温岭人大代表工作站为例，探索人大代表工作站对代表履职所起到的作用，期望能够充实相关领域的研究，并为人大制度的进一步完善提供思路。温岭市人大代表工作站是为了改善代表履职情况而进行的创新，经过多年的探索和发展，工作站制度逐步得到完善。代表工作站通过多种途径为代表搭建了履职平台，工作站密切了代表同选民的联系，加强了人大对政府机关的监督，激活了人大的作用，提高了代表履职的有效性。但是，为代表搭建了履职平台的工作站依然有不少完善的空间。

关键词：人大制度　人大代表工作站　人大代表履职　履职有效性

导　论

在我国，一切权力属于人民，人大代表是人民权力的行使者，这就要

---

* 文章大部分内容发表于《江苏行政学院学报》2014 年第 5 期。

** 郎友兴，浙江大学公共管理学院政治系主任，教授；孙娟文，浙江大学公共管理学院硕士研究生；张学明，浙江省温岭市人大常委会主任。

求人大代表能够同人民群众保持密切联系，切实代表人民的利益，表达人民的诉求。《代表法》对人大代表在开会期间的活动有较为详细的规定，然而，有关人大代表在闭会期间的职责和义务，我国宪法只有原则性的规定，没有详细的和可操作的约束方式。从实际情况上看，各级人大代表在闭会期间的履职不容乐观。

为了保证代表履职的成效，各地结合实际已经进行了不少的探索，以求实现对代表履职的推动、激励与监督作用。比如上海市的代表建议办理制度；湖南、宁夏等地的代表建议承办单位负责人及其直接负责人员责任追究制；山东安丘市的代表“面对面”交办、征求意见、向常委会汇报办理进展、反馈办理结果制度；福建、广州、河北馆陶等地的代表建议办理“回头看”制度等。[①] 其中，一个值得关注的制度性创新就是人大代表工作站的建立。浙江省温岭市的人大代表工作站在成立之后颇有成效，为人大制度创新、改善代表履职情况提供了有效途径。本文以温岭人大代表工作站为例，探索人大代表工作站对代表履职所起到的作用，期望能够充实相关领域的研究，并为人大制度的进一步完善提供思路。

一　人大代表有效履职的难题

“人大代表”不是荣誉称号，其背后的实质是人民的重托。代表职能大体可分为会议期间职能与闭会期间职能。可是，从长时段来观察，各级人大代表在履职的有效上均存在不少问题，尤其在闭会期间的履职，不尽如人意，与人民的期待有相当的距离。从代表履职的有效性角度来看，代表履职的主要问题有四个方面。

第一，代表履职意识不强。代表意识的缺失影响了代表的主观能动性以及履职积极性，是阻碍代表履职的基本因素。不少代表在对自身的定位和认识上存在偏差，对自身的权利和义务并不明晰，将关注点放在“人大代表”这一身份上，而不了解在“人大代表”四个字之下所包含的责任。一些代表对自身义务没有清晰的认识，将自己视为“荣誉代表”，将代表身份视为国家赋予自己的荣誉称号。代表无疑是光荣的，他们由人民选举产生，肩负人民赋予的重托，直接履行国家权力。然而，荣誉并不是荣誉称

① 杨志勇：《履职：步履坚定稳健——2003 年至 2007 年地方人大代表工作回眸》，《中国人大》2008 年 2 月 25 日。

号，这份荣誉更重要的内涵是尽心履行国家职务。也有些代表没有充分行使自身权利。他们认为个人能力有限，不足以改变现状，也迫于现实的压力，不敢大胆直言，担心得罪上级，一味附和他人。当然，这些情况同我国政治发展的总体状况有关。在人代会期间，政府机关对人大有些忌惮，但在会后，人大的威慑力急剧下降，甚至在极个别政府机关的眼中几乎形同虚设。这一现实影响了许多代表履职的积极性。毋庸置疑，这种情况确实为代表履职带来了困难，却不能够成为不作为的理由。

第二，代表能力不足。代表的履职能力，是指在履行代表行使管理国家权力的职责中，人大代表所需要和必备的思想意识、方式方法、技能技巧的综合主观条件。[①] 实际上，代表意识和代表履职能力共同构成了代表履职的主观条件，前者为履职提供基础，后者使履职变为可能。如果说代表意识是人大发挥作用的基本前提条件，那么代表的能力则直接影响人大发挥作用的质量。代表履职能力不足以及学习交流活动的缺乏，在一定程度上会导致代表想为却不能为、心有余而力不足的情况。就现实情况来看，人大代表的能力与素质恐怕并不能满足国家和人民群众的期待与要求。人大代表来自不同的职业、不同的岗位，他们的知识水平、思想观念、能力素质等都具有差异性。就调查数据来看，温岭市人大代表以初中及以下学历为主，占33.89%，高中、职高、中专学历次之，占33.19%。虽然学历不等于学习能力和思想观念的情况，但是，它一定程度上可以说明问题。尤其是基层代表，思路不够开阔，学习积极性和学习能力较低，对时政内容关注度不高，对党和国家的法律法规、方针政策了解程度较低。这为有效履职带来较大阻碍。

第三，缺乏同选民、人民群众紧密联系的有效机制。人大代表，尤其是基层人大代表是联系人民群众和政府机关的纽带，密切联系群众也是人大代表的基本职责。但是，代表联系群众的工作现状不容乐观。不仅群众对人大代表不够了解，对人大代表的认同度也不高，更主要的是缺乏有效的联系机制。首先是缺乏联系群众的具有可操作性的规定。按照代表法的规定，人大代表在闭会期间要密切联系群众，但是多久联系一次，如何形成联系都没有明确的具体的规定。这就导致联系群众的工作没有规章可循，较为随意，缺乏规范性，不少地方人大并没有将这项工作真正落到实处，没有形成一项常规的工作事项。此外，即使人民群众有向人大代表反映问

① 陈龙滨：《探究人大代表履职能力的提升途径》，《赤子》2014年第17期。

题的迫切愿望，人大代表也非常希望同人民保持密切的联系，但是仍然缺乏一个有效的平台。虽然在闭会期间，人大代表以代表小组为依托开展活动，但小组活动没有一个较为固定的场所。以温岭市来讲，在代表工作站成立之前，以代表小组为主要的活动单位，一年一般开展十次左右的活动。除此之外，温岭市人大将8月份确定为代表活动月，代表在8月份集中开展联系选民等工作，此外，还会召开“小人代会”，具体来讲是以一天为期，召开一府两院工作报告会。但是，这种活动缺乏连续性，开展活动的时间、次数等也没有明确的制度规定，致使代表活动具有较大的随意性，活动效果也不能得到保障。

第四，监督力度的欠缺。监督权是人大一项非常重要的职权。然而，就现实情况来看，人大监督的作用有限。人代会期间，代表对一府两院工作报告的审议所具有的实质效果有限，有些人大工作落后地区的代表在会上根本不仔细听取报告内容，一味举手通过。闭会期间人大的监督作用更是难以落到实处。这种情况的出现与我国的体制有关。从国家政策的决策、执行、监督过程的角度来看，体现为“党政双轨行政”的独特结构，而人大的监督对象是一府两院不包括党委，但是党委和政府联合决策的现象大量存在，为人大监督造成不便。[①] 然而除了深层次的体制因素之外，我们也应该着眼于人大自身工作所存在的问题。一是人大以及人大代表的监督意识不强。要让一府两院重视人大监督，要让群众相信人大监督，首先需要人大和人大代表意识到自身肩负的责任，以及人大监督的重要地位。目前，对于国家机关工作的监督仅限于会上审议一府两院的工作报告，表决议案，而且在审议过程中，不少代表仅仅是“举手机器”。而在闭会期间，人大的监督作用更弱小。监督权是一把宝剑，却极少出鞘，不能形成对国家机关的有力监督，人大的作用受到严重束缚。二是地方人大有关开展监督工作的制度不到位。《宪法》以及《地方组织法》关于地方人大监督工作的规定都是原则性的，并不具体，也缺乏操作性。针对此种情况，极少有地方人大在法律法规的指导原则之下对本级人大的监督工作因地制宜地做出详细规定，致使人大监督的组织方式、活动安排及参与人员等无章可循，不少地方人大在闭会期间的监督流于形式。以温岭市为例，闭会期间的人大监督主要就是以代表小组为依托，40多人集体行动，每年不固定地举行几次活动。接待人大代表的被监督单位常常“好吃好喝”招待代表，而人大代

① 肖蕾：《浅议当前人大监督存在的问题及实践创新》，《法制与经济》2008年第3期。

表也秉承“你好我好大家好”的思想观念。这种活动方式的形式意义往往大于实际意义，人大监督的实际效果得不到保障。

总之，人大代表是人大代表制度发挥作用的关键因素，我国的宪法和法律对代表的角色定位和职责做出了规定。然而，从以上论述中可以看出，虽然不少地区为促进代表履职采取了一些措施，但是代表履职仍然存在问题，履职的有效性相当不足。因此，有必要创新人大履职机制，为代表履职提供充足的空间与便利的渠道。

二　诸种新尝试与温岭市人大代表工作站的产生与运行

代表在闭会期间的活动，是代表执行职务的重要内容，是代表参与和监督落实人大的决议、协助政府推行工作、密切联系人民群众的主要途径，也是代表为在会议期间做好工作所作的必要准备。① 目前，人大代表在闭会期间履职的主要方式就是参加代表小组的活动。但是，代表小组的法律地位并不明晰，而且活动太过宽泛，缺乏可操作性。

一些地区结合地方实际做出促进代表闭会期间履职的尝试，而温岭市人大代表工作站的创立是其中的典型。从本质上讲，为代表闭会期间履职而设定的制度，基本上都是为了确保代表与选民之间保持密切联系。温岭市人大代表工作站制度就为维持这种联系提供了良好途径，具有示范意义。

（一）温岭市人大代表工作站的建立过程

温岭的“参与式预算”是指公民以民主恳谈为主要形式参与政府年度预算方案讨论，人大代表审议政府财政预算并决定预算的修正和调整，实现实质性参与的预算审查监督。② 参与式预算从 2005 年至今，对激发温岭市基层人民代表大会以及人大代表的活力与作用具有重要意义。为了搭建代表与群众间沟通的桥梁，进一步发挥人大的应有作用，温岭市进行人大代表工作站的建设工作。

2005 年，箬横镇设立人大代表接待室，由 35 名人大代表分组轮流开展

① 李宏祥、王勇：《人大代表的合理构成和提高代表素质的途径》，载李步云主编《地方人大代表制度研究》，湖南大学出版社，2002，第 108 页。

② 张学明：《从“政府预算”到公共预算——基于浙江省温岭市参与式预算的实践与思考》，《中共浙江省委党校学报》2010 年第 4 期。

工作。代表接待室将每月农历初八定为接访日，此外还将代表的姓名、联系方式等基本信息向社会公布，以便随时接受群众来访。然而，起初代表接待室的职能主要是接待选民来信来访，作用较为单一。一些代表以扩展接待室职能为出发点，开始了建立工作室的探索。从“江根德人大代表工作室”开始，以代表个人名义建立的工作室出现，逐步发展为民众诉求、代表履职的平台。箬横镇在调研的基础上，率先在全镇开展创建“人大代表工作室”活动，2008 年 8 月 18 日，箬横镇首批三家人大代表工作室挂牌成立。代表工作室的职能相对人大代表接待室有很大的扩展，除了接待群众来访以外，工作室还组织代表进行监督，向群众宣传宪法、法律，组织群众学习党和国家的方针政策，组织代表拟定议案、建议、批评等材料，为人代会做好前期准备。代表工作室的职能更为多样化，活动形式与活动内容也更为丰富，为代表工作站的建立奠定了重要基础。在总结箬横镇经验的基础上，温岭市人大常委会于 2009 年提出“稳步拓展以选区为单位的代表工作站创建工作”。同年，出台《关于市人大代表工作站建设的意见》。从此，温岭市人大代表工作站的建设工作开始制度化和规范化。之后，温岭市人大代表工作站步入了快速发展的时期，目前，代表工作站已经覆盖了温岭市各乡镇（街道），成为提升代表履职有效性的重要途径。

（二）工作站运行的基本框架

人大代表工作站经过试点、全面创建、巩固深化等阶段，大体形成了自身的运行框架，并且在不断地发展完善。

第一，温岭市的行政区划大体是市—乡镇—管理区—村。管理区即乡镇合并之前的旧乡镇的地域范围。工作站就是在管理区的基础上建立的。这就避免了按选区划分而出现的代表人数过少的问题。

第二，在人员构成方面，人大代表工作站以所在选区或区片的市人大代表为主体建立，同时吸收所在区域的镇人大代表或邀请所在地的上级人大代表共同参与。工作站负责人往往由工作能力强、责任心重、威信力较高的人大代表担任，站长的选择往往非常慎重。

第三，关于代表工作站的活动原则，工作站在市人大代表小组的指导下开展活动，并且以集体活动为主，活动主题应紧紧围绕本地经济社会发展的重要问题以及群众关注度高的突出问题。

第四，代表工作站活动的主要内容有学习宣传宪法、法律、人大及其常委会的决议决定；围绕热点问题走访调研；听取选民意见，接受选民监督；配合市人大代表小组以及基层人大要求的工作等。

第五，在工作站活动纪律方面，要求工作站每月组织开展一次集体活动，活动时间要相对固定，活动方式多样化。工作站应建立代表签到、活动记录、选民反映情况登记处理和重要情况报告等制度并认真执行，相关材料要妥善保管。

三　温岭市人大代表工作站提高代表履职有效性的途径

温岭市人大代表工作站主要通过下列方式提升代表履职的有效性。

第一，学习交流机制。定期组织人大代表进行学习、交流是一项非常重要的工作。然而，此类活动往往容易被忽视，组织的频率较低，效果较差。温岭市人大代表工作站通过“代表之家”等活动形式组织代表学习履职知识、交流履职经验。除了温岭市人大会组织代表学习培训外，许多乡镇人大也将这种学习交流活动制度化，比如泽国镇人大代表小组将组织代表学习培训、开展代表工作站活动情况经验交流活动等列入工作计划。根据统计，学习交流活动是温岭市人大非常重要的一项活动，发挥了不可或缺的作用。

一方面，学习交流活动有利于提升代表素质。由于我国的人大代表实行兼职制，绝大多数代表有自己本身的职业，代表工作具有明显的义务性质，在不少情况下，代表活动会与本职工作发生冲突。因此，要保质保量完成工作任务、履行代表职责，需要代表具有一定的奉献精神。此外，组织代表集中学习党的方针、政策以及各项重大会议体现的精神，引导代表注重时政，提升人大代表的思想觉悟。

另一方面，学习交流活动能够提升代表的履职能力。我国的代表是兼职代表，他们并非专门从事代表工作，换言之，人大代表在自己的本职工作当中具有很高的专业素养，但在承担人大工作时却不一定得心应手。因此，对人大代表进行培训是必要的。石塘镇人大提出了要对代表实施“岗前”和“岗中”培训，即在新当选的代表正式任职前转换角色位置、增强角色意识，在任职过程中定期开展学习，使代表们及时了解新形势、新情况，学习新的政策和法律、法规，交流履职经验。

第二，联系选民的平台建设。《代表法》规定，人大代表应当与原选区选民或原选举单位和人民群众保持密切联系，听取和反映他们的意见和要求。在现阶段，我国的人大代表都是兼职代表，代表往往面临履职方面的问题，缺乏充足的时间、精力。同时，由于代表人数较多，涉及的选民广泛，代表往往难以组织起来行使职权，在联系选民方面存在不少困难。在工作站出现之前，温岭市的许多问题得不到反映，群众希望问题得到妥善解决却苦于没有表达诉求的渠道。比如箬横镇一些居民擅自使用土锅炉的问题以及码头过少不能满足渔船停泊和交易的问题，温峤镇电网老化的问题等等。这些问题长期得不到关注和解决，人大代表也没有对这些问题有充分的认识和了解，没有发挥应有作用。问题的搁置以及联系渠道的不畅通引起了群众的不满，阻碍了人大作用的发挥。

代表工作站的出现令人耳目一新，它为代表联系群众提供了平台，成为联结双方的重要纽带，为代表发挥作用提供了有效途径。工作站亮出了代表身份，更亮出了工作责任，促使人大代表牢记自身的使命和职责。人大代表履职不应当只是接受群众诉求，仅仅停留在被动层面的履职是不充分的。人大代表应当融入自己的角色，主动联系选民，了解群众诉求，积极承担群众委托的权力。人大代表工作站不仅让代表认清自身职责，促使其认真履职，激发改善代表履职情况的内在因素，而且通过建立服务选民的“服务区”，为代表履职提供了良好的外在条件。

联系选民的工作已经逐渐被制度化。温岭市人大将“听取和反映人民群众的意见和要求，向有关方面提出建议、批评和意见，帮助解决选民的实际困难”列入人大代表工作站的活动规定当中。各乡镇工作站依照温岭市人大的规定制订本站的工作计划，比如要求代表每季度走访选民 10 人以上等。

2014 年上半年，笔者参加的一个课题对温岭市级人大代表进行了问卷调查，共回收了 230 份有效问卷。图 1 为温岭市级人大代表各项活动的均值情况。对温岭市级人大代表的调查问卷询问了受访人大代表的日常工作情况，包括参加人大的各种会议、主动联系人大机构开展工作、民众主动跟您表达意见、参加人大代表工作站接待日活动、在网上关注民意与舆论、媒体联系您进行采访、主动在媒体发表意见、休会期间参加代表小组活动、主动与政府官员打交道和深入选民走访，选项 1—4 分别表示没有、很少、较多、经常，由受访者自行评估，分析中直接取均值，得分越高，表明该活动发生的频率越高。从图 1 中可以看到，代表联系选民的方式更加多样化，不仅如此，代表工作站进一步激发了代表小组在闭会期间的作用。由于履职平台的出现，代表对闭会期间活动的参与程度有了明显提高。根据 2014 年的统计数据，温岭市人大代表工作站在 2013 年共接待选民 488 批

2598人次，受理各类矛盾和问题386件，解决选民诉求230件。工作站解决了很多事关民生的问题，提升了代表在群众心目中的地位，将代表的作用和履职水平推向新的高度。

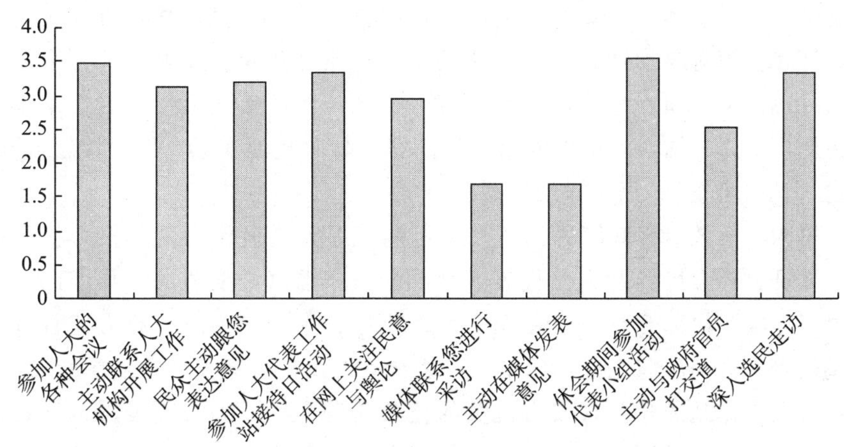

图1　温岭市级人大代表参与各项活动的均值情况

第三，调研、走访、视察活动的机制。代表视察是张治中先生于1954年提出的，这项建议得到认可，并且将范围从人大常委扩展到全国人大代表，后来又将全国政协委员乃至省市人大代表和政协委员纳入其中。[①] 调研、走访、视察是人大代表在闭会期间履行职责的最常用形式之一，是政府借助人大代表同人民群众建立密切联系的重要方式。根据代表法的规定，“代表视察时，可以向被视察单位提出建议、批评和意见，但不直接处理问题”。虽然调研、视察、走访工作并不直接解决问题，但是此项工作是不可或缺的。一方面，在工作开展过程中，代表走进群众当中，亲自触及社会问题，掌握了大量信息。这不仅培养了代表意识，提升了代表的责任感，使其更加明确自身职责，而且经过此类活动的锻炼，代表掌握的信息和知识更为丰富，履职能力及综合素质得到提升。另一方面，调研、视察、走访工作是代表履行其他很多职责的基础。通过此项工作，代表掌握了许多第一手资料，了解了人民群众的真实需求，为开会期间审议各项报告、提出议案打下基础，同时也为闭会期间监督政府机关工作提供了必要条件。

调研、走访和视察活动也是温岭市人大代表工作站的重点工作之一，是人大开展监督工作的基础，也是人大代表发现问题、归纳问题、确定议

① 刘政、程湘清：《人民代表大会制度的理论和实践》，中国民主法制出版社，2003，第303页。

题的重要途径。根据温岭市人大常委会主任会议上提出的《关于市人大代表工作站建设的意见》，工作站应当针对人民群众关注的重点问题、法律法规的落实问题、本行政区域经济社会发展的重大问题等，组织本站代表开展走访、调研活动，为政府机关的工作提供支持与帮助。根据市人大的文件，许多乡镇对参加调研、视察活动做出了具体规定，比如要求一个季度参加一次以上调研、六次以上视察等。例如，泽国镇人大代表工作站十分重视此项工作，结合省市当前的工作部署，着眼当地实际，广泛接触群众，制定《调研方案》，做出详细规划。

第四，有效监督政府的三个工作机制。人大代表作为国家权力机关的组成人员，理应肩负起人民代表大会的职责，监督政府机关工作，同时对政府工作给予协助和支持。在现实工作当中，本应作为政府有力监督者的人民代表大会却不能充分发挥作用，甚至被人民群众称为“橡皮图章”。温岭市人大工作站的建立将权力机关的监督落到实处，人大代表再也不是人代会上一味投通过票的机器。人大代表工作站将代表的监督职能从会上拓展到会下，从形式监督落到实质监督，让代表的语气硬起来，真正发挥代表的监督作用。温岭市人大代表工作站主要通过三种方式监督政府机关。

一是暗访。这是人大代表工作站开展监督的最重要形式。暗访是工作站开展监督工作的基础。前面已经提到，调研、走访和视察为人大闭会期间的监督提供了必要条件。人大代表工作站在开展此项工作时往往是暗中进行的，通过暗访，人大代表掌握信息，了解民意，并科学合理地确定工作重点和主题。

二是专题询问。询问是人大行使监督权的重要方式，《代表法》规定，“代表在审议议案的时候，可以向本级有关国家机关提出询问，有关国家机关应当派负责人回答询问”。法律赋予了人大代表进行询问的权力，询问权的作用较大，不应当仅仅被用于了解个别问题的情况，而应该成为人大代表监督政府机关的重要方式。2010 年 6 月，全国人大常委会对财政决算进行了专题询问，自此以后，许多地方也都开始了展开专题询问的探索。2013 年 10 月，箬横镇开展了一场以城区管理工作为主体的专题询问，镇政府班子成员以及交警、环保、城管、水政等部门负责人来到会议现场接受询问。在专题询问之前，人大代表工作站组织了多次视察活动。一方面，发动本区域包括人大代表、城管、交警等 70 余人分组对与城区管理相关的道路交通、环境卫生等工作进行视察；另一方面，组织本辖区内的各级人大代表对箬横镇的主要河道开展视察工作。在视察过程中，代表们收集图像、影像和文字材料，将发现的问题进行梳理，最终总结出 12 个问题作为询问的参考。在专题询问会议上，首先由镇政府做工作汇报，现场播放人大代表在调研、走访和视察过程中收集的图像和影像资料，之后以现场面对面一问一答的方式开展专题询问。在会议上，13 位代表向政府工作人员以及交警、环保等部门负责人提出约 20 个问题。这些问题充分反映了城区管理过程中存在的问题，相关部门对代表提出的问题进行了当场答复，促进了问题的高效解决。专题询问丰富了人大监督的形式，扩展了人大监督的渠道，收到了显著成效。

三是约见。代表约见，是人大代表的权利，同时也是代表履行职责的一种形式。对于代表提出约见要求的，被约见的有关国家机关负责人应当接受约见。[①] 约见是一种较为严肃的监督形式，人大代表工作站在组织代表进行调查并明确相关问题后可以约见有关机关负责人，了解相关情况和解决问题的具体计划和措施。相较于建议而言，约见的针对性更强，效率更高，是人大代表开展监督工作的有力方式。

值得一提的是，近年来温岭市人大通常选取政府机关工作报告中的要点作为主题开展监督工作。人大代表在听取政府机关的工作报告后将报告中的要点分条列项地梳理出来，然后进行跟踪监督。表 1 为泽国镇人大代表工作站 2013 年度跟踪监督方案。这种做法督促政府机关提高工作报告的质量，使政府机关对工作报告产生足够的重视，真实地反映机关工作情况。

表 1　2013 年泽国镇人大代表及上级人大代表分组对镇重点工作跟踪监督方案

代表小组	组长	重点工作、工程项目内容	责任办公室	责任领导
第一（东片）	狄德华	1. 泽国四小一期建设、二期启动，项目总投资 3500 万元，2013 年计划投资 800 万元。2. 公办幼儿园建设（前期）总投资 3000 万元，2013 年计划投资 400 万元	社会事务管理办公室	郑媛媛
第二（中片一）	阮浩波	1. 农民建房未办“两证”问题。2. 五星级酒店、车站、综合体建设	村镇规划建设办、国土资源分局、建设规划局、城管执法分局	林海波
第三（中片二）	陈仙华	1. 泽国大道南延完成立项，计划投资 1500 万元。2. 年底完成文明示范街建设。3. 完成公共自行车体系建设。4. 泽国建材装饰市场开工	村镇规划建设办公室	林海波 郭永波

① 人民代表大会制度研究所：《与人大代表谈如何履行职责》，人民出版社，2004，第 74 页。

续表

代表小组	组长	重点工作、工程项目内容	责任办公室	责任领导
第四（西片）	李正辉	1. 丹崖、牧屿污水处理厂运行情况。2. 丹崖污水处理厂的中水回用系统建设情况。3. 山北、前陈、牧屿区块3公里污水管网建设情况。4. 污水处理收费情况。5. 加强对污水直排企业的监督。6. 加强农村污水处理运行监督	村镇规划建设办公室	林海波
第五（牧屿一）	陈志萍	1. 完成零地技改20个，实现投资1亿元。新征用工业用地150亩，供应土地50亩。2. 新增2000万元以上规模企业40家。3. 水仓工业园区“优二进三改造”	经济发展办公室	周新海
第六（牧屿二）	柳国友	1. 牧屿菜市场改造提升投资，项目总投资2800万元，2013年计划投资1800万元。2. 完成牧屿欧风路、二环路改造	第三产业办公室	郭永波 林海波
第七（联树）	王丛青	1. 现代农业园区建设（精品园），2013年计划投资650万元。2. 村级农田水利基础设施建设补助2013年计划230万元。3. 完成4公里河道砌石。4. 河道保洁。5. 泽国自来水管网建设	农业与新农村办公室	毛荣飞

此外，温岭市的参与式预算也为人大监督工作的落实提供了有力途径。自1954年《宪法》赋予人大预算监督权以来，各级人大在推进预算监督工作方面进行了一系列的制度创新和改革，但是，总体上，人大预算监督的效果仍旧不够理想。[①] 温岭市的参与式预算为加强人大的预算监督提供了范例。泽国镇是参与式预算的首批实验者，在发展过程中，它将预算审查与人大制度结合在一起。[②] 参与式预算对加强人大监督职能具有重大意义，而工作站又为参与式预算提供了平台，最终使得预算监督工作收到实效。

另外，人大代表工作站对政府工作给予了大力支持。在处理许多棘手问题的过程中，政府可能会感到无所适从，同时，工作站近年来取得了较大的工作成效，逐渐得到了社会的认可，在人民群众中间具有较高的公信力。在很多情况下，工作站能够弥补政府工作的不足，推动问题的妥善处理。比如大溪镇太湖人大代表工作站推动了太湖移民问题的解决。太湖联

① 王淑杰、乔琳、常怡：《地方人大预算监督：问题与对策》，《中央财经大学学报》2012年第12期。

② 陈朋：《国家与社会合力互动下的乡村协商民主实践》，上海世纪出版集团，2012，第168页。

合移民主要涉及太湖水库库区的井朱、陈洋、秀岭、田茶等村，多年来这些村的村民一直希望能够实施高山移民，但始终未能成行。在了解相关情况后，太湖代表工作站以活动日为契机，多次邀请上述四个村的村干部商讨联合移民问题。在工作站的组织下，管理区负责人、四村两委主要干部以及驻村干部等就公示的太湖联合移民规划图听取各村意见和建议。各村依照会议讨论的结果，开展村民代表会议，商讨移民规划的问题，确定最终方案。此外，代表工作站就四村联合移民问题，跟踪督查各村调查摸排的落实情况以及有关农村土地综合整治情况。在工作站的组织协调下，大溪镇的分管领导、管理区领导、国土等相关部门的负责人以及四村主要领导干部共同商讨四村联合移民问题，调整工作规划，推进了移民工作的实施。近年来，在人大代表工作站的努力下，许多问题得以较为妥善的解决。支持政府机关工作是人大代表工作站对人大法定功能的延伸，拓宽了人大发挥作用的范围，提高了人大工作的自主性。

四　温岭人大代表工作站提升代表履职有效性的经验分析

下面基于实地调研，对于人大代表工作站提升代表履职有效性作一些归纳与分析。

第一，有效地激活人大代表履职的角色意识。人大代表的角色认同是否建立以及认同程度的高低会对人民代表大会的决策水平和工作效率产生影响，并且直接关系到人民代表大会的形象和权威。[①] 在开会期间，大多数代表也许能够按照规定履行职责，也具有一定的权威，但是在闭会期间，代表难以充分履行职责，也常常被忽视。

首先，温岭人大代表工作站的建立将人大代表从荣誉代表变为履职代表。作为人大代表无疑是光荣的。然而，权利与义务总是相对的，在享有权利的同时，人大代表也要承担更多的义务。有不少代表积极参与选举，却只是将代表职务视为一种荣誉，并不是为了尽一己之力为人民群众办实事。有一些代表采取明哲保身的做法，不敢触及政府机关的痛处，担心得

① 程波辉：《对构建人大代表角色认同机制的思考》，《山东省青年管理干部学院学报》2008年第2期。

罪领导，让代表的监督作用流于形式。此外，我国的代表是兼职代表，许多代表并没有将代表工作列入自己的工作日程当中，甚至将代表职务视为促进、方便自己本职工作的手段。人大代表工作站建立之后，组织代表学习民主理论、时政知识，深入了解人民代表大会制度，宣传党和国家的方针政策。此外，为代表提供交流的空间，总结履职经验，探讨履职心得。代表工作站的活动明确了代表职责，有效地提升了代表的综合素质、履职能力，培养了代表的角色认同和履职意识。

温岭人大代表工作站的建立将人大代表从会议代表变为日常代表。人大代表的职责大体可以划分为会议期间的职责和闭会期间的职责。以前代表履职主要集中在会上，然而会期总是非常短暂的，将代表履职局限于会议期间，代表的作用根本无法有效发挥出来。与会期相比，会外的时间更长，工作量也更大。可以说闭会期间密切联系群众、收集大量第一手资料、调研、询问等工作是开会期间有效履职的基础。然而代表履职存在的问题大部分都集中在闭会期间，人大代表缺乏在闭会期间履职的意识、精力和平台。通过外部条件的创造调动代表的履职积极性，将代表履职扩展到日常生活当中，更充分地发挥代表作用。

图 2、图 3 反映了温岭市人大代表对人大工作的态度和看法。从以上两个图的数据可以看出，人大的作用得到了较大的认可，人大不再被普遍当作“橡皮图章”，其作用在很大程度上得到肯定，人大代表在代表人民利益

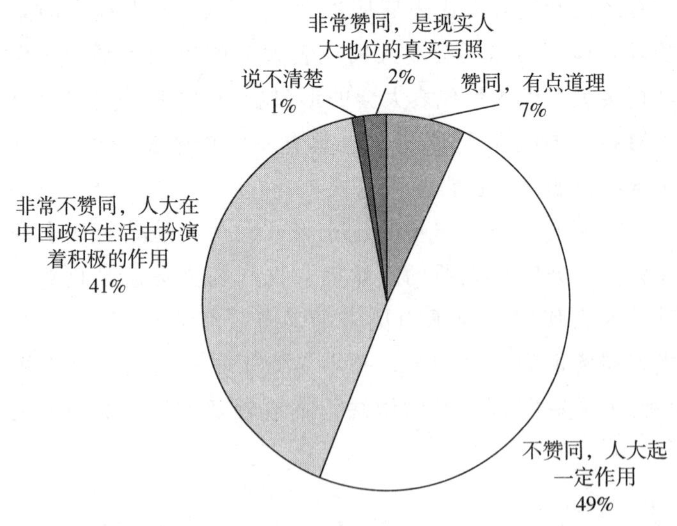

图 2　温岭市人大代表对“人大只是一块橡皮图章”说法的看法

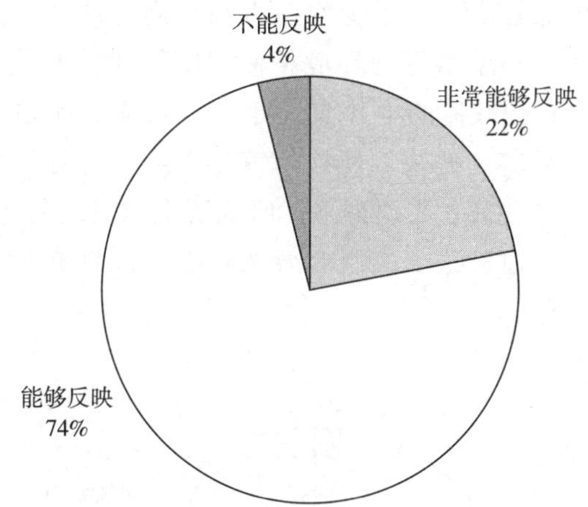

图 3　温岭市人大代表对“人大代表是否能够反映人民利益”的看法

的方面也有较为突出的表现。借助代表工作站提供的履职平台，人大得以深入到群众当中，更加广泛、真实地反映选民的诉求。代表工作站在实际运行中取得了较大成效，有利于树立和培养代表意识，人大工作得到了关注，人大的作用被进一步激活。

第二，对国家机关的监督更为有力。按照我国的规定，人大监督是最具法律效率、层次最高的一种监督方式。人大代表作为权力机关的组成人员，理应履行自身职责，监督政府工作。应该看到，人大的监督能力仍然有待提升，监督工作是人大各项工作中较为薄弱的环节。

温岭市人大常委会于 2009 年 7 月提出了《关于市人大代表工作站建设的意见》以积极稳妥地推进市人大代表工作站的建设。温岭市人大规定，代表工作站可根据活动主题开展学习交流、走访调研、视察检查、约见领导、跟踪监督、预算征询、报告初审等活动。这些规定为工作站组织代表开展监督工作提供了制度保障，提高了人大在闭会期间的权威性。会议期间，一府两院一般能够以民主的姿态依法接受监督，然而在闭会期间对人大便不再忌惮，甚至通过隐瞒信息等方式避免与人大及人大代表发生冲突。工作站的建议在很大程度上改变了这种情况，也树立了代表的监督意识。图 4 为人大代表对积极向政府工作提出意见和建议问题的看法，从中可以看出，人大代表对监督工作树立了较为清晰的认识，认为应当肩负起监督政府工作的职责，积极向政府工作提出意见和建议。人大监督力度在一定程度得到提升。工作站依据规定开展活动，经常性地组织代表进行暗访、约谈以及小范围的视察等，弥补了闭会期间的履职空白，督促政府机关改进工作。在工作站的监督之下，不少问题得到了高效的解决。例如，在代表工作站的督察之下，小塘水库的环境整治问题得到较为妥善的处理。再例如，长期困扰着泽国镇政府的中片农民建房“两证”问题经过片人大代表工作站的努力得到妥善的解决。而松门镇工作站“每月一主题，每人献一策”制度就是为了让代表在走访群众、听取群众意见之后进行归纳、筛选，提出有价值的议题。通过这个机制有效地解决了松门镇淋川老三角马路交通堵塞的老大难问题。

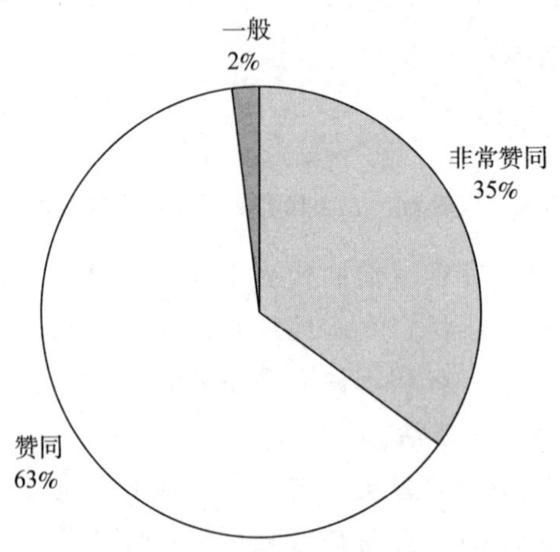

图 4　温岭市人大代表对“积极向政府工作提出意见和建议”的看法

第三，有效地克服了代表在闭会期间难以召集的困境。《地方组织法》规定，“有人大代表 3 人以上的居民地区或者生产单位，可以组织人大代表小组，开展代表活动，协助本级人民政府推行工作”。《代表法》进一步指出，县级以上的各级人民代表大会代表，可以按照便于组织和便于开展活动的原则组成代表小组；乡、民族乡、镇的人民代表大会代表在本级人民代表大会闭会期间，根据统一安排，开展调研等活动，可以组成代表小组，分工联系选民，反映人民群众的意见和要求。根据法律的规定，代表小组是人大代表在闭会期间开展活动的重要形式。但是，我国的行政区域较大，代表居住的也比较分散。就温岭市而言，各级人大代表共有 381 人，按照乡镇区域为划分标准，共分为 16 个代表小组，每个小组涉及的区域十分广阔，人数众多，要组织代表活动十分困难。比如箬横镇的代表小组有 45 人，镇上的本地人口有 14 万人，广阔的地域和庞大的人口数量为代表在闭会期间履职带来很大不便。此外，虽然《代表法》规定，“代表在闭会期间的活动以集体活动为主，以代表小组活动为基本形式”，但是代表也可以依据代表法开展个人活动，个人可以随时随地联系选民，了解群众意见，也可以进行持证视察，提出约见本级或下级有关国家机关负责人，提出建议、批评和意见等。但是一般来讲，个人活动的影响力较小，有时不能很好地实现活动效果。

人大代表工作站的出现为解决闭会期间组织代表活动的难题提供了一个途径。在工作站的组织下，代表更容易被召集起来开展工作。表 2 为泽国镇中片代表工作站 2014 年分组接待群众安排。

表 2　泽国镇中片代表工作站 2014 年分组接待群众安排表

组别	时间	组长	接待代表
第一组	2 月 22 日、5 月 22 日、8 月 22 日、11 月 22 日	阮浩波	阮浩波　王雪萍 仇正福　郑小明 狄德华　李善明
第二组	3 月 22 日、6 月 22 日、9 月 22 日、12 月 22 日	王法根	王法根　叶建平 陈喜平　林士麟 陈建国
第三组	4 月 22 日、7 月 22 日、10 月 22 日、1 月 22 日	陈仙贵	陈仙贵　王影旭 陈仙华　章仙根 陈仙明

通过对代表进行分组接待群众，可以保障选民联系代表的连续性。在工作站的组织下，代表同群众的密切联系得到保障，闭会期间的活动也在一定程度上得到制度化与规范化。具体说来，一方面，代表小组虽然是人大代表在闭会期间活动的基本形式，但是它涉及的区域广、人数多，不便于组织。代表工作站在一定程度上克服了这个问题，用温岭市人大代表工委主任的话来讲，代表小组和工作站之间是“大部队”与“小部队”的关系。在实际操作中，为了方便代表工作，温岭市人大在相邻三到四个选区的基础上建立工作站，依托管理区解决问题。现在温岭市共建立了 45 家工作站，通过工作站的组织协调，代表们能够较为容易地被组织起来，开展集体活动。另一方面，代表工作站有助于突破代表个体活动的限制。闭会期间代表的个人活动受的限制较大，而工作站将代表集合起来形成小集体，组织视察、调研、跟踪监督等活动，相较于个人活动而言具有更高的权威，也有利于克服个体力量单薄的局限。而且工作站为代表提供了集体商讨、分享经验的平台，通过交流，聚集了多人的智慧，有助于提高代表工作的质量，使工作收到更好的效果。

第四，一个比较数据表明代表履职有效性的提升。温岭市人大代表工作站成立的初衷就是搭建代表的履职平台，经过几年的发展，代表工作站在探索中前进，可以说卓有成效。通过对杭州市滨江区、绍兴市嵊州市、金华市磐安县以及台州市温岭市这四个地区人大的调查数据分析（见表3），可以看出，温岭市人大代表在闭会期间的履职情况远好于其他三个地区。2013年下半年，笔者参与的一个问卷调查。我们在杭州市滨江区、嵊州市、磐安县县级人代表进行问卷调查，三地各回收了有效问卷80份。这三个地方均没有设立人大代表工作站。我们将无人大代表工作站的三地数据与有人大代表工作站的温岭数据进行比较。通过比较，四个地区的代表履职情况确有不同，不同地区的代表之间某项活动的均值存在差异。采用方差分析进行检验，以排除抽样误差所引起的差异，当平均值的差距达到一定的统计显著性水平，就可以推测这种差距是确实存在的。从表3的分析数据可以看到，相较于其他三个县级单位，温岭市在休会期间参加代表小组活动、民众主动跟您表达意见、参加群众接待日活动、主动联系人大机构开展工作等方面都有显著的优势。除温岭市之外的三个地区并未设立代表工作站，由于代表背景、代表结构等代表自身的因素影响有限，因此可以说代表工作站确实对提高代表履职的有效性发挥了重要作用。

表3　温岭与其他三地人大代表的履职现状差异

	温岭	其他三地
参加人大的各种会议	3.46	3.60*
休会期间参加代表小组活动	3.53***	3.08
民众主动跟您表达意见	3.18***	2.86
参加人大代表工作站接待日活动	3.35***	2.63
主动联系人大机构开展工作	3.11***	2.69
在网上关注民意与舆论	2.94	2.78
主动与政府官员打交道	2.52	2.62
媒体联系您进行采访	1.70	1.85
主动在媒体发表意见	1.69	1.67

总之，代表工作站密切了选民和代表之间的联系，使人民代表大会更加“亲民”，提升了代表履职的有效性，得到了群众的关注和认可，进一步提高了人大的权威和公信力，成为人大代表在闭会期间履职的有效平台。

结 语

我国的人大代表是权力机关的组成人员，代表人民行使国家权力，直接关系到人民代表大会以及人民代表大会制度作用的发挥。然而，我们应该看到当前人大工作存在的不足，代表履职，尤其是在闭会期间的履职仍然面临一些问题。各地为了提高代表履职的有效性都采取了一些措施，温岭市人大代表工作站制度令人耳目一新。从2009年《关于市人大代表工作站建设的意见》出台开始，温岭市人大代表工作站在没有先例可循的情况下经历了近六年的发展，相关的制度、措施逐步得到完善。不可否认，工作站仍然面临着成长中的烦恼，工作站建设工作任重道远。

本文阐述了温岭人大代表工作站同代表履职有效性之间的关系，对工作站提高代表履职有效性的途径和意义进行了说明。在未来的研究中，应当进一步探究代表工作站的角色定位，理顺代表工作站同其他代表履职平台之间的关系，以期更有针对性地解决代表履职过程中存在的问题，为代表提供履职空间。

参考文献

陈文、黄卫平、汪永成：《“组织（机构）吸纳”的现实运作——以深圳市南山区月亮湾片区“人大代表工作站为例”》，《云南行政学院学报》2007年第2期。

程波辉：《对构建人大代表角色认同机制的思考》，《山东省青年管理干部学院学报》2008年第2期。

程湘清：《人大监督制度和监督工作中的若干问题》，《中国法学》1992年第5期。

崔英楠：《代表理论与代表组成结构问题分析》，《法学杂志》2012年第9期。

李步云主编《地方人大代表制度研究》，湖南大学出版社，2002。

景跃进：《代表理论与中国政治——一个比较视野下的考察》，《社会科学研究》2007年第3期。

〔英〕J. S. 密尔：《代议制政府》，汪瑄译，商务印书馆，1982。

人民代表大会制度研究所：《与人大代表谈如何履行职责》，人民出版社，2004。

邱家军：《人大监督现状及前景——“监督法与人大监督的未来走向”研讨会综述》，《人大研究》2007年第3期。

杨志勇：《履职：步履坚定稳健——2003年至2007年地方人大代表工作回眸》，《中国人大》2008年第4期。

应奇主编《代表理论与代议民主》，吉林出版集团，2008。

张学明：《地方人大预算审查监督能力建设的温岭路径——基于浙江温岭“参与式预算”的实证分析》，《人大研究》2011 年第 8 期。

赵敏：《人大代表工作站：发展基层民意表达渠道的探索——基于温岭实践的分析》，《中共省委党校学报》2012 年第 6 期。

邹树彬、张旭光：《权益性参与的理性运作——对“月亮湾人大代表工作站”实践的考查》，《深圳大学学报》2008 年第 6 期。

周小梅：《关于人大代表制度的反思与重构》，《人大研究》2003 年第 2 期。

周叶中：《代议制度比较研究》，武汉大学出版社，2005。

Anthony H. Birch, *Representation*, New York: Macmillan Press Ltd. , 1972.

Kevin J. O'Brien, "China's National People's Congress: Reform and Its Limits, Legislative Studies," *China Quarterly* 13 (2) (1988).

Kevin J. O'Brien, "Local People's Congress and Governing China," *The China Journal* 61 (2009).

Young Nam Cho, *Local People's Congress in China: Development and Transition Local Peoples Congress in China: Development and Transition*, New York: Cambridge University Press, 2008.

参与式预算的模式：云南盐津案例*

贾西津**

内容摘要： 参与式预算在近三十年来国内外很多地区得以实验。从流程设置、治理绩效等方面对之的研究已经很多。本文从公民权力的视角来定义参与，通过对云南盐津“群众参与预算改革”的实践观察，从改革层次、预算层级、预算范畴、参与结构、民主流程、代表产生、预算决策、过程控制、公民直接参与、参与流程等方面，对公民权力进行了分析，并与巴西模式和国内其他做法相比较，分析了盐津模式中公民权力的实现程度。本文认为盐津模式在国内相关创新中，体现了比较大的公民权力空间，但相比巴西模式其实现程度仍然较低。文章最后对盐津参与式预算模式的改进提出了建议。

关键词： 参与式预算　公民权力　云南盐津

“参与式预算”通常被认为是1989年巴西南部城市阿雷格里港（Porto Alegre）的民主试验创新。其目的是除了间断性的选举民主外，增进“全民管理”的方式参与政府管理。①

在“协商民主”、“参与式民主”兴起的时代环境下，巴西的这项创新得到了广泛的扩展。首先是在巴西更多城市之间不断展开，进而这一做法开始传播到全球范围。目前巴西已有80%的城市采用了此种做法，而截至

---

* 曾发表于《公共行政评论》2014年第5期，第48—66页。

** 贾西津，清华大学公共管理学院副教授。

① Marquetti, Adalmir; Schonerwald da Silva, Carlos E.; Campbell, Al., “Participatory Economic Democracy in Action: Participatory Budgeting in Porto Alegre, 1989 - 2004,” *Review of Radlcal Political Economics* 44 (1) (2012): 62 - 81.

2008 年，世界各地有 2000 个城市引进了参与式预算[①]，包括美国、加拿大，欧洲的德国、法国、意大利、西班牙、瑞典等国，拉美的秘鲁、阿根廷、墨西哥等国，以及印度、韩国、日本、印尼、南非等亚非国家。[②]

“参与式预算”在明确提出后之所以吸引了广泛关注，代表了这个时代的一种思潮，即重新拥抱直接民主，它反映了人们对代议制民主的间接权力控制、间断性公民权力行使的不满足，期求有更全面的、持续的、直接的公民权力的参与过程。其中，公共预算显然是重要而适宜参与的切入点。

参与式预算的核心是公民参与，并特别强调普遍的、全过程的、直接的公民参与的控制国家的过程。公民参与理论的一位代表人物阿恩斯坦[③]基于对美国参与实践的实证分析，提出以公民权力来划分参与类型的理论，从而将公民参与依程度分为三个层次八种模式。[④] 在“公民权力”的理论框架下，可以看出参与式预算创新的目的，在于试图让“代表权”走向“公民控制”的层次，在制度含义上即以直接民主补充代议民主。但是对现实实践的观察发现，“参与式预算”是不是能够体现“公民控制”？具体做法在多大程度上体现了公民权力？尤其对于中国这样的转型国家，参与式预算并不是在代议制民主作为正式制度的基础上演进的，而在很大程度上，参与式预算本身是作为选举民主程度不足的弥补性改革以及制度创新路径。那么，中国的参与式预算在多大程度上体现了公民权力？“公民控制”的实现程度与参与过程中的哪些要素安排有关？这些要素安排的前提条件是什么？在不同要素安排下相应的参与效果怎么样？

---

① 何包钢：《近年中国地方政府参与式预算试验评析》，《贵州社会科学》2011 年第 6 期，第 27—32 页。

② Sintomer，Yves；Herzberg，Carsten；Rocke，Anja，“Participatory Budgeting in Europe：Potentials and Challenges，” *International Journal of Urban and Reglonal Research* 32（1）（2008）：164 - 178；徐娟娟：《巴西与中国的参与式预算比较：财政选择和制度思考》，《黑龙江对外经贸》2011 年第 10 期，第 143—144 页。

③ Arnstein，Sherry R.，“A Ladder of Citizen Participation，” *JAIP* 35（4）（1969）：216 - 224.

④ Arstein 教授的框架中，参与的最高级别是“公民控制”（Citizen Control），它与次之的“代表权”（Delegated Power）和共享权力的“伙伴关系”（Partnership）构成第一个层次的参与，即“公民权力”（Citizen Power）；第二个层次的参与被称作“象征”（Tokenism），它又包含了“纳谏”（Placation），“咨询”（Consultation）和“知情”（Informing）三个等级，它们均有公民的参与，但是最后的选择和决策权仍然在于政府；第三个层次是形式上的而不具有真实公民权力意义的“非参与”（Nonparticipation），包括“训导”（Therapy）和“操纵”（Manipulation）两种形式，指政府通过让公民参加的形式达到训导公民的目的或者摆样子看的。

本文基于国内外参与式预算的创新试验经验，提出以公民权力的视角来观察不同参与式预算模式的基本框架，并对中国新近的一个改革案例：云南省盐津县的群众参与预算改革，进行了具体分析；进而以经典的巴西模式作为参照样本，比较分析了盐津模式的特点，指出参与式预算模式的关键环节制度安排，如何影响公民权力的实现程度，提出模式进一步发展的建议。

一　理解参与式预算：公民权力的视角

参与式预算目前在世界各地的实践，其模式却是千差万别，做法各式各样；即使在巴西的不同城市之中，开展的形式也是不一样的；纵便作为参与式预算首创城市的阿雷格里港，自 1989 年第一次实践参与式预算的 20 余年来，程序也在不断发生着变化。可以说，参与式预算很难找出一个确切的固定模式，我们只能从各地不同的实践中，寻找出参与式预算所体现的基本理念，以及哪些关键要素会如何影响参与的效果。

纵观世界各地的实践，参与式预算的范畴、程序，公民参与的形式、广度、深度等各不相同，总是与当地的治理结构和预算条件相关联的。达尔[①]认为参与式预算可被称为民主的条件包括：有效参与，即每个公民对偏好的平等表达权；决策阶段的平等（等权重）投票；充分理解，即每个公民有平等的机会了解要决策的事务；公民控制要决定的事项；民主过程涵纳全体公民。卡巴纳[②]则列出参与式模式的七个要素：直接民主而不只是在社区层次的代议民主；参与式决策层级在市级而不是区级；谁主导参与式的决定；多少预算纳入参与式过程；谁做最后的决定；预算批准后的社会控制与监督；规范化和制度化的程度。

参与的意义在于实现公民权力，那么如何分析公民权力在参与式预算模式中的实现程度和实现特点？本文经过综合提炼，将观察分析参与式预算的模式归纳为以下三个维度共十个要素。

第一个维度，参与的组织结构。参与主体本身就是权力的主体，参与的组织结构要素直接反映了权力配置的结构。关键要素包括：谁发起？谁

① Dahl, R., *Democracy and Its Critics*, New Haven, CT: Yale University Press, 1989.

② Cabannes, Y., "Participatory Budgeting: A Significant Contribution to Participatory Democracy," *Environment and Urbanization* 16 (1) (2004): 27-46.

是过程的控制者？政府和公民社会方面各自有哪些组织机构或参与平台？

第二个维度，参与程序中的权力配置，其中可以细分为七个方面的关键权力配置。其一，预算开放权限。哪部分预算进入公民参与，是什么政府层级的预算？是其全部还是部分预算？如果是部分，是哪一部分，谁来定义？其二，公民参与权重。谁有参与资格？是平等资格吗？如果有代表是如何产生的，有几个权力层次的代表，其各自的权限是什么？代表产生有没有选举过程，选举程序是什么样的？最后实际实现的权力结构是什么样的，与制度设计的权力结构是否一致？有没有人被排除在参与之外，因为什么？其三，预算的最终决策权配置。最终预算分配决策由谁做出，如何做出，是投票还是协商，有没有计算标准，谁掌握标准制定权，决策者有多大自由裁量权？有没有全体公民对于预算的投票，全民投票决定的是什么，投票的权重如何？公民、不同代表和政府在预算决策权配置中是什么关系？其四，除预算最终决定权外公民的其他预算权力。包括信息权、议题提出权、预算编制权、预算修正权等，有没有制度安排？其五，规则制定权。参与的规则由谁决定？会议谁来召集主持，谁来安排议程，对规则的解释权在谁，参与过程中对规则有异议如何解决？有没有专门的安排规则和程序的机构？在规则和程序的安排中有没有第三方的介入？其六，公民参与的权程。参与式预算的一次完整过程时间是多长？公民是一次性参与还是在公共预算过程中反复地参与？公民的参与是涉及预算的提出、编制、决议、执行、监督及调整的全流程，或是体现在其中的哪些部分？预算决议后的阶段有没有持续参与的机制和组织结构？有没有决算的参与，在决算中有无体现向公民反馈的责任机制？其七，公民组织的参与及其权力。预算参与过程有没有社会组织的角色？是自发参与还是制度安排？

第三个维度，参与的制度属性。包括两个方面，其一，参与式预算的制度安排在现行正式预算制度之中，是有所冲突的、相对独立的，还是能够衔接的？该参与式改革有没有改进正式制度并成为其一部分的趋势？其二，参与式预算有没有得到法律保障？与前一个问题相关，这种改革做法在多大程度上依赖于改革者的个人偏好？还是发展出了法律制度的保障，有多大持续性？

下文将以这个基本框架中的要素，考察中国一个新近的参与式预算创新试验——云南省的盐津试点，并与巴西的经典模式及中国其他参与式预算模式相比较，说明盐津模式的意义，以及其制度递进的方向。

二　参与式预算在中国的实践

中国参与式预算的试验主要是2004年以来，至今至少有十余处不同的创新实践。归纳起来，大体可分出三类。第一，全面预算的参与式改革，典型是浙江省温岭市“民主恳谈”基础上的多元化改革。温岭改革是起步最早、最持续深化，也是被关注最多的一项改革试验，自1998年温岭市创新群众参与政策对话的“民主恳谈”之后七年，2005年选择新河镇和泽国镇分别尝试了赋权人大和随机抽样两种不同的参与式预算改革，至今已扩展到全市多乡镇，并开始进入市级改革。可以认为，温岭的参与式预算改革已构成一个地区改革生态群，类似“湿地”结构的复合性呈现。另一个复合性预算改革的尝试是2010年四川省巴中市巴中区白庙乡启动“财政预算公开及民主议事会”，试图全面进行预算公开和开放公众参与，遗憾的是环境并不支持这样大的改革步伐，改革迫于外界压力流产了。

第二，乡镇、街道单笔固定金额预算的公众参与决策。这是最多的一类实践，其中规模最大的当属2006年和2008年，中国发展研究基金会相继在江苏省无锡市和黑龙江省哈尔滨市推进的大规模“参与式预算”改革试验，先后有至少8个街道十多个项目开展，但由于是外力资源推动，在项目结束后，参与也就偃旗息鼓了。2012年北京朝阳区麦子店街道从“问政”升格为预算参与，也由于领导人变动，只试验一年，未待制度完善，就退缩回形式上的参与。

第三，基于人大的预算公开、听证等公众参与，如2004年上海惠南镇将民生预算交由镇人大代表及公众协商，同年广东省在人大会议中创新“预算草案座谈会”，这些改革重在人大，公众参与多止于信息公开和听取意见的层次。

在上述三类改革中，第一类是最为少见的，综合改革往往要求更多的制度条件，也需要更多的经验积累。温岭模式至今吸引了诸多研究者的关注，但是再找到其他全面预算参与的改革实践就非常困难。本文所针对的案例是2012年云南省盐津县的“群众参与预算改革”，它虽然起步较晚，但它在制度架构上的以下特点使之成为值得关注的一个案例。首先，盐津县的参与式预算改革是在省财政预算改革的战略布局中展开的，从而具有综合改革的背景；其次，不是单笔固定金额的预算参与，而是将全部预算放入考量的制度设计，其中更涵盖了村级和乡镇级公共事务；再次，改革实践发生在县级，却是作为云南省财政体制改革的试点进行的，因而是目前国内参与式预算改革中最具有推广平台的案例。目前对盐津群众参与预算改革的案例介绍还较少，本文则以之为案例，进行了具体考察和模式探讨。

三 参与式预算的盐津模式分析

2012 年，云南省在推动财政预算改革的战略布局中，在盐津县试点群众参与预算改革，形成庙坝镇和豆沙镇两种模式，2013 年扩大至中和镇、牛寨乡共四个试点乡镇。盐津县是云南省昭通市下属的一个县，是国家级贫困县，全县 10 个乡镇，财政自给率低。

本文在对 2014 年 4 月盐津县豆沙镇、中和镇等群众参与预算改革会议实地观察的基础上，总结盐津县的制度特点，并与国内外其他模式相比较，探讨参与式预算模式关键环节的制度安排对公民参与权力的影响和意义。

(一) 谁的改革：更高层级的政府平台

盐津县的乡镇参与式预算改革是云南省财政厅在财政体制改革总体构思中的试点，虽然改革是在县级实施、在乡镇级预算参与，但这一创新模式实际具有更为宏观的支持平台，和潜在的广泛扩展前景。在创新启动方面，盐津县的改革是在国内目前参与式改革中最具备“上下结合”、省内推广条件的案例。

相比而言，在国内时间最持久、演化最丰富的温岭模式，创新发起于温岭市的宣传部门，在创新层级上启动于县级市，在部门系统中依托于宣传部，从而带来路径中不一样的特点。而无锡和哈尔滨的创新，是外来资源的支持与促动，虽然一度做到十几个街道的规模，但项目结束，做法也就复归原位了。上海闵行和广东省的改革，创新层次比较高，分别在直辖市的区和省级，但主要是人大审议公共预算的深化，重点非直接的公众参与。改革的启动层级对模式演进和扩展前景具有重要影响。巴西阿雷格里港参与式预算成为国际上的典范，并扩展到本国大多数城市，便与其国家 1989 年从军政府回归民主化后左翼执政党的执政思路相呼应。

盐津模式是省县互动、财政厅试点的，直接公众参与预算的改革。盐津县财政改革 2012 年启动，是一个综合性改革，包括三项内容：县乡财政体制改革、县直部门“比例—绩效预算”改革、乡镇群众参与式预算改革。改革的方向是将现行“乡财县管”——乡镇作为一个部门预算管理的体制，还归《中华人民共和国预算法》规定的“一级政府一级预算”、乡镇作为一级政府预算单位的地位。这一改革对于云南而言有更加切实的意义，即云南多交通不便的山区农业县，乡财县管的每月审批工资、请拨、报账，往返乡县成本和效率都凸显问题。县乡财政体制改革，实行了县和乡镇的收入划分，下放乡镇财权，而乡镇获得财权后怎么管？乡镇“参与式”预算改革即是针对相应的管理环节的改革。

可见，盐津改革与国内其他参与式改革类似，是政府启动的；但盐津改革的启动层级是省级全面预算改革，因而相比于县或区发起的改革而言，又有着相对超脱的激励和资源整合机制，以及更广的推广平台。

（二）哪级预算：乡镇－适宜但较小的规模

盐津县参与式改革参与的层次是乡镇预算。农村的乡镇和城市的街道也是目前国内参与式预算试验比较普遍的参与层级。[①] 开展于市区或省级的预算改革，如上海市闵行区、广东省级的预算改革，侧重于人大制度层面，直接针对民众的开放参与度局限于信息公开。20 世纪 90 年代即开始的农村“村务公开”、“村务民主管理”，参与程度直接关涉每一个村民，但由于不是一级财政预算单位，这种参与构不成“参与式预算”。

预算参与层次和参与深度的关系，预算层级较低，参与程度越可能普遍直接；预算层级越高，涉及人口越多，直接民主越难，参与程度越弱、越间接。从国际经验看，参与式预算的典型层级是市级预算，如最早开展参与式预算的巴西阿雷格里港 1994 年市区人口 130 万[②]，参与人数从 1989 年开始参与式预算试验时的不到 1000 人发展至 2000 年的 2.7 万[③]，2002 年迅速扩大到 30 余万[④]；同样进行了参与式预算的西班牙塞维利亚市都市人口 70 万，日本公民投票决定居民税给予的市川市人口 48 万[⑤]。相比较，云

① 街道作为区的派出机构，严格在法律意义上不是一级预算单位。

② Souza, C., “Participatory Budgeting in Brazilian Cities: Limits and Possibilities in Building Democratic Institutions,” *Environment and Urbanization* 13 (1) (2001): 159 - 184.

③ Wampler, B., Avritzer, L., “Participatory Publics: Civil Society and New Institutions in Democratic Brazil,” *Comparative Polotics* 36 (3) (2004): 291 - 312.

④ 张梅：《巴西的参与式预算与直接民主》，《国外理论动态》2005 年第 7 期，第 46—47 页。

⑤ 朱圣明：《国外参与式预算的实践与探索》，《四川行政学院学报》2014 年第 3 期，第 83—87 页。

南盐津县人口39.6万，开展参与式预算的豆沙镇、庙坝镇、中和镇、牛寨乡人口分别为2.36万、4.88万、3.63万、3.3万；[①] 浙江温岭模式中，温岭市人口136.7万，最早进行参与式预算的新河镇、泽国镇人口分别为4.7万、11.7万。[②] 可见，中国乡镇是一个适宜的但仍然是较小的参与范畴，在具有条件的地区可以尝试县级预算。参与层级递进将大大提高公民的权力意义。

（三）参与预算中的什么："财力总余额"

盐津县《群众参与预算试点方案》明确规定，乡镇政府测算参与式预算的资金总量，是当年财力减去基本支出和政策性规定必保刚性支出后的财力余额，对上级专款未指定具体项目的资金，由县财政测算预计、按比例下达到各乡镇，乡镇应一并纳入群众参与预算的项目资金安排。其中，基本支出主要是人员经费和办公（公用）经费，必保支出主要是依上级政策要求的本级支出。

例如2014年群众参与预算中，庙坝镇全年预计可用收入总计2414.83万元，[③] 财政预算支出预计完成1598.73万元，[④] 其中基本支出624.47万元（有详细明细）、政策必保项目支出415.86万元（包括各种本级活动经费）、拨付欠拨工程款133.4万元、年初预留70万元、总预备费3%即45万元，[⑤] 当年用于群众预算参与资金310万元。豆沙镇全年预计财政可用收入总计1142.65万元，[⑥] 财政支出预算基本支出473.23万元（包括人员经费369.97万元、公用经费103.26万元），按照上级政策安排本级支出15万元，上年未拨专款支出345.42万元，另预留总财力的3%即30万元预备费，余额全部纳入参与式预算，共279万元。2014年四个参与试点的乡镇，纳入参与式预算的资金总额均在270万—340万元，占该乡镇全年预计可用收入总额

① 分别见：豆沙镇群众参与预算改革资料汇编、庙坝真群众参与预算改革资料汇编、中和镇群众参与预算改革资料汇编、牛寨乡群众参与预算改革资料汇编。

② 第六次、第五次人口普查公报数据。

③ 包括地方财政预算收入1289.57万元、专项转移补助收入80万元，上年结余1045.26万元。

④ 滚存结余816.1万元结转下年使用。

⑤ 《中华人民共和国预算法》规定总预备费用于当年财政预算执行中不可预测自然灾害等特大事件支出，按预算总支出1%—3%提取。

⑥ 包括地方财政预算收入123.93万元、上级补助收入797.31万元、上年结转结余221.41万元。

的10%（牛寨乡）—30%（中和镇）。[①]

国内大多数试点参与预算的资金是政府专门拨出一笔用于民生建设的资金，比如几十万，参与式预算更类似于在方法上的探索，而其结果无论如何都不会影响到整体预算的支出结构。温岭的新河模式由于紧密嵌入人大会议制度中，纳入参与额度是全部可支配预算。国际上如巴西的参与式预算也是部分预算，主要涉及投资建设部分，不超过30%。云南盐津的试点，在制度设计上是全部“财力余额”，即政府基本运转以外的所有非指定的公共财力全部纳入公民决策，在纳入的预算范畴上是力度较大的。将政府的全部可自主支配资金，包括转移支付的资金，交给公民决策，显然比从总资金盘中拿出一笔有限的无关大局的资金，远更有挑战性和体现公民参与权力的意义。其中，乡镇政府能否获得足够资金提供乡镇公共服务，是最有挑战性和压力的事情，结果将在下文“预算如何投票及决策什么”部分具体阐释。

前述具体数据显示，地方公共财政预算收入较低、主要依靠转移支付的豆沙镇和中和镇，基本是全部财力余额参与预算；地方公共财政预算收入较高、财政收入较为自给的庙坝镇和牛寨乡，会将常规的各类活动、人代会已通过的项目，或政府已承诺的实施工程等事先安排，并提取足够预备费和留出较大结转空间。以盐津全县情况看，盐津县是国家级贫困县，地方公共财政预算支出中上级补助比重达90%，财政自给率不足10%；在公共预算支出中，全县人员经费、公用经费、上级专款支出、项目经费分别占总预算支出的31.8%、3.5%、32.1%、32.7%。[②] 可见在豆沙镇和中和镇纳入参与的预算比例基本达到县平均“财力总余额”比例。这样看，参与式预算在“保工资、保运作”的贫困地区可能带来更显著的公共事业绩效。

（四）参与的组织结构：两级、三方平台

盐津县的改革试点由县委、县政府领导实施。在县、试点乡镇，乃至有些村/社区（如中和镇），均成立了改革的专门责任机构。在县级，县人

① 如果扣除预计结转金额，安排的参与式预算资金量占当年预计完成预算支出的比例则在16%（牛寨乡）到30%（中和镇）。

② 李晓：《努力构建跨越发展的核心动力机制—对盐津县财政“三项”改革的思考与探索》，《云南省盐津县财政改革资料汇编》（内部资料），第144—152页。

民政府成立三个宏观组织机构和一个具体评审机构。三个宏观组织机构包括：第一，“盐津县乡镇群众参与预算改革领导小组”（以下简称“县领导小组”），县长为组长，县 15 个部门的负责人和试点乡镇的乡镇长参与其中，下设办公室在县财政局，负责群众参与预算工作的统一领导、统一部署、统一安排；第二，“盐津县乡镇群众参与预算改革监督委员会”（以下简称“县监督委员会”），主任为县人大常委会主任，其他参与者包括 6 名县人大常委会相关负责人员，以及试点乡镇的人大主席，下设办公室在县人大，办公室主任为人大常委会财经委主任，县监督委员会负责改革的全程监督包括民主议事会的监督；第三，“盐津县乡镇群众参与预算改革专家咨询小组”，成员全部是相关的专家学者，负责改革方案的整体设计、项目库管理及过程控制、绩效评价和群众议事员培训等工作指导。一个具体评审机构是盐津县财政局成立“项目评审领导小组”，负责从申报项目库到正式项目库的审查环节的具体组织工作。

相应的，试点乡镇也成立改革领导机构，其中，牛寨乡以党委书记为组长、乡长为常务副组长、各村联系人为村支部书记，其他三个试点乡镇均是镇长作为领导（小）组组长、村联系人为各村村主任。具体组织结构各乡镇有细微差异，如豆沙镇是改革领导小组、改革工作组、改革宣传组、预算监督委员会四个机构并列；庙坝镇和中和镇则在改革领导组下设办公室、宣传组、资金额度测算组、群众议事员推选组、项目编制审查组、项目实施审查组、项目绩效评价组七个部门。牛寨乡组织结构比较简单，成立群众参与预算试点工作领导小组，下设办公室和工作组。

预算参与的主要平台是乡镇民主议事会，议事的主体是各村推选来的群众议事员。

盐津县的乡镇参与式预算组织结构特点是：在政府方面，县、乡两个层级成立专门机构，起到领导作用，其中，在县级搭建起政府领导、人大监督、专家技术支持的架构。人大在这个组织架构中主要体现的是监督权，而不是预算审议权；人大的监督权又是主要通过县级委派监督员实现对各乡镇预算过程的监督，而不是乡镇人大对同级政府的监督。在公众参与方面，主要依托于村民小组、行政村的现有制度架构，产生代表（群众议事员）参与到预算决策过程，没有民众自发组织或社会组织的参与。参与式预算最后通过群众议事员在乡镇“民主议事会”中实现，是在人大制度之外的代议权力结构，群众不直接参与预算决策。

国际上参与式预算的典型案例，均有政府方、公民方和中间结构三方面形成组织架构，其中公民方面的活跃自组织系统是必不可少的参与组织主体。而国内创新中政府的单方主导性均较突出。同时，国际案例中均有公民直接决策的制度设计，比如议题优先性的直接民主会议，国内实践目前没有公民直接投票的案例。

（五）参与的流程：代表间接民主

盐津县的乡镇参与式预算核心机制是“民主议事会”。

在“民主议事会”之前的准备工作有三方面：群众议事员的推选、乡镇政府测定参与式预算资金总量、项目库的准备。其中，项目库建立的程序如下。首先，申报项目库，群众议事员和政府分别提出项目，全部汇总形成项目库，一般每个议事员提1个项目，最多不超过2个。其次，项目审查，项目汇总后，由乡镇改革领导小组上报县改革领导小组，后者组织相关部门人员或委托专业机构进行独立审查，审查标准包括技术性审查和政策性审查，具体包括，一资格审查，即项目是否属于乡镇财政支持范畴，二形式审查，即材料是否规范齐备；三内容审查，即是否立项真实、预算合理、没有重漏等，审查结果在民主议事会召开十天前提交群众议事员，无论项目是否通过，审查意见均在民主议事会上通报。第三，通过审查的项目构成民主议事会竞争环节的正式项目库。

在上述准备完成之后，乡镇工作小组组织召开“民主议事会”，民主议事会每年两次，分别于2月和11月召开，分别决定年初预算编制和年末预算调整方案。遇紧急新增项目或执行过程的重大问题，工作小组可召集临时会议。县群众参与预算监督委员会向各乡镇民主议事会派监督员对议事会进行全程监督。

民主议事会决定投资项目之后，进入其后预算过程：乡镇财政依表决结果编制预算草案，经乡镇政府批准，报乡镇人代会或人大主席团会议审议通过后批复预算，乡镇人民政府依次执行；调整预算也需经民主议事会表决、乡镇人大主席团审议批复；财政年度结束后，乡镇财政所组织决算，县财政局牵头组织项目绩效评价和问责，在次年民主议事会上公布。

2014年豆沙镇7个村（社区）共有项目申报40个，通过审查的正式项目库项目16个（含2个镇政府项目）；中和镇9个村（社区）共有项目申报37个，通过审查的正式项目库项目18个（含4个镇政府项目）；庙坝镇12个村（社区）共有项目申报81个，通过审查的正式项目库项目27个（含两个政府项目）。项目审查环节被剔除资格的项目比例在51%～

67%，[①] 一多半项目在资格审查环节被剔除，其中内容审查也是重要一部分。政府审查重心是形式合规性还是包括内容合理性，可以考虑逐步放开、将后者交由议事员投票判定。

（六）代表怎么产生：村权和公民权

盐津县的乡镇预算参与最后的项目决策是群众代表做出的，这些代表被称为“群众议事员”。群众议事员以行政村为单位产生，由两部分人构成：第一，定额推荐，即每行政村（社区）两名，村两委召开会议提名推选；第二，随机抽选，即每个行政村（社区）人口0.5‰的名额，各村民小组推荐1人进入抽选库，然后村（社区）两委召开群众会议，从抽取库中随机抽取出与名额相应的议事员。2012年议事员产生模式，豆沙镇采取与人大代表推选类似的过程，以村（居）民代表提名、镇政府批准确认、村（居）民代表会议无记名投票方式产生，每村2—3个名额；庙坝镇采取以户代表选举的方式，由村（社区）党支部主持，以户代表无记名投票方式选举产生。

2014年四个试点乡镇群众议事员一共是：庙坝镇48名（23定额、25抽选），豆沙镇26名（14定额、12抽选），中和镇37名（18定额、19抽选），牛寨乡32名（16定额、16抽选）。以中和镇为例，37名议事员中村干部18名，群众19名，村两委以外的代表大概占到一半。[②]

议事员资格上必须是年满18岁的户籍或常住人口，一般应具备初中以上文化程度。一旦当选，任期三年。议事员资格撤销有7种情况，除一些不能继续履职原因外，所提出并参与实施的项目累计两次绩效评价不合格，也将被撤销议事员资格。

由于预算是通过代表，即“群众议事员”，做出表决，因而代表的产生规则就会相应影响代表权的配置。盐津县对议事员的名额规定兼顾了村和人口量两方面的权重，产生方式一是推选，二是随机抽选，没有明确的投票规则。其中推选相应体现村两委的权力，随机抽选的单位决定代表权的范畴。以村民小组为单位的随机抽选，由于每个议事员代表范畴为村民小组，会造成两个相应后果：一是抽样参会造成部分人群有代表、部分人群没有代表；二是议事员所提议题范畴局限于村民小组单元内，不太可能提

① 分别见：《豆沙镇群众参与预算改革资料汇编》、《庙坝真群众参与预算改革资料汇编》、《中和镇群众参与预算改革资料汇编》。

② 分别见：《豆沙镇群众参与预算改革资料汇编》、《庙坝真群众参与预算改革资料汇编》、《中和镇群众参与预算改革资料汇编》、《牛寨乡群众参与预算改革资料汇编》，以及现场统计。

出较大受益范畴的议题。国际上的做法一般是公民投票产生议事员，如巴西阿雷格里港的参与式预算划分十六片区，片区即是投票单元。温岭的新河模式直接嫁接于人大代表机制，没有单独的代表产生机制；泽国模式则采取全镇人口为抽样库的随机抽样，是个人代表意见汇集的模式。盐津模式如果使代表权具有普遍覆盖性，每个村（居）民或每个户代表直接投票产生村（社区）议事员，是一个可行的方案；另一种可能是在村内按议事员名额划分为几个较大片区（如几个自然村为一个片区），每个片区以村民或户代表直接投票产生一名议事员。直接投票选出符合要求的议事员，才可能使议事员的代表权具有覆盖性，同时扩大议题的受益范畴。

（七）预算如何投票及决策什么：竞争村务并乡镇公共事务

盐津县的乡镇参与式预算决策机制为“民主议事会”。民主议事会的决策主体是群众议事员，政府其他人员经登记后可参加、经主持人同意可发言，但没有表决权。庙坝镇特意适当邀请党代表、人大代表、政协委员和知名人士列席。

民主议事会的主持人有专门的产生机制。第一步，乡镇群众议事员和乡镇政府共同推荐4—5名候选人，报县领导小组审定后形成主持人备选库；第二步，备选主持人需参加县里组织的培训，具备一定会议主持技能；第三步，民主议事会前三天，从主持人备选库中随机抽取出本次会议的主持人。庙坝镇采用的是乒乓球抽取箱的方法，在乒乓球上写上主持人号码，由乡镇改革领导组指定人员，在镇人大、纪委等监督下，从抽取箱随机抽取号码，确定主持人。主持人负责会议进程、控制时间、维持会场秩序。2014年豆沙镇和中和镇的民主议事会主持人分别是一名中学教师和一名政府机关的普通工作人员。

到会议事员不低于本届登记议事员85%为会议有效，豆沙镇的这一比例是2/3到会。会议议程依次是：第一，主持人统计议事员实到人数、宣布大会开始、议程和议事规则；第二，议事员中推选监票员、唱票员、计票员；第三，乡镇工作小组通报上年项目执行、绩效评价与问责情况，乡镇财政所负责人（或乡镇改革领导组）通报本年度财力测算，项目库项目、未通过审查项目逐一说明审查意见；第四，逐一进行项目陈述，[①]

① 中和镇为保证项目陈述顺序的公正性，对陈述顺序也采取了乒乓球抽序号的方式，按照现场随机抽取的顺序安排项目陈述。

每个陈述5分钟，提问、讨论，每次发言不超过3分钟；第五，议事员投票表决，投票规则采取一人一票，超过（含）1/2票数（如豆沙镇）或2/3票数（如庙坝镇、中和镇）为通过；第六，公开唱票、监票、计票，监督员复核无违规后，乡镇工作小组现场宣布投票结果；第七，表决通过的项目，按照得票顺序确定实施项目，直到可分配资金总额分配完为止。超出预算总额时，表决通过的项目可在下半年预算调整环节顺序安排，当年仍无法安排，直接进入下一年项目库（如豆沙镇）或取消当年资格（如庙坝镇）。

2014年豆沙镇正式项目库项目16个（含2个镇政府项目），议事会表决票数过半通过项目12个，申请政府资金共344.19万元，本期可安排预算经费279万元。中和镇正式项目库项目18个（含4个镇政府项目），议事会表决票数过2/3通过项目13个，申请政府资金共275万元，小于可安排预算经费315万元的总额，剩余资金留待预算调整时接受新申请项目。①

镇政府项目会否在表决中通过？结果显示，豆沙镇政府2个项目，环卫基础维护和集镇基础设施维护，全部以满票通过，也是仅有的两个获得满票的项目；中和镇没有满票项目，镇政府4个项目中，集镇及环卫基础维护、便民服务中心改造、教育奖补基金以较高票通过，但小米辣产业发展仅获得3票而落选。在议事会讨论中议事员提出了一系列问题，如土地适合性、市场问题、效益一直不好、受益人群为何选择两个特定村等，镇政府提出了自己的效益计算理由，但对部分问题无法给出解答。以全部"财力余额"纳入参与式预算，政府非常担心的一个问题是各议事员只关心自己的村项目利益，诸如环卫等基本公共维护费得不到通过，使乡镇基本公共服务无法维系。在盐津迄今的试验中，尚没有发生过这类问题。浙江温岭长时间以来的实践同样表明，代表对乡镇的基本公共服务，包括乡镇政府的办公、运行经费，表现出相当的理性和理解。可见，将乡镇本级的公共服务纳入参与式预算，是可行的。

参与式预算能不能决策乡镇本级的公共服务，是体现公民权力的一个重要维度。预算决策什么？实践中实际有三种情况。第一是代表共同参与整个乡镇的公共事务决策，第二是代表协商表决、决定资源在各自代表区的投入分配，第三是政府将资金平均分配给各村（社区），各村（社区）决

① 根据《豆沙镇群众参与预算改革资料汇编》、《中和镇群众参与预算改革资料汇编》，现场投票情况统计。

定资金的具体使用项目。最后一种形式实质已经不是公共预算资金配置的参与了。盐津模式是前两种形式的结合，以第二种形式为主。进一步的改革可以尝试扩大项目的覆盖人群范畴，不仅是村民小组级别的小项目竞争，而且纳入联合项目机制、扩大受益人群覆盖面，及至乡镇层级公共事务的决策。

产生覆盖面更大的项目，在制度安排上与代表产生机制相关，需要有广泛代表权或联合代表权的产生机制，如大片区直选代表机制，或者联名提议项目的权重安排。如庙坝镇的改革方案中规定，50 名民众代表中 7 人以上联名提出建议案或会议期间 7 名以上代表提出建议案，政府应纳入预算草案一并提交议事会讨论，单个建议案项目不得超过参与预算总额的 25%。这是一种非常值得探索的方向。乡镇政府能不能代表乡镇整体利益加入参与式预算决策流程，在议事会中政府能不能有投票权？豆沙镇规定若投票议事员为偶数，则政府参加投票。在巴西模式中，市政厅不参加投票。北京麦子店的模式则是政府代表和群众代表的混合议事会，政府代表街道的总体利益，有一定的票数比例。2012 年豆沙镇的试点以“政府主导”拟定建设项目，群众议事员只是表决优先性。温岭泽国模式也是政府拟定项目，民众抽样代表只表达对每个项目的倾向顺序。政府拟定项目，议题开放性受局限；小单元的代表提议题，议题覆盖面有局限；多层次的议题提出单元，包括联合议题和政府提出议题，是一种结合。

（八）谁控制过程：中立主持人

规则本身也是一种权力。在中国参与式预算改革中，政府的主导角色是明显的。盐津县的改革方案是县领导小组总体部署的，包括基本组织结构的建立、群众议事员选取方案、培训方案、民主议事会实施办法、项目库管理办法、项目支出管理办法、项目预算执行情况监督办法、项目预算执行绩效评估办法等，县领导小组给出了基本规则。乡镇改革领导小组扮演了对规则具体实施的角色，包括“群众议事员”的推选组织过程，决策预算的“民主议事会”则在县乡两级改革领导小组的领导下进行。

不过，盐津县、乡政府避免了直接介入决策过程，最重要一个制度安排是民主议事会的主持人角色。主持人是非利益相关者的中立角色，经过专业培训，他们良好地保持了议事会民主决策机制的独立性，避免了党政“一把手”主持会议对决策带来的倾向性影响。

改革咨询小组设置也是盐津县的制度特色，改革方案中的规则设计，在很大程度上体现了专家的意见，这也是盐津的改革尽管实践时间不长，模式却比较成熟，且具有一定多样性、试验性的一个因素。

（九）公民做什么：确定议题优先性和选举代表

参与式预算的目的是实现公民的直接参与。以巴西为代表的国际经典模式，均分为直接民主和间接民主两个参与阶段，其中前一个阶段是公民的直接投票，确定议题优先性和选举代表。在最后的决策结果中，直接民主和间接民主的结果均体现出一定权重。中国各创新模式中公民直接投票参与的环节一般较弱，没有明确的投票议题和投票程序。

公民直接参与不足，其中很核心的原因是中国创新模式中，几乎都没有公民组织的身影。国外模式中，在直接参与阶段，公民自组织特别是联合性组织，是公民参与的主要组织途径。

（十）参与的时间：节点性参与

时间本身是预算权力配置的一个重要因素。民主国家的预算编制周期通常在数月甚至一年以上，也就是提前一年时间要进入下一财年的预算过程环节，预算在议会与政府之间往复地讨论修改，历经多个回合，才进入最后的表决过程。同样，参与式预算改革介入预算的时间周期也是相当长的，巴西一个参与式预算的流程是7个月，而参与式组织机构介入整个预算编制、执行、修订评估的周期环节则是全过程的。

中国预算参与的流程时间均不长，核心决策往往在一天的会议议程做出。盐津县的参与式预算，一次预算参与的流程，主要经历选群众议事员、准备项目库到民主议事会表决预算项目，其中主要决策环节民主议事会为一天时间。浙江温岭的改革在人大会议期间适当延长了讨论预算环节的时间，并试图在人大闭幕期间建立监督机构，跟进预算执行，但是这种制度创新无法得到正式制度的支持。

在预算周期中，包括预算参与的制度设计，是仅有“是”或“否”的一次性决策，还是有预算修订环节？会对参与权有不同影响。中国人大会议表决预算通常是某半天会议中的一个环节，简单“同意”或“反对”的选择，预算被人大否定的可能性几乎是不存在的，以至于人大的决议成为“走形式”。在温岭新河模式中，人大预算讨论延长了讨论时间，增设了讨论、意见反馈、政府修改预算、再交由代表讨论的循环过程，如此反复，“三上三下”，最后针对修订案再表决，修订权赋予了人大一个可实现性的参与权力。盐津县制定的民主议事规则中提出了修改预算，但由于实际会议议程时间较短，在每个项目在陈述、讨论后，就进入了直接表决，没有预算修订环节。在试点的参与预算改革进入常态化后，可以适当提前参与的时间，容留更宽裕的时间量，增加民主议事会之前的准备过程，在民主议事会上增设预算调整修改的环节等。

最后，在与正式制度衔接和法律保障方面，盐津的改革定位在政府编制预算阶段的民主参与，它不介入现行人大预算程序，优点是改革阻力小，可行性较普遍，但必然面对如何处理与正式预算制度之间的关系问题。

四　公民权力要素特征：从与巴西模式的比较中总结

参与式预算是公民和公民组织直接参与预算决策权的民主形式。这种参与形式在多大程度上体现公民权力，是分析参与模式的重要指标。总体上看，盐津的参与式预算改革与国内除温岭之外的模式相比，已经在更大程度上表现出公民权力的空间。其在启动层级、预算层级、预算范畴、组织结构、预算投票等方面，都具有体现公民权力的制度特色，比如将乡镇“财力余额”全部交由公民参与，将村（社区）竞争性事务与乡镇本级公共事务预算一并纳入参与式预算，政府不参与决策而开放由群众议事员提议项目、竞争表决，程序交由中立主持人、制度性屏蔽政府干预，设立政府领导、人大监督、专家技术支持的三方架构等，整个过程体现的公民参与权力程度是相对较高的。同时，盐津作为云南省参与式预算改革的试点，自 2012 年以来，一直有意在各乡镇尝试不同的制度规则，在代表产生方式、投票规则、项目入选标准、村民参与等方面，进行多元化的试验，以观察和摸索更好的制度效果，这种有意识的多元化试验对于累积改革经验、深化扩展模式，非常有意义和有价值。

当然，与国外较成熟的经验相比，仍然有很多可以探讨的空间。盐津的改革试验进行两年，也是不断探索和深化的过程。为未来改革的发展方向考量，下面选择国际上参与式预算最经典的巴西模式，将盐津实践与之在各关键要素上的差异概括总结，以进一步理解盐津模式中所体现出的公民权力。必须指出的是，盐津模式相比于巴西模式所反映出的公民权的空白点，对中国目前参与式预算的实践而言是普遍的。[①] 盐津模式与巴西模式

① 温岭模式在某些方面有自己的特色。

比较而言的公民权力要素见表1。

表1　盐津参与式预算模式与巴西参与式预算的公民权力要素比较

	关键要素	盐津模式	巴西模式	公民权特点
1	启动层级	省财政改革试点	市	有空间
2	预算层级	乡镇预算； 村+乡镇公共事务	市级预算； 片区公共事务	适度但较小
3	预算范畴	“财力总余额”	公共建设投资的部分预算，约占总预算的30%	较高
4	组织结构	政府领导、人大监督、专家咨询三方架构； 没有社会自组织	政府、居民、中间结构三方架构； 居民主要依托发达的自组织体系	缺公民组织
5	参与程序	代表代议	第一个阶段直接民主+第二个阶段代议民主	少直接权力
6	代表产生	村定额推荐+人口比代表随机抽选	公民投票	少直投、权力不均
7	预算投票	项目库来自议事员和政府； 政府审核权。 投票通过项目依次获得投资。 有中立主持人。 政府没有投票权	公民投票议题优先性。 参与预算委员表决要素计算权重。 决策是公民投票权（议题优先性）和委员权力（权重安排）的结合	少公民直接投票权
8	规则控制	县、乡改革领导小组	公民选举参与预算委员主导标准，政府制定技术标准，公民与政府两方面密切互动	少公民控制
9	村民参与	在议事员调研或村民大会中提议项目，在村民小组中推选议事员	活跃的社会自组织	主动权较低
10	参与时间	预算编制和预算调整，单次决策	一次预算参与过程7个月，全过程参与、多次往复	间断权力

资料来源：Marquetti, Adalmir; Schonerwald da Silva, Carlos E.; Campbell, Al, “Participatory Economic Democracy in Action: Participatory Budgeting in Porto Alegre, 1989 - 2004,” *Review of Radlcal Political Economics* 44 (1) (2012); Souza, C., “Participatory Budgeting in Brazilian Cities: Limits and Possibilities in Building Democratic Institutions,” *Environment and Urbanization* 13 (1) (2001): 159 - 184; Santos, B. D., “Participatory Budgeting in Porto Alegre: Toward a Redistributive Democracy,” *Politics & Society* 26 (4) (1998)；刘邦驰、马韵：《试析参与式预算的理论基础与实践：基于巴西与中国浙江温岭两镇的比较》，《财政研究》2009年第9期。

从表1可以看出，盐津参与式预算改革基于省级搭建的平台，具有较广阔的发展前景，其目前参与的预算范畴体现较高开放程度，预算层级适宜，并尚有进一步提升空间；但在预算参与的组织结构和流程设计方面，表现出以议事员权力为主、未纳入村民的直接权力特别是直接投票权，是节点性权力行使、非预算全程的参与权力，村民在自组织参与及规则话语权力上缺位等特点。回溯到参与式预算的理念，即对全面的、持续的、直接的公民权力的关注，上述制度环节也是今后改革可以着力推进的领域。当然，参与式预算的意义并不是单纯追求越高程度的公民权力越好，尤其在中国预算体制改革的进程中，能够在与现行制度的对接中，寻求到公民权力的生长点，促进预算民主化的过程，就是其价值的体现。

五　如何增进公民权力：盐津模式的制度讨论

比较国内外经验，盐津参与式预算改革具备在以下几个关键环节进一步深化的可能性。

第一，扩展参与的时间，特别是村（居）民直接参与的阶段，更多体现群众的需求表达，并依此提出预算额度高低不等的项目方案，进而在民主议事会上加入权重计算，增加修正案等方法，不仅是“是”或“否”的单次表决；并使参与贯穿编制、执行、监督的预算环节，规范决算责任。

第二，代表选择方式，除村（居）两委推选的定额代表外，可以将按人口比例配置的代表名额开放竞选，由全体村（居）民或户代表直接投票选出相应数量的议事员，或者按照名额划分片区，每个片区全体村（居）民直接投票选出一个议事员。这样通过增大议事员代表范围，可以避免部分人群有代表、部分人群没有代表，以及代表只能提出小受益面项目的问题。

第三，乡镇层次公共事务的参与决策机制，除政府提出项目进入项目库外，可以设立议事员联名提案制度，对联合提案作为额外名额，鼓励跨越片区或者行政村的项目提案，这样使得乡镇预算参与不仅是讨论“分钱”、决定各村之间的资源配置，而且可以使议事会成为共同的公共事务讨论平台。

第四，激励村（居）民自组织的作用，包括开放一定的规则制定权，激发社会活力。

第五，在适宜的条件下，探索参与式预算与人大预算监督制度改革的结合。

第六，国际模式比较显示，县级规模也是适宜的参与规模。目前国内直接的公共预算参与均止于乡镇、街道层级，探索县级参与式预算，是未来的制度创新方向。

中共第十八届三中全会审议通过的《中共中央关于全面深化改革若干重大问题的决定》，提出构建现代国家治理体系，促进社会改革和协商民主的发展，并将财政定位为国家治理的基础和重要支柱。参与式公共预算的试点，是现代国家财政体系改革道路上非常有意义的探索，它的多元化制度尝试正在为改革提供宝贵的经验。

集体行动中的政治机会感知与运用：以华镇为例*

邓燕华**

内容摘要： 通过对华镇环保行动的考察，本文探讨了集体行动中的选择性政治机会运用、政治机会层级消减以及工具化机会运用等现象。笔者认为，政治机会有软硬之分，它们在机会结构中的权重亦有大小之别。在一起集体行动中，抗争者通常拥有多种政治机会，但行动者并非对之均力使用，而是有选择地加以运用。那些具有操作性的硬机会，往往备受行动者的青睐。然而，能被操作的硬机会在多层级政治体系中传递时，常因地方政府的象征性政策执行而被消减为形式政治机会。行动者虽然在主观上明确认识到形式政治机会的虚假，但可能在实践中将之作为真机会加以工具化运用。

关键词： 选择性机会运用　工具化机会运用　形式政治机会

一　引言

在抗争政治的研究文献中，政治机会（political opportunity）是个关键词。所谓政治机会，通常是指因制度结构或权力关系的重构而产生的有利于

---

* 本文曾发表于《香港社会科学学校》2014 年第 47 期。

** 邓燕华，南京大学社会学系教授。研究得到 2012 年度中国国家社会科学基金青年项目（12CSH041）及西南财经大学中央高校基本科研业务费研究项目（JBK141122）的资助。感谢香港中文大学李连江教授在写作过程中给予的帮助。

集体行动的因素。[①] 麦克亚当[②]主张从以下四个方面考察政治机会：（1）制度化政治体系的开放程度；（2）作为政体之基的精英联盟的稳定程度；（3）支持社会运动的精英联盟存在与否；（4）国家镇压的能力与倾向如何。另一些学者将政治机会大体分为两类，即由政体开放而产生的一般政治机会和因政策变化催生的特定政策机会（policy - specific opportunity）。[③]

不少政治机会研究者关注机会感知问题，因为“在机会与行动之间调节的是人以及人赋予情境的主观意义”。[④] 已有研究揭示了三种机会感知与机会运用关系，分别是（1）主观感知到并运用于行动的机会正是政治系统所提供的[⑤]；（2）已出现的机会未被感知到[⑥]；（3）感知到且用于抗争中的机会是假的[⑦]。在第一种情形中，机会感知与机会运用的方向是一致的，而在后两种关系中，机会感知与机会运用的方向不同。但是，这三种关系类型有一共同点，即实际行动真实地反映了抗争者对机会的判断。

---

① McAdam, Doug, John D. McCarthy, and Mayer Zald, "Introduction: Opportunities, Mobilizing Structures, and Framing-Toward a Synthetic Comparative Perspective on Social Movements," pp. 1 - 20 in *Comparative Perspectives on Social Movements*, edited by Doug McAdam, John D. McCarthy, and Mayer Zald. Cambridge: Cambridge University Press, 1996, p. 3.

② McAdam, Doug, "Conceptual Origins, Current Problems, Future Directions," in *Comparative Perspectives on Social Movements*, edited by Doug McAdam, John D. McCarthy, and Mayer Zald. Cambridge: Cambridge University Press, 1996, p. 27.

③ Tarrow, Sidney, "States and Opportunities: The Political Structuring of Social Movement," in *Comparative Perspectives on Social Movements*, edited by Doug McAdam, John D. McCarthy, and Mayer N. Zald, Cambridge: Cambridge University Press, 1996, pp. 42 - 43; Meyer, David S., and Debra C. Minkoff, "Conceptualizing Political Opportunity," *Social Forces* 82 (4), 1996: 1457 - 1492.

④ McAdam, Doug, *Political Process and the Development of Black Insurgency*, Chicago: University of Chicago Press, 1982, p. 48.

⑤ McAdam, Doug, *Political Process and the Development of Black Insurgency*, Chicago: University of Chicago Press, 1982; Tarrow, Sidney, *Democracy and Disorder: Protest and Politics in Italy 1965 - 1975*. Oxford: Clarendon Press, 1989; Costain, Anne N., *Inviting Women's Rebellion: A Political Process Interpretation of the Women's Movement*, Baltimore: Johns Hopkins University Press, 1992.

⑥ Gamson, William A., and David S. Meyer, "Framing Political Opportunity," in *Comparative Perspectives on Social Movements*, edited by Doug McAdam, John D. McCarthy, and Mayer Zald, Cambridge: Cambridge University Press, 1996, p. 283; Sawyers, Traci M., and David S. Meyer, "Missed Opportunities: Social Movement Abeyance and Public Policy," *Social Problems* 46, (2) (1999): 187 - 206.

⑦ Kurzman, Charles, "Structural Opportunity and Perceived Opportunity in Social - Movement Theory: The Iranian Revolution of 1979," *American Sociological Review* 61 (1) (1996): 153 - 170; Goodwin, Jeff, James M. Jasper, and Jaswinder Khattra, "Caught in a Winding, Snarling Vine: The Structural Bias of Political Process Theory," *Sociological Forum* 14 (1) 1999: 53.

现有研究没有探讨机会感知与机会运用在方向上不一致的另一情形，即集体行动者的实际行动未能真实地反映他们对现有机会的判断。比如，在中国的一些集体行动中，抗争者明知有些政治机会是假的，但依然将之视为真机会加以运用。这一现象的存在，固然与抗争者缺乏行动机会有关，但还有更深层的体制原因。在多层级的政治体系中，各级政府往往有着不同甚至矛盾的政策目标。中央政府最关心政权合法性和社会稳定问题，而地方政府更重视发展经济与完成硬性指标。[①] 中央与地方在目标追求上的分歧，往往会削弱集体行动者的政治机会。[②] 比如，中央政府制定了有利于某一利益受损群体的政策，为他们主张权利提供了机会；但地方政府因自身目标的驱动与限制，没有按中央政策办事。为了应对中央督查，地方领导通常会按中央精神出台相关地方政策，但在主观上无执行意愿。在这种情况下，中央政府提供的政治机会到了地方，往往被消减成形式政治机会甚至假机会，就像政策在自上而下的传输中出现权威的流失（leakage of authority）[③] 一样。

现有的政治机会结构理论虽然重视机会感知问题，但缺乏对抗争者有选择地运用机会这一现象加以研究。在中国，选择性机会运用的现象十分普遍，主要有两方面原因。首先，在与某一集体行动相关的政治机会中，各个机会在机会结构中的位置是层级化的。不同机会对集体行动的重要性不同，因为机会的可操作性有别，存在软机会与硬机会之分。[④] 比如，对一起环保集体抗争而言，行动者不一定会利用在环境政策领域上出现的机会，

---

① O'Brien, Kevin J., and Lianjiang Li, "Selective Policy Implementation in Rural China," *Comparative Politics* 31 (2): 167 - 186; Edin, Maria, "State Capacity and Local Agent Control in China: CCP Cadre Management from a Township Perspective," *The China Quarterly* 173 (2003): 35 - 52.

② 谢岳：《从"司法动员"到"街头抗议"——农民工集体行动失败的政治因素及其后果》，载《开放时代》2010 年第 9 期，第 46—56 页。但也有研究显示，不同层级政府在目标追求上的差异，也可能为抗争者提供行动机会。Shi, Fayong, and Yongshun Cai, "Disaggregating the State: Networks and Collective Resistance in Shanghai," *The China Quarterly*, No. 186, 2006, pp. 314 - 332；石发勇：《关系网络与当代中国基层社会运动——以一个街区环保运动个案为例》，《学海》2005 年第 3 期，第 76—88 页。

③ Downs, Anthony, *Inside Bureaucracy*. Glenview: Scott, Foresman and Compant, 1967; Tullock, Gordon (1987). *The Politics of Bureaucracy*. Lanham: University Press of America.; Cai, Yongshun (2010). *Collective Resistance in China: Why Popular Protests Succeed Or Fail*. Stanford: Stanford University Press, 2010.

④ 在政策执行中，正因为存在软指标和硬指标之分，所以才出现了地方政府的选择性政策执行这一现象。O'Brien, Kevin J., and Lianjiang Li, "Selective Policy Implementation in Rural China," *Comparative Politics*, Vol. 31, No. 2, 1999, pp. 167 - 186.

因为环境政治机会通常难以付诸实践。① 其次，一个抗争事件往往交叉着多个议题，这为选择性机会运用提供了可能。一些研究者已注意到②，抗争者可以利用议题联合策略（issue linkage strategy），对地方政府施加多重压力，从而提高行动成功的可能。但是，抗争者也会在相互交叉的议题中，选择运用那些容易操作的议题机会。例如，当一起抗争同时涉及环保议题与土地议题时，即便抗争者的主要怨恨是环境污染，他们可能会因为与土地议题相关的机会更具操作性而对之多加利用。

本文通过对一起发生在华镇③的集体抗争事件的考察，探讨政治机会在政府各层级传递过程中的消减问题，分析集体抗争者的选择性机会运用。该起抗争事件主要发生于2004年和2005年，当时农民的主要怨恨是该镇桃源化工园导致的环境污染，但在抗争行动过程中，特别是从2004年4月中旬到2005年3月中旬这一集体上访期间，华镇农民主要利用土地政治机会展开集体行动。从2005年3月下旬到5月下旬，华镇农民采取了直接行动，并最终迫使11家污染企业搬迁。本文主要探讨华镇农民在采取直接行动前所拥有的政治机会及他们对不同机会的运用。

本文所依赖的数据来自访谈与档案材料。笔者分别于2007年4月初至7月底和2008年4月底至5月初在华镇进行了为期4个月的调查，访谈了122个相关人员，包括市镇干部、村庄精英以及普通村民。同时，笔者还搜集到各种档案材料和其他文字数据，主要包括官方文件、官员反思“华镇事件”的报告、官员的工作日志、私人日记、农民集体上访信以及新闻报道等，共3000余页。本文引用了部分的访谈和文字数据。

二　政治机会的选择

在外界看来，华镇农民的集体行动是环保抗争。的确，农民的主要怨恨是环境污染导致的经济损失和健康伤害。桃源化工园始建于2001年，至

---

① Briggs, Adam, “China's Pollution Victims: Still Seeking a Dependable Remedy,” *Georgetown International Environmental Law Review* 18 (2) (2006): 305 – 333; Deng, Yanhua and Guobin Yang, “Pollution and Mobilization: Environmental Mobilization in Context,” *The China Quarterly* 214 (2013): 321 – 336.

② Cai, Yongshun, *Collective Resistance in China: Why Popular Protests Succeed or Fail*, Stanford: Stanford University Press, 2010.

③ 本文中涉及的地方均为化名。

2004年已有13家化工企业，日常生产导致了严重的污染，致使华镇的“水浑了，山黄了，树死了，田里长不出庄稼了”。[①] 据华镇当时分管工业和环保的副镇长介绍，化工园内有一家企业生产的一种产品会抑制植物成长，一些植物受污染后长到一半就停止生长。[②] “各种蔬菜基本上都是从根部开始腐烂，有的大白菜看上去好端端的，可用手轻轻一碰，菜叶都像齐根被切断一样倒地，露出腐烂的根部”。[③] 果农也反映，化工园内的企业大规模投产后，畸形果的比例由原来的15%左右提高到40%—50%。[④] 更让农民伤心的是，他们生产的农产品被贴上了“有毒”的标签。一个果农说：“我们的水果拿出去卖，不好卖。人家买水果，先问你是哪里的，我说我是华镇的，他们就说不敢吃，怕有毒。我们真是没办法的！”[⑤] 因为污染，华镇的菜价不断飙升。原先只要几毛钱的菜，后来卖到两块多，这增加了华镇人民的生活成本。华镇政府也承认桃源化工园的污染给周围百姓造成了危害，如在2004年7月6日，镇政府在《关于要求迅速建立理赔机制解决桃源功能区矛盾纠纷的报告》中提到：“该园区的建立一定程度上促进了当地经济的发展，但是也伴随着产生严重的环境问题。企业排放的三废对当地群众的身体健康及农业生产带来不同程度的损害，老百姓叫苦连天，特别是企业排放泄漏的废气造成粮食、水果、蔬菜、苗木等粮经作物绝收或减产。”

化工企业因工人操作失误或因生产设施故障而导致的突发性污染，更增生了华镇农民的怨恨。在2005年的直接行动前，化工园前后发生了十几次生产事故。2004年10月17日凌晨3时许，一工厂因管道爆裂泄漏大量臭气，使临近化工园的黄溪村农民感到异常难受。一位积极分子在当天的日记中描述道：“整个黄溪村恶臭难闻，而且眼睛有剧痛感，流泪不止，好像是氨水气味一般。有老年人当场晕倒，许多学生在上学途中只好蹲在马路边，小儿多数哑哭淌泪，黄溪菜市场500余人怨声载道，咒骂连天，其境其状实在难以用语言表达。”[⑥] 一个有孩子留守黄溪的农民工人说：“当我的家人告诉我，我的孩子在起来上学的时候因为气体的刺激睁不开眼睛而大

① 来自网络回帖，笔者存盘。

② 访谈C18，2007年6月29日。

③ 东县媒体报道，笔者存盘。

④ 访谈P9，2007年5月27日。

⑤ 同上。

⑥ 日记V11，2004年11月17日。

哭的时候，我的心里一阵阵刺痛，泪水打湿了我的眼眶。”①

虽然，华镇农民的主要怨恨是环境污染，但从笔者搜集到的22封上访信和一位核心积极分子从2004年8月4日至11月14日这段时间的日记可以看出，华镇村民主要是“借土地问题做环保文章”，②“死抓的就是退园还田”。③华镇国土资源所所长在2005年3月4日召开的党支部书记、联村干部会议上说：“桃源化工园区村民反映最关键的是环保问题，空气、水受到了污染，水不能吃，菜种不出来。村民知道没有地不能办厂，所以要求撤销用地。”④一积极分子也承认，“把田还给我们的目的，就是要厂撤掉”。⑤这种做法不仅是华镇村民的实践，于建嵘也有类似的观察：“村民可能不告环保，告土地，说你不应该拿我的地做东西。最近我们注意到了陕西一个地区，村民没办法说你的环境污染，说是你使用了我的土地。”⑥

事实上，华镇农民在抗争中拥有不少政治机会，有以人为本和科学发展观等新政治话语提出而带来的机会，以及因环境和土地政策的变化而产生的政治机会。⑦首先，新政治话语机会是软机会。在实践中，华镇农民也仅是在他们的上访信中略有提及。例如，黄奚农民在《救救我们》这封上访信中，引用了这些新政治话语以提高他们诉求的合法性：“党中央、国务院三令五申，要禁止违法用地行为，要以人为本，千万不能以破坏环境为代价来发展经济。胡锦涛总书记最近教导：权为民所用，情为民所系，利为民所谋。”

其次看环境政策变化带来的政治机会。从2002年到2005年，中国的环境政策和环境监察均有所改善。其中，最具“机会”意义的事件是《环境影响评价法》于2002年10月28日正式通过。环保总局原副局长潘岳认为：“《环境影响评价法》意义十分深远……中国公民的环境权益首次写入国家法律，它意味着群众有权知道、了解、监督那些关系自身环境的公共决策；

① 来自网络回帖，作者存盘。

② 来自2004年3月9日东县政府主持的环保会议记录。

③ 来自2005年3月4日华镇干部会议记录。

④ 同上。

⑤ 访谈V12，2007年5月24日。

⑥ 于建嵘：《目前中国上访中最受重视的是环保》，http://news.qq.com/a/20071127/005065.htm，获取日期：2013年3月15日。

⑦ 一位华镇领导在剖析华镇事件的反思报告中讲道：“2004年，村民巧妙地利用了政府倡导的亲民政策、以人为本（政治话语）、科学发展观以及土地清理整顿的宏观环境。”

它意味着谁不让群众参与公共决策就是违法。”[①] 在环保监察上，最引人注意的是国家环保总局在2004年底至2005年初掀起的“环保风暴”。这一风暴主要是为了显示，《环境影响评价法》不是一纸空文。正如潘岳所指出的，“对于《环评法》，很多人把它当成一个橡皮图章，但我要说的是，《环评法》不是个橡皮图章，我们要把这种认识改过来。”[②]

但是，因环境政策变化而带来的政治机会缺乏操作性，同样也是软机会。针对《环境影响评价法》的实施，潘岳曾言：“虽然公众参与环境监督的权利在法律上得到肯定，但在参与的具体条件、具体方式、具体程序上还缺少明确细致的法律规定。就是说，公众一旦遇到具体的环境问题，不知道如何参与”[③]。而事实上，这部本可以为华镇村民反对桃源化工园的扩建和新化工项目的引入提供抗争武器的法律，在笔者搜集到的22封上访信中，没有一封提及该法。[④] 因此，对华镇农民的抗争而言，因《环境影响评价法》颁布而产生的政治机会，不过是被错过的机会（missed opportunities）[⑤]。另外，村民也极少运用其他环境法律进行抗争。上访信中有关华镇环境问题的陈述，也多是从感官上对污染之重和农民之苦的描述。积极分子们并没有通过引用相关环境法律，以增强诉求的合法性。因为，他们难以获得相应的检测资料，去展示污染的损害程度，也难以证明损害与污染之间的因果关系。[⑥]

最后看土地政策变化带来的政治机会。由于建化工园对地方政府具有巨大的政绩诱惑，因而各类园区、开发区在过去二十年里一哄而上、遍地开花。在东部沿海地区，几乎到了镇镇建区、乡乡办园的地步。各地的开发区呈现多、散、小、乱的态势，而且往往开而不发。与此同时，因办工业园而失去土地的农民大多没有获得合理的补偿和安置，因此引发了大量

① 潘岳：《环境保护与公众参与》，《中国减灾》2004第6期，第24—25页。

② 李源：《当追逐经济利益遭遇环保风暴和能源危机》，载网易财经纵横：http://finance.sina.com.cn/review/observe/20050224/16151381584.shtml，获取日期：2010年3月6日。

③ 潘岳：《环境保护与公众参与》，《中国减灾》2004年第6期，第24—25页。

④ 直到2007年夏，在作者采访的几十名村民中，也仅有一位积极分子因刚参加北京NGO主办的《环境影响评价公众参与暂行办法》培训，而对《环境影响评价法》略有了解。

⑤ Sawyers, Traci M., and David S. Meyer, "Missed Opportunities: Social Movement Abeyance and Public Policy," *Social Problems* 46 (2) (1999): 187-206.

⑥ Briggs, Adam, "China's Pollution Victims: Still Seeking a Dependable Remedy," *Georgetown International Environmental Law Review* 18 (2) (2006): 305-333; van Rooij, Benjamin, "The People vs. Pollution: Understanding Citizen Action against Pollution in China," *Journal of Contemporary China* 63 (2010): 55-77.

群体性事件。根据时任中央农村工作领导小组主任陈锡文的介绍，2006年之前的几年，在全国范围内因土地征用而引发的群体性事件，约占农村群体性事件总数的50%。[①] 面对此起彼伏的征地冲突，中央政府自2003年开始采取了一系列紧急措施，不断下发规制文件，以整顿混乱的土地市场。在这些文件中，有一规定对当时的化工园构成了生存威胁，即2003年12月30日国务院相关部委发布的《关于清理整顿现有各类开发区的具体标准和政策界限的通知》，该通知规定："对县级及以下政府批准设立的各类开发区，一律撤销。"根据这个通知，省政府于2004年4月16日在该省日报上发布了《关于各类开发区（园区）清理整顿方案的公示》，而华镇的桃源化工园名列被撤园区之列。

相对于环保政治机会，因土地政策变化带来的政治机会是相对较硬的机会。土地政策的规定是最明确的，土地合不合法，村民对照法律和政策，能自行加以判断，而不像环境污染鉴定那样，需要有相应资质的机构才能做出。也正因为土地政策的政治机会具有操作性，华镇的两位积极分子一看到该省日报上那则公示，立刻发出"我们报仇的机会来了"的呼声。[②] 他们在之后的集体行动中，主要用明确的土地违法反对不能明鉴的环保问题，因为他们相信，如果土地问题解决了，环保问题也就自然不存在了，因此"借土地问题做环保文章"这一策略能一石二鸟。

三　政治机会的消减

根据李侃如的观点，一项政策要被成功执行，必须满足三个条件：（1）高层领导认为某一政策是必须的；（2）高层领导将这一政策置于优先地位；（3）下层政府对这一政策的遵从是可衡量的。[③] 对照这三个标准，土地政策似乎可以被成功地执行。因为，中央政府已感到整顿土地市场迫在眉睫，并通过反复发文、派出土地督查组等方式强调这一政策的优先性；下层政府对中央土地政策的遵从，基本是可衡量的。而且，当时中央政府为减少土地市场整顿的监督工作，还设计了选择性激励机制：地方政府若

① 常红晓：《"一号文件"昨颁，陈锡文解读"新农村建设元年"》，财经网，http://www.caijing.com.cn/2007-01-30/100016039.html，获取日期：2010年3月6日。

② 访谈P3，2007年7月17日。

③ Lieberthal, K., "China's Governing System and Its Impact on Environmental Policy Implementation," *China Environmental Series* 1 (1997): 3-8.

能对土地违法案件进行自查自纠，可获得从轻处理；但若不查不纠，且被中央抽检到，则要严加处罚。

但是，如果按照中央规定，当地至少要撤销65%的化工园区或开发区。这对仅仅是圈了块地、地皮上还长着野草的园区尚有可能；但要撤销那些已是机器隆隆的工业园，基本是不可能的。

面对中央的新规定，地方政府陷入了两难境地。一方面，中央的土地政策有着硬性的规定，且中央政府为促进这一政策的执行提供了选择性激励；而另一方面，地方政府因主客观原因不愿意或难以执行中央政策。在这种情况下，地方政府只好象征性地执行政策，从形式上自查自纠土地违法案件。① 对它们而言，这种政策执行须达致两个目标：（1）让中央认为地方政府执行了政策，尤其是对已有的土地违法案件作了自查自纠；（2）中央政策事实上没有被执行。根据媒体报道，地方政府是否“自查自纠”，主要表现为是否主动汇报土地违法行为并对之施以相应处罚。比如五部委联合督查组在广西、河南督查后得出的结论是“基本上能够认真开展自查自纠”，这一结论主要基于督查组成员的如下观察：“钦州市政府制定了《关于进一步加强建设用地管理的通知》，其中收回了钦州港经济开发区的土地审批权和规划管理权，撤销了钦州大田化工园；河南省济源市政府将城区114宗违法占地单位在新闻媒体上公开曝光，并重点对行政事业单位的经营用地、非法圈占集体土地、违法违规交易土地等九个方面的问题进行清查，限期纠正50多宗违规使用国有土地行为”。②

华镇所在的东县政府及国土部门也应上级要求开展了“自查自纠”，撤销了华镇桃源化工园。但事实上，化工园只不过改了番号，摇身变成华镇城镇规划功能区。结果，园内的企业照样生产，污染依然存在，并有加剧之势。一位华镇镇领导在接受笔者的采访时说：“土地政策收紧后，一个县

① 国土资源部会同国家发展和改革委员会、监察部、建设部、审计署，联合组成10个督查组在2003年8月8日至9月19日分三批对全国31个省、区、市土地市场秩序治理整顿工作进行了督查，督查员在实地调查时发现“看似轰轰烈烈的自查自纠背后也有令人担忧的现象。就笔者感受，各地搞自查自纠的动力相当程度上是冲着这次治理整顿的一个政策而去的，即凡是主动自查自纠的，可以依法从轻处理，而不是真正从着眼本地土地市场秩序好转的角度出发。这样一来，许多地方就利用机会把不合法的做法合法化，以期躲避对违法行为的追查”。汤小俊：《督查印象录——一个记者的督查随行记录》，《中国土地》2003年第11期，第9—11页。

② 汤小俊：《督查印象录——一个记者的督查随行记录》，《中国土地》2003年第11期，第9—11页。

只能有一两个化工园区，其他乡镇不可能有化工园区。中国人很聪明的啊，园区不能叫了，就叫工业功能区。上有政策，下有对策。上面来检查的时候，我们说我们没有园区啦。全省都是这么搞的。”①

象征性政策执行的最终目标是要将违法用地合法化。在当时，要将违法用地合法化必须经过相应的行政手续。华镇一主要领导在《剖析华镇事件》反思报告中写道：“违法用地合法审批需三个条件：一是符合土地利用总体规划；二是符合城镇总体规划；三是依法经过行政处罚”。因此，东县政府早先对华镇桃源化工园的更名，只不过是基本完成了前两个步骤。但要将桃源化工园区的土地彻底合法化，还必须对违法土地做出行政处罚。因而，2004 年 7 月 26 日，东县国土资源局一次性对桃源化工园区内的 14 家企业分别开出《土地违法案件行政处罚决定书》，给予各企业如下行政处罚：（1）没收非法占用土地上新建的建筑物和其他设施，并责令企业退出土地；（2）对非法占用的土地处以每平方米 15 元的罚款。东县市委还要求，在“（2004 年）8 月底前完成土地处罚工作的目标”。②

从上文的分析可以看到，地方政府象征性政策执行的结果，是将中央的土地政策变成形式政策。因而，对华镇农民而言，由土地政策变化产生的政治机会，也相应地被地方政府消减成形式机会。但是，这一消减过程也产生一些意外结果。在土地市场整顿过程中，中央要求地方自查自纠土地违法案件，并且下派督查组检查新政策的执行情况。地方政府为了让中央土地督查组看到“自查自纠”的表现，必须在事前召开会议，制定各种意见办法，在媒体上披露自查自纠的结果。这些行为虽然满足了应付中央督查的要求，但也给村民制造了很多了解中央政策的机会，在客观上加强了土地政策机会的信号效果（signaling effect）。村民感受到的机会不是直接来自中央的各种通知和规定，而是从地方政府应付中央督查的行动中获知的。但是，自从华镇村民从省政府公告中得知了桃源化工园被撤一事，他们的注意力就开始集中到土地政策上，随之把国务院自 2003 年以来的相关规定通过各种途径一一找出，并且更加灵敏地捕捉后续的机会信号。比如，东县国土资源局在 2004 年 7 月 26 日对桃源化工园区内的 14 家企业分别作出行政处罚后，一位积极分子于 8 月 9 日就从体制内的成员那里获知了这个

① 访谈 C10，2007 年 5 月 23 日。

② 来自东县某主要领导对华镇事件的反思报告。

“不对外界公开”的处罚。[①] 也就是说，一旦行动者感知到某一类可操作的政治机会，就会循此追索相关的机会。

四 政治机会的工具化运用

面对被消减的形式政治机会，华镇村民清楚地认识到它的虚假。从一位积极分子的日记可以看出，当时村民相信他们的土地即将被征用，因为似乎已在口头上接到土地征用通知的村干部经常对村民说，“反正下半年土地要被征用”。华镇村民也不相信东县国土资源局下发《土地违法案件行政处罚决定书》后，会将化工园区的土地归还村民。他们认为，国土资源局只不过“搞了个空头支票”而已，[②]“马马虎虎罚了款”。[③] 他们在 2004 年 8 月 9 日得知国土资源局对企业作出行政处罚后，第一反应是：“原桃源化工区企业用地没有办理审批手续，这次是搞突击行动。[④] 这种欺上瞒下、以罚代法的行为与强盗土匪、超级巨骗有什么区别？”[⑤]

村民在上访过程，更直接地认识到东县《行政处罚决定书》的处理是假的，而欲将违法土地合法化是真。如华镇几名积极分子在 8 月 11 日去国土资源局查阅处罚决定书时，该局副局长以决定书“已送上面”为由拒绝村民“文字能否给看看”的要求。[⑥] 又如，2004 年 11 月 16 日，华镇村民在该省国土资源厅上访时，那里的工作人员直截了当地告诉村民：“他们处罚了之后可以买回去，通过补办手续，再征用这些土地。”[⑦] 村民也从桃源化工园各企业可以顶风扩建的事实中，判断出《行政处罚决定书》不过是将违法土地合法化的前奏。如 2004 年 11 月 25 日华镇村民在寄给国务院办公厅的一封上访信中写道：“国务院办公厅在 2004 年 4 月 29 日（下发了）《关于深入开展土地市场治理整顿、严格土地管理通知》，该省日报在 2004 年 4 月 16 日发表的报道中撤销了东县华镇桃源、SW 两个化工园区。可是相反地，桃源化工园不仅没有缩小，反而一步步扩大。在最近两个月时间内，

---

① 日记 V11，2004 年 8 月 9 日。

② 访谈 P3，2007 年 6 月 11 日。

③ 访谈 P1，2007 年 6 月 8 日。

④ 指对土地违法处罚后地方政府才可办理土地审批手续。

⑤ 日记 V11，2004 年 8 月 11 日。

⑥ 同上。

⑦ 日记 V11，2004 年 11 月 16 日。

共建房屋100余间”。因而可以说，村民清醒地认识到，东县国土资源局作出的行政处罚，只不过是在“以罚代法，妄图偷梁换柱，变非法、违法为合法”。[①]

虽然，华镇村民明知地方政府提供的形式政治机会是假机会，但他们仍极力掌握它、运用它。2004年8月11日，几位华镇积极分子赶赴东县国土资源局要求查看处罚决定书的文件，副局长以“已送上面”为由拒绝出示后，一积极分子立即就在副局长的办公室，当着他的面向浙江省国土资源厅汇报并请教；省国土厅的工作人员鼓励他们拿起法律的武器。[②] 8月25日，东县国土资源局执法人员在村民多次要求下，前往桃源化工园阻止园区内企业顶风抢建厂房的行为。那名积极分子当着承包了园区工程的村干部以及执法人员的面，又给省国土厅打了电话，国土厅的工作人员再次鼓励他们拿起法律的武器，“去打行政官司”。[③] 另外，他还往《人民日报》打电话，报社人员告诉他们东县政府“现在搞罚款是顶风作案”。这种通过“电话请教，始终（与“上面”）保持联系”[④] 的做法是欧博文和李连江观察到的依法抗争[⑤]的升级版。在这样的依法抗争中，华镇村民利用现代的通讯技术，通过电话当着下级官员的面请教上级政府。这一做法使官僚系统中的上级、下级与农民三者形成了虚拟的在场，这种在场可以在一定程度上打破上下级政府部门可能在私下形成的共谋。上级政府由于受到政治话语和法律法规的约束，在这种虚拟的在场中，不得不站在农民的一边，为农民说话，而且上级工作人员与农民的对话间接地成为对地方政府的训诫。另外，村民当着地方政府的面，得到了上层政府的支持，这坚定了村民的抗争决心，也为他们后来采取直接行动提供了合法性。

村民最后得到《决定书》的复印件，也是通过上级对地方的压力获得的。2004年10月29日，村民在二度赴京上访后的返程途中，去了省国土资源厅，要求看东县国土资源局“送到上面”来的《决定书》，省厅工作人员说没有该文件，要到东县国土资源局去查。华镇积极分子十分委屈地说，“东县肯定不给查”，省厅工作人员说“给你们介绍信”，并说“化工园区继

① 日记V11，2004年8月11日。

② 同上。

③ 日记V11，2004年8月25日。

④ 日记V11，2004年8月11日。

⑤ O'Brien, Kevin J., and Lianjiang Li, *Rightful Resistance in Rural China*, Cambridge: Cambridge University Press, 2006.

续新建厂房，可叫他们停工，如不停，可直接拨省厅和东县县局电话，叫他们执法”。[①] 华镇积极分子拿到介绍信后就去东县国土资源局，要求看《行政处罚决定书》，吵了许久，才被允许查档，但不能复印。11 月 10 日，村民再次拿着上级国土资源部门开给他们的“要求了解园区土地处理情况”的介绍信，几经周折后，才从东县国土资源局复印到处罚决定书。

之后，华镇积极分子对形式政治机会加以了工具化运用。2004 年 11 月 11 日，也就是几名华镇积极分子从东县国土资源局获得 12 家《土地违法案件行政处罚决定书》后的第二天，其他积极分子立即将处罚决定书复印出来，分发到各村。11 月 27 日，很多村民拿着《决定书》的复印件，去化工园找相关企业，要求他们退出土地。2005 年 2 月 28 日，在桃源化工园土地主要来源村之一的黄扇村，几名积极分子给东县政府、公安局、人民法院、国土资源局以及华镇镇政府、镇派出所等部门发出《协助收回桃源化工园区企业违法使用华镇黄扇集体土地的函》，函中称：“华镇黄扇村民将组织人民监督企业退出土地，如果企业不能自行退出土地，希望东县政府督促企业尽快退出土地、协助华镇黄扇村民执行土地收回工作。”

华镇村民对形式政治机会的工具化运用在一定程度上约束了地方政府。华镇国土资源所的所长在内部会议上坦言：“村民反映用地问题是实事求是的，未批先建不符合规划要求，因而他们要求撤基还田。反映的处罚通知书也是实事求是的，这个处理是符合国务院要求的。我们去年因为没有指标，不能办理土地征用。因而，村民要求 20 日内撤基还田。”[②] 华镇一主要领导在《剖析华镇事件》中也写道：“工业功能区的土地一直处于非法或半合法化状态。这给部分群众上访、告状留下借口，也是政府在华镇事件中不敢强硬的理由之一。至于土管局，他们从自身职能出发，依法、依程序进行处罚，并把案子于 2004 年 12 月 6 日移交东县人民法院申请强制执行，这情有可原。但这一情况被部分村民知情后，整个工作非常被动。”华镇另一主要领导肯定了形式政治机会在合法化农民直接行动中的作用：“老百姓拿了那个处罚决定来镇里，我说奇怪了，我怎么没有看到。老百姓看到这个决定，对他们来说，实际上是一个很大的契机。华镇这个事情，事实上是国土资源局做出了这个处罚决定，老百姓觉得，你这些企业违法占地，要搬走。他们觉得政府部门都做出决定，你必须搬走。这对老百姓是个契

---

① 日记 V11，2004 年 10 月 29 日。

② 来自 2005 年 3 月 4 日华镇干部会议记录。

机。2005 年 2 月 28 日，他们把那个处罚决定送到我这里，送到派出所，要求政府部门协助他们收回土地，说如果 20 天企业不搬走，土地不还给我们，我们要强制收回土地，他们的依据就是国土部门的那个决定。”[①]

五　结论

自政治机会这一概念被提出以来，相关研究可谓汗牛充栋。这一概念不断膨胀，涵盖了形形色色的具体机会，抗争政治研究也在很大程度上变成了“机会学”[②]。结果，“政治机会”概念陷入了严重危机，它成了“事实上吸纳社会运动环境中所有方面的海绵”，贪图解释很多，却解释不了什么[③]。该理论甚至被批评成循环论证，过于琐屑且阐释力不足，甚至有可能完全错误[④]。笔者在这里探讨选择性机会运用、政治机会的层级消减以及抗争者对形式政治机会的工具化运用，不是为了加重这一概念的负荷，而是旨在加强它在既定内涵下的弹性。

通过对华镇环保行动的考察，我们看到，政治机会有软硬之分，它们在机会结构中的权重亦有大小之别。在一起集体行动中，抗争者通常拥有多种政治机会，但行动者并非对之均力使用，而是有选择地加以运用。那些具有操作性的硬机会，往往备受行动者青睐。然而，具有操作性的硬机会在多层级政治体系中传递时，常因地方政府的象征性政策执行而被消减为形式政治机会。行动者虽然在主观上明确认识到形式政治机会的虚假，但可能在实践中将之作为真机会加以工具化运用。

之所以选择华镇这一个案，是因为它在很大程度上是中国农村环保抗争的典型。首先，笔者在此探讨的环保政治机会之软机会现象是中国环保抗争所面临的共同问题。正因为机会存在软硬之分，选择性运用才有必要，并广泛存在于华镇之外的抗争实践中。其次，本文讨论的政治机会层级削减现象，并不是华镇一地特殊情境的产物，而是根源于中国多层级的政府

---

① 访谈 C8，2007 年 6 月 28 日。

② 赵鼎新：《社会与政治运动讲义》，社会科学文献出版社，2006，第 201 页。

③ Gamson, William A., and David S. Meyer, “Framing Political Opportunity,” in *Comparative Perspectives on Social Movements*, edited by Doug McAdam, John D. McCarthy, and Mayer Zald, Cambridge: Cambridge University Press, 1996.

④ Goodwin, Jeff, James M. Jasper, and Jaswinder Khattra, “Caught in a Winding, Snarling Vine: The Structural Bias of Political Process Theory,” *Sociological Forum*, Vol. 14, No. 1, 1999, pp. 27 – 54.

体系。最后，华镇农民在抗争中表现出的对形式政治机会的工具化使用，是因政治机会少才不得已而为之，这也是中国抗争者经常遇到的问题。当然，华镇事件也并非中国农村环保抗争的绝对典型。比如，环保问题与土地问题交错现象虽然常见，但并非总是如此。另外，华镇农民最后取得了罕见的胜利，这在中国农村环保抗争史上并不多见。有鉴于此，笔者无意掩盖本文的局限。

环境治理的监督机制：以地方人大和政协为观察视角*

冉　冉**

内容摘要： 地方环境政策执行的偏差问题一直困扰着中国的环境治理。对地方政府负有监督职能的地方人大、政协，难以独立自主地履行其监督地方政府环境政策执行的职能，没能成为地方公众参与和监督地方环境治理的有效制度渠道。地方人大、政协难以实现对地方环境政策执行的监督，在地方环境治理中发挥更大作用，其根本原因还在于他们无法为公众参与地方环境治理提供有效的平台、渠道和保障，违背了环境治理中多元主体、公众参与的基本原则。

关键词： 环境治理　监督机制　政策执行偏差　地方人大和政协

一　导论：谁来监督地方环境政策的执行？

对政策执行的过程和结果进行监督是一个完整的公共政策过程中必不可缺的环节。公共政策分析理论假设政策执行者不是“天使”，因此，为了实现一项政策从文本到结果的转换，不但需要恰当的激励，更需要强有力的监督，两者都需要精心的制度设计。① 可以把监督政策执行的制度简单分

---

* 本文的大多数内容已经发表在《新视野》2015 年第 3 期。

** 冉冉，中国人民大学国际关系学院政治学系副教授。

① 孙柏瑛：《当代政府变革中的制度设计与选择》，《中国行政管理》2002 年第 2 期。

为两类，一类是政治系统内部的监督渠道，如立法机关、司法机关的监督；另一类是政治系统外部的监督渠道，如媒体监督、公众监督。其中，政治系统内部高质量的监督需要有效的公众参与为其提供信息以及合法性支持。① 例如，新公共管理运动中兴起的责任政府建设和绩效评估就是行政系统内部对政策执行结果进行监督的一项制度设计，但其核心是倡导政府绩效评估中的公众参与，体现政府对公众的责任性。②

在讨论中国日益严峻的环境治理问题时，现有的研究普遍强调地方政策执行偏差是地方环境治理中面临的核心障碍，从地方分权、官僚结构、激励机制、政策特征和国家-社会关系等众多角度讨论了造成这种障碍的原因。③ 但是，很少文献涉及政治系统内部对环境政策执行的过程和结果的监督。这些具体问题包括，在中国地方环境政治的框架中，设计了哪些监督地方政策执行的机制？它们是如何运转的？如何评价它们的监督效果？

本文仅选取政治系统内部的地方人民代表大会（“人大”）和政治协商会议（“政协”）的监督作为观察视角，讨论中国环境政治中的监督机制及其对政策执行偏差的影响。本文的研究一方面基于文献分析，一方面基于笔者在新疆 A 市、福建 B 市、辽宁 C 市、江苏 D 市进行的田野调查（2007 年到 2012 年），具体方法是参与式观察和半结构式深度访谈。

二　地方人大、政协的监督职能

在中国的政治系统中，监督政治权力和监督政策执行的制度、机制很大程度是重叠的。人大和政协应该是目前政治系统内部对政策执行结果进行监督的核心制度安排之一。按照宪法的规定，各级人民代表大会代表人民，选举和组织政府，决定政府领导人；政府必须对人大负责并定期报告工作，接受人大的监督。因此，全国人大应该是目前政治系统内部监督体系中拥有最高权威的机关。人大对政府的监督是一种权力监督，是其核心

① 李景鹏：《关于行政权力的自律与他律》，《新视野》2002 年第 1 期。

② 陈雪莲：《地方政府绩效评估改革的突破与局限——以杭州市“综合考评制”为个案》，《理论与改革》2010 年第 1 期。

③ Lieberthal, K., “China's Governing System and Its Impact on Environmental Policy Implementation,” *China Environment Series* 1 (1997); Economy, E. Lieberthal, K., *The River Runs Black: The Environmental Challenge to China's Future* (N. Y.: Cornell University Press, 2004); 冉冉：《“压力型体制”下的政治激励与地方环境治理》，《经济社会体制比较》2013 年第 5 期；冉冉：《中国环境政治中的政策框架特征与执行偏差》，《教学与研究》2013 年第 5 期。

的国家权力之一。[①] 2007年实施的《中华人民共和国各级人民代表大会常务委员会监督法》专门规定了人大监督的形式、内容和程序等。具体监督内容包括立法监督、人事监督、法律实施监督、政府行为监督等。和人大监督权力的合法性来源有所不同，政协不是国家权力机关，却被赋予了“民主监督”的职能。政协的监督是一种共产党与民主党派之间的“民主监督”。具体包括：国家宪法与法律的实施情况；党和国家的领导机关制定的重要方针政策的执行情况；国家机关及其工作人员的履行职能、遵纪守法、为政清廉情况等。[②]

但是，在中国环境政治中，地方人大和政协是如何发挥监督职能？能否有效制约和纠正地方政府的执行偏差，从而改善环境治理水平呢？本文发现，地方人大、政协对地方政府环境政策执行情况的监督仍然在很大程度上依靠于强势的中央意志和党的领导，而不是地方环境治理中的公众参与。

三　依靠中央的“尚方宝剑”

随着环境问题的恶化和民众担忧的上升，环境议案和提案成为近几年来全国和各地方“两会”新闻报道的热点。据统计，2014年“两会”期间，人大代表提出的议案共468件，其中54件涉及环境问题，交由环资委审议。政协委员共提案5875件，其中596件与环境问题相关。[③] 环保类议题大概占10%，但是这些议案和提案对监督地方政府环境政策执行的效果还要画上一个问号。有研究指出，人大工作主要是在每年一次的会议上完成，市县级人大会议5天左右，乡镇人大会议2天。会期短，议程多。议案的审议需由全体代表经过表决，一个代表提出的一项议案也必须在小组会议上讨论才能成为正式草案，即使提出监督议案，也难以进入法律程序。[④] 2006年，厦门市全国政协委员赵玉芬院士联合其他几名院士给厦门市领导写信反对“PX”项目在厦门建设，没能影响政府的决策。2007年，赵玉芬联合105名政协委员在全国政协会议上提交了“关于厦门海沧PX项目迁址建议

① 杨雪冬：《地方人大监督权的三种研究范式》，《经济社会体制比较》2005年第2期。

② 周淑真：《中国人民政治协商会议的制度精神与价值》，《中国人民大学学报》2007年第5期；王润秋：《政协监督是民主监督的重要形式》，《理论导刊》2008年第12期。

③ 山水自然保护中心，《盘点2014年两会生态环境类议案提案》。

④ 林伯海：《人民代表大会监督制度的分析与建构》，中国社会科学出版社，2004。

的提案”，仍然没能影响政府的决策。最后，是厦门民众的街头抗争改变了政府的决策，将“PX”项目迁址漳州。①

按照规定，人大的监督对象应该是同级的行政机关、司法机关、检察机关以及下级人大及其常委会。政协的监督对象笼统地规定为“国家机关及工作人员”。现实中，地方人大和政协很难独立实现对同级政府的监督权，需要依靠中央的意志来加强自身的监督能力。正如杨雪冬教授指出的，“在我国还有一种情况值得重视，即在中央集中精力解决某些问题的时候，相应的监督工作更容易完成”。② 地方人大、政协享有的监督国家政策执行情况的权力成为其履行监督职能的主要权威来源。人大和政协行使监督权的方式也大多服务于中央意志的贯彻，代表民意对政府进行监督的制度性渠道不畅。人大常委会行使监督权的方式主要有：听取和审议政府工作报告；审查和批准预算，听取和审议国民经济和社会发展计划、预算执行情况报告，听取和审议审计工作报告；法律法规实施情况的检查；规范性文件的备案审查；询问和质询；特定问题调查；撤职案的审议和决定。③ 政协民主监督的形式包括：通过政协全国委员会和地方各级政协委员会的全体会议、常委会议、主席会议，向中共中央、全国人大、国务院或地方各级党委人大政府提出建议案；通过各级政协的各专门委员会提出建议或有关报告；通过政协委员的视察、提案、举报或以其他形式提出批评和建议；参加中共中央、国务院有关部门和地方党委、政府组织的调查和检查活动。④

在这些监督方式中，常用的方式是听取审议专项工作报告、调查、视察、执法检查等“不痛不痒”的监督手段。真正能够体现民意代表的质询、特定问题调查、撤职、罢免等硬性、力度大、决定性的监督手段用的很少，法律甚至没有规定具体审查、撤销程序如何启动。⑤ 在笔者进行田野调查的地方，没有发生过因为环境问题对政府部门进行的质询、调查、甚至撤职和罢免。新疆 A 市人大常委会工作人员表示，人大对政府的监督应该是“寓监督于支持”之中。质询、调查等监督手段属于人大对政府的“亮剑”，决不能轻举妄动。特别是对于那些不习惯接受监督的党政领导来说，这种

① 《赵玉芬：最先站出来反对 PX 项目的科学家［EB/OL］》，网易，2014 年 10 月 12 日 . http://news.163.com/07/1228/09/40PQHFC500011SM9.html。

② 杨雪冬：《地方人大监督权的三种研究范式》，《经济社会体制比较》2005 年第 2 期。

③ 徐永利、王维国：《人大行使监督职权途径问题研究述评》，《人大研究》2012 年第 10 期。

④ 杜启洪：《谈谈人大监督和政协监督的同和异》，《中央社会主义学院学报》1997 年第 6 期。

⑤ 汪中山：《论我国人民代表大会监督制度创新》，《中州学刊》2006 年第 2 期。

行为属于干扰政府正常工作的“挑刺”、“没事找事”，势必搞僵与政府的关系，会影响本地经济工作。①

即便是对于那些手持“尚方宝剑”的执法监督检查，也很少对同级政府使用。对政府进行环境执法检查一般是上级人大常委会选取行政管辖范围内的下级政府部门进行检查，同级人大虽然也要参与其中，但主要是辅助陪同作用。执法检查一般都以对中央政府某项法律执行情况进行检查为名目，议题根据中央工作重点的变化进行安排，一般不会提出实质性的监督批评意见。例如，辽宁省C市人大检查《大气污染防治法》是在该市开发区的钢铁和发电企业进行的。检查中，开发区政府领导和区人大领导参与陪同。报道中没有谈及此次检查的结果是什么，起到了怎样的作用。②

地方人大、政协自身监督环境政策的渠道缺失，不得不通过依靠中央的政策来实现一些监督职能。由此引发的一个悖论是，人大和政协究竟是代表本地民众来监督政府还是代表中央来监督地方政府环境政策执行？理论上说，其权力合法性应该自下而上地来自于对本地民意的代表，但事实上，却要在很大程度上自上而下地“代表”中央意志来监督地方。何俊志认为，1949年以来的宪法和组织法都是中央层面不断强化地方人大保证上级政策的遵守和执行。地方人大既是中央政策的执行保证机关，又是地方的最高决策机关；地方人大作为地方最高决策机关的地位，也在很大程度上来自于它作为中央政策的首要保证机关的地位。③

一些研究从选举民主、协商民主理论入手，呼吁加强人大、政协“代表”民意做决策的功能，并认为这是实现其监督权的实质性保障；否则，很难对政府进行有效监督。④ 蔡定剑教授在这个问题上有精辟的论述，他指出：“在落实人民代表大会职权方面，必须破除一种错误观念，认为人民代表大会主要是监督机关。我国人民代表大会有监督职权，但是，它主要还是决定机关，代表民意决定重大事情。而现在由于人民代表大会决定权基本没有得到行使，地方人民代表大会更多地进行了一些监督工作的探索。所以，在人们的眼中，人民代表大会越来越变成了一个监督机关。各级人

---

① 和新疆A市某官员的访谈（2007年9月）。

② 资料来源于该地方政府网站报道。

③ 何俊志：《中国地方人大的双重性质与发展逻辑》，《岭南学刊》2007年第3期。

④ 蔡定剑：《中国人民代表大会制度》，法律出版社，1998；何俊志：《中国县级人大制度模式研究》，重庆：重庆出版社，2005；崔英楠、崔皓旭：《近年来人民代表大会制度研究热点问题》，《北京联合大学学报（人文社会科学版）》2013年第3期。

民代表大会也是这样定位自己，这是对人民代表大会职权的误解。”① 笔者的田野研究也有类似的发现。比较而言，福建 B 市人大在地方环境治理中的作用更加活跃，很大程度上因为其享有一般城市不具备的地方立法权，从 20 世纪 90 年代开始就制定了一系列地方法律法规应对本地的环境问题。该市人大工作人员在访谈中强调，“能够用好地方立法权这个平台已经很难，很多监督政府的方式没有可操作性”。②

四　依靠党的领导

党委书记兼任人大常委会主任已经成为地方政治中的一个普遍现象。在官方话语中，这种安排被认为是一个“双赢”的结果：既有利于提高人大的地位，又有利于加强党的领导。③但是，有学者指出，这种模式最大的弊端是损害了人大的独立性，违背了国家治理体系现代化的基本原则之一的权力分立与制衡。现实中，很难处理好书记和人大常委会主任两个角色的冲突，可能出现书记对人大的绝对控制，造成新的党政不分和以党代政。此外，书记兼任人大常委会主任可能反而降低了人大的工作效率。“书记由于要抓一个地方的全面工作，要管大事、做决策，有时根本无法抽身去兼顾人大的工作。”④

人大、政协能否通过依靠强势的党的领导来实现监督地方政府环境政策执行的职能？不可否认，在某些地方、某个领域或者某个时间段内，党委书记对人大的支持力度确实能够成为人大监督政府工作的一个推动器。但这完全取决于党委书记的个人偏好，没有制度性、程序性的安排，既有不确定性也无法预期。事实上，党委书记兼任人大常委会主任确实可能导致书记过分集权，出现“自己监督自己”的现象。

具体到对地方政府环境政策执行的监督，地方党委，特别是一把手本应是急需被监督的，但成为监督者，成为监督的盲区。党委书记实际上是地方环境政策执行中的威权式角色，从目标和战略设定、政策议程设置、

① 蔡定剑：《论人民代表大会制度的改革和完善》，《政法论坛》2004 年第 6 期。

② 和福建 B 市某官员的访谈（2007 年 3 月）。

③ 《24 省份党委书记兼人大常委会主任，4 地副书记兼政协主席》，人民网，2014 年 10 月 12 日，http://leaders.people.com.cn/n/2013/0212/c58278-20480761.html。

④ 张书林：《地方党委书记与人大主任应兼职还是分设》，《中国党政干部论坛》2013 年第 6 期。

人事安排和冲突调节4个方面实质性主导着本地环境政策的执行。但地方人大和政协对其的监督几乎处于空白状态。人大的监督仅限“一府两院”，根本无法触及党的系统。理论上，政协的监督是一种共产党与民主党派之间的“民主监督”。但实际上，政协更多地将自身定位为合作者而不是挑战者；它们更多地是协助执政党开展工作，而很少进行监督。

陈家刚教授在研究协商民主与政治协商的关系时指出，协商民主是一个包容、多元、平等的对话过程，前提是保障协商参与者的平等地位和权力。目前，急需加强政协与党委和政府的平等地位。[①]有学者撰文谈如何加强政协的监督能力时建议：政协的监督应该“注意分寸、掌握火候、适可而止、过犹不及；不随心所欲；不站对立面，不借题发挥，不操之过急，力求做到‘帮忙而不添乱’”，[②]这些说法体现了政协监督的尴尬境地。

五　地方人大、政协中微弱的民间环保力量

何俊志教授的研究发现，十一届人大代表中，国家机关工作人员占50%以上，企业管理者占28%左右，公民社会组织的代表非常少。对大多数代表和委员而言，人大代表和政协委员的身份只是作为一种荣誉和政治资本，而不是代表本地选民参与政治的桥梁。人大代表多数都是政府机关工作人员，难以实行自我监督。[③] 自1994年，梁从诫先生成立中国第一个民间环保组织“自然之友”以来，环保组织在中国很快得到发展。到2012年，全国各种类型的民间环保组织的数量已经达到8000多个。但是，这些环保组织的成员难以进入地方人大和政协的正式组织结构中。在地方人大代表和政协委员的组成结构中，与强势的官僚和企业利益集团比较，真正来自环保组织，代表民间环保的力量极为微弱。地方人大、政协也无法为普通民众参与地方环境治理提供制度性渠道。笔者做田野调查的城市，目前为止还没有来自环保组织的人士成为地方人大代表或政协委员的案例。即便从全国层面上来看，地方人大、政协中代表民间环保声音的也微乎其微。我们可以从以下三个媒体报道的典型案例透视人大、政协中环保组织代表

---

① 陈家刚：《中国协商民主的比较优势》，《新视野》2014年第1期。陈家刚：《协商民主与政治协商》，《理论与探索》2007年第2期。

② 王润秋：《政协监督是民主监督的重要形式》，《理论导刊》2008年第12期。

③ 何俊志：《谁代表与代表谁？十一届全国人大代表的构成分析》，《中国治理评论》2013年第2期。

的状况。

中国民间环保先驱梁从诫先生曾是四届全国政协委员。梁先生在创办“自然之友”之前就是全国政协委员。他独特的家庭背景、个人魅力和政协委员身份显然都有助于推动梁先生对中国社会的“绿色启蒙”工作。1996年，他曾在政协八届四次会议上做了《大声疾呼，加强环保》的报告，这是政协首次以环保为主题的发言。他还多次在政协会议上提出了三江源保护、首钢搬迁、环保公益诉讼等提案。以上这些努力表明梁先生已经把一个全国政协委员可能在现有的制度空间内能够发挥的监督作用最大化了。

在制度空间有限的情况下，更多监督职能的发挥不得不通过一些非制度化、不确定性的方式，如全国政协委员这个头衔给他带来的个人影响力和关系网络等。值得注意的是，梁先生在帮助云南某县保护滇金丝猴的时候表示“北京的我们是你们的支持”。[①] 从这点可以看出，政协委员对地方的监督的前提条件仍然需要不断通过强化其“北京”（上级）身份和中央意志，而非本地民众的声音和力量。这对于地方层面的人大代表、政协委员，特别是那些民间草根环保人士来说是不可能实现的。

被誉为“滇池卫士”的张正祥曾经是云南省西山区碧鸡镇人大代表。他认为，搞环保“要敢和官斗，敢和老板斗，没这两个胆量你搞不了”。他在接受采访时说，向地方人大反映情况没用，找媒体最有效。张云祥因为环保行动和抗争失去了镇人大代表的身份和“滇池环保巡查监督员”的头衔，因为在一些地方官员眼中，他成了妨碍地方经济的“滇池疯子”。[②] 可见，在地方人大、政协中，草根环保力量无法和主导性利益集团进行对抗，其生存现状非常堪忧。

陈飞是十一届全国人大代表，浙江省永嘉县绿色环保志愿者协会会长。他几次提着“菜篮子”参加人大会议，给人大代表发“菜篮子”，宣传不用塑料袋的“环保”理念，被媒体称为“菜篮子代表”。[③] 但是他在人大提案在楠溪江建南岸水库，遭到了温州本地民众在网络上的炮轰。本地民间环保人士指出，在建水库会对楠溪江本来就破坏严重的自然生态环境更加致命的

① 《梁从诫的十年和“自然之友”的十年》，《南方周末》2004 年 6 月 10 日。

② 《张正祥：滇池守卫者》，《南方周末》2010 年 6 月 13 日。

③ 《一个农民代表的环保智慧》，中国网，2014 年 10 月 15 日，http://lianghui. china. com. cn/2009lianghui/2009 -03/03/content_17368602. htm。

打击。认为人大代表陈飞是“伪环保”，所做的提案“已经脱离人民太远”。[1] 这样看来，尽管一些人大代表和政协委员自称代表“环保”声音，但在履职过程中的具体行为无法取得地方民众的认可，让地方民众产生“被代表”的感觉，可能进一步降低地方民众对人大、政协环保监督的信任度。

六　结论与讨论：为何不依靠地方民众？

地方环境政策执行的偏差问题一直困扰着中国的环境治理。本文以地方人大、政协为观察切入点，讨论了中国环境政治中的监督机制及其对政策执行偏差的影响。主要研究发现是：地方人大、政协难以独立自主地履行其监督地方政府环境政策执行的职能，需要很大程度上依赖于强势的中央和党的“授权”去扩展制度空间，这造成了党政权力自我监督的悖论。地方人大、政协中代表环保的声音极为弱势，没能成为地方公众参与和监督地方环境治理的有效制度渠道；相反，主要成为中央和党的意志的代表，过度依赖于强势的中央和党的授权和支持，地方人大、政协失去了代表民意进行决定和监督的独立性，监督能力难以有所提升。

杨雪冬教授倡导以治理的范式来讨论人大监督权的实现问题，强调“监督只是整个治理过程中的一个组成部分，提高监督有效性的目的是为了提高整体治理的绩效，监督权的有效行使从根本上反映了国家对社会的回应程度和负责程度，因此要提高监督过程的透明度，扩大公众的参与，推动社会监督与人大监督的良性互动……依靠社会监督的深入，可以提高人大监督的合法性基础，减少监督的成本。而社会监督只有转化为人大监督，才能具有强有力的法律支持”。[2] 这提示我们，在讨论如何加强地方人大、政协对环境政策执行的监督权时，也有必要从治理的范式进行思考。

环境治理是一个典型体现了治理要素的政策领域，良好的环境治理需要具备多元主体、开放、公众参与、合作等特征，这也是实现国家治理现代化的要求。[3] 公民个人距离“环境”最近，对环境的了解和需求最为敏感、直接和快速，能够对环境的治理提供关键信息和帮助。地方人大、政协难以实现对地方环境政策执行的监督，不能在地方环境治理中发挥更大

① 《与永嘉籍全国人大代表、环保人士陈飞先生聊聊楠溪江上建造南案水库的问题》，温州本地BBS论坛文章，2014年10月15日，http://bbs.703804.com/thread-14389500-1-1.htm。

② 杨雪冬：《地方人大监督权的三种研究范式》，《经济社会体制比较》2005年第2期。

③ 俞可平：《论国家治理现代化》，社会科学文献出版社，2014。

作用，其根本原因还在他们无法为公众参与地方环境治理提供有效的平台、渠道和保障。地方人大、政协的权力合法性本应来自民众的授权和代表，应该代表民众独立行使监督权。因此，加强地方人大、政协的监督权力，扭转地方政府环境政策执行的偏差，需要加强民间环保力量在地方人大、政协中的代表，为地方公众参与环境治理提供有效的渠道。

参考文献

专著

俞可平：《论国家治理现代化》，社会科学文献出版社，2014。

蔡定剑：《中国人民代表大会制度》，法律出版社，1998。

何俊志：《中国县级人大制度模式研究》，重庆出版社，2005。

林伯海：《人民代表大会监督制度的分析与建构》，中国社会科学出版社，2004。

Economy E. Lieberthal K，*The River Runs Black：the Environmental Challenge to China's Future*（NY：Cornell University Press，2004）.

连续出版物

孙柏瑛：《当代政府变革中的制度设计与选择》，《中国行政管理》2002 年第 2 期。

李景鹏：《关于行政权力的自律与他律》，《新视野》2002 年第 1 期。

陈雪莲：《地方政府绩效评估改革的突破与局限——以杭州市“综合考评制”为个案》，《理论与改革》2010 年第 1 期。

杨雪冬：《地方人大监督权的三种研究范式》，《经济社会体制比较》2005 年第 2 期。

王润秋：《政协监督是民主监督的重要形式》，《理论导刊》2008 年第 12 期。

何俊志：《谁代表与代表谁？十一届全国人大代表的构成分析》，《中国治理评论》2013 年第 2 期。

何俊志：《中国地方人大的双重性质与发展逻辑》，《岭南学刊》2007 年第 3 期。

何俊志：《中国人大制度研究的理论演进》，《经济社会体制比较》2011 年第 4 期。

张书林：《地方党委书记与人大主任应兼职还是分设》，《中国党政干部论坛》2013 年第 6 期。

陈家刚：《中国协商民主的比较优势》，《新视野》2014 年第 1 期。

陈家刚：《协商民主与政治协商》，《理论与探索》2007 年第 2 期。

崔英楠、崔皓旭：《近年来人民代表大会制度研究热点问题》，《北京联合大学学报（人文社会科学版）》2013 年第 3 期。

蔡定剑：《论人民代表大会制度的改革和完善》，《政法论坛：中国政法大学学报》2004 年第 6 期。

徐永利、王维国：《人大行使监督职权途径问题研究述评》，《人大研究》2012 年第 10 期。

杜启洪：《谈谈人大监督和政协监督的同和异》，《中央社会主义学院学报》1997 年第 6 期。

汪中山：《论我国人民代表大会监督制度创新》，《中州学刊》2006 年第 2 期。

盛涛：《人大监督的性质及其完善途径》，《党政干部学刊》2007 年第 9 期。

周淑真：《中国人民政治协商会议的制度精神与价值》，《中国人民大学学报》2007 年第 5 期。

冉冉：《“压力型体制”下的政治激励与地方环境治理》，《经济社会体制比较》2013 年第 5 期。

冉冉：《中国环境政治中的政策框架特征与执行偏差》，《教学与研究》2013 年第 5 期。

《梁从诫的十年和“自然之友”的十年》，《南方周末》2004 年 6 月 10 日。

《张正祥：滇池守卫者》，《南方周末》2010 年 6 月 13 日。

Cho, Young N., “From ‘Rubber Stamps’ to ‘Iron Stamps’: the Emergence of Chinese Local People’s Congresses as Supervisory Powerhouses,” *The China Quarterly* 171 (2002).

O’Brien, K., “Chinese People’s Congresses and Legislative Embeddedness: Understanding Eearly Organizational Development,” *Comparative Political Studies* 27 (1) (1994).

O’Brien, K., “Agents and Remonstrators: Role Accumulation by Chinese People’s Congress Deputies,” *The China Quarterly* 138 (1994).

O’Brien Kevin, Laura M. Luehrmann, “Institutionalizing Chinese Legislatures: Trade-offs between Autonomy and Capacity,” *Legislative Studies Quarterly* 23 (1) (1998).

Lieberthal K., “China’s Governing System and Its Impact on Environmental Policy Implementation,” *China Environment Series* 1 (1997).

港台地区代议制实践

论香港立法会功能界别议席的未来改革及其走向*

王英津**

内容摘要： 回归前的港英政府时期就存在功能组别议席。鉴于功能组别议席在香港社会中的独特作用，回归后中央政府将其改造后保留了下来。回归以来的实践表明，立法会功能界别议席为香港各界团体的利益表达发挥了非常重要的积极作用，并得到相关各界的广泛认同。由于香港社会特殊的政治生态，各界对功能界别议席改革所持的态度颇有分歧，尤其"双普选"临近之际，香港各界围绕立法会普选模式展开激烈论争，其核心是功能界别议席的存废问题。鉴于功能界别议席目前在香港社会和政治运行中所发挥的实际作用，今后必须继续保留这一制度，但同时也必须适时加以改进和完善，以适应立法会普选的需要。未来功能界别议席的改革走向并不单单取决于功能界别议席自身，更取决于香港社会特殊的政治生态背景和一系列复杂的政治因素。

关键词： 香港立法会　立法会普选　功能界别

2007年12月29日第十届全国人大常委会第三十一次会议通过了《关于香港特别行政区2012年行政长官和立法会产生办法及有关普选问题的决定》。根据该决定，2017年实施行政长官普选，2020年实施立法会普选，以落实香港基本法第45条和第68条关于普选制度的规定。随着2020年立

---

* 本文曾发表于《国外理论动态》2016年第1期。

** 王英津，中国人民大学国际关系学院政治学系教授。

法会普选的临近，香港各界围绕未来立法会普选模式问题产生了广泛争议。在此情势下，功能界别议席的改革走向问题自然也就成为中央政府和香港各界共同关注的焦点之一。为了加深对这一问题的认识，我们有必要对功能界别议席改革问题进行全面、系统和深入地研究。

一　香港立法会功能界别议席的由来和发展

所谓功能界别（Functional Constituency），又称为功能组别或功能团体，是指通过从香港社会各行各业中挑选代表进入立法会，以实现政治参与、表达民意的目的，从而影响政府政策制定的一种制度。[①] 就目前香港立法会的组成而言，主要分为两大部分，一部分是地区直选议席，另一部分是功能界别议席。功能界别议席由功能界别按比例选举产生，占立法会议席的1/2。考察当今国外议会制度，依据行业界别（类似于香港功能界别）来划分议席、产生议员的情形并非鲜见，只是其并未直接称“功能界别”而已。功能界别议席实质是职业代表制的一种具体形式。[②] 事实上，内地的人民代表大会制度中，亦有依据职业产生的军界人大代表。

从历史上看，回归前港英政府时期的立法局就存在功能组别议席。1985年9月港英政府的立法局举行了有史以来的第一次选举，以选举团和功能组别方式选举产生了24名非官守议员，其中“按照社会功能划分的选民组别”包括商界（分两组）、工商界（分两组）、劳工界（分两组）、金融界、社会服务界、医学界、教育界、法律界以及工程、建筑、测量和都市规划界等9个界别，共选出12个议席。1988年，港英政府将立法局内“按社会功能划分的选民组别”正式更名为“功能组别”，此后，功能组别议席不断增加，直至占据立法局全部议席60个席位的一半即30个议席。

至1997年回归时，鉴于功能组别议席在香港社会中的独特作用，中央政府将其改造后保留了下来。[③] 概括起来，中央政府之所以决定保留功能组别议席，主要基于以下考虑。第一，功能组别议席是港英政府时期行之有效的制度。香港是一个资本高度密集的商业社会，在经济发展过程中形成

① 张定淮、李墨竹：《香港功能界别制度：性质、困境与前景》，载黄卫平等编著《当代中国政治研究报告》（第10辑），社会科学文献出版社，2013，第297页。

② 郝建臻：《香港特别行政区行政与立法关系》，法律出版社，2011，第142页。

③ 需要注意的是，在名称或称谓上，回归前更多地称为“功能组别”，回归后更多地称为“功能界别”，但其实质含义并未发生变化。

了不同的利益团体或界别，这样一来港英政府在推行其代议制改革过程中就要根据香港的实际情况，通过设置功能组别议席来平衡不同阶层、不同行业之间的利益。从实际治理绩效来看，该制度设置在港英政府时期的确产生了良好的管治效果。鉴于功能组别议席是港英政治体制中行之有效的部分，在回归后中央政府也就将这一制度经改造后保留了下来。正如国务院前副总理钱其琛所说："过去的实践已经证明功能组别选举模式是一种确保社会各阶层人民均衡参与政治生活的有效方式。因此，这应该被完整地保留。"① 第二，保留功能界别议席有助于保障香港社会各阶层的均衡参与。依据基本法，香港保留原有资本主义制度不变，即是说香港原有各界团体的代表必须存在，也正是出于均衡参与的考量，中央政府在香港立法会保留了功能界别议席。众所周知，意欲继续保持香港在全球经济格局中的独特地位，香港工商界对政治的必要参与不可缺少。香港社会的 28 个界别所创造的财富，占香港生产总值的 90% 以上，作为香港利益集团的重要代表和香港经济发展的重大贡献者，各个界别的利益和主张应当在立法会中有所体现。故中央政府依据回归前的做法将香港社会划分为不同的功能界别，并在此基础上由不同功能界别按比例选举产生议员进入立法会，以促使立法会更好地体现香港社会各阶层的利益，防止以简单的"多数主义"侵犯少数人的利益。

自 1997 年回归以来，香港立法会的功能界别议席均保持在 30 席，其中 2012 年第五届立法会时又增加了 5 个区议会功能议席。功能界别议席的具体发展和变化情况如表 1。

表 1　1997 年后香港立法会议席变化情况

年份	届别	选举产生方式			
		功能组别	分区直选	选举委员会选举	区议会功能组别
1998—2000	第一届立法会	30	20	10	
2000—2004	第二届立法会	30	24	6	
2004—2008	第三届立法会	30	30		
2008—2012	第四届立法会	30	30		
2012—2016	第五届立法会	30	35		5

① Christine Loh, Civic Exchange, eds. , *Functional Constituencies: A Unique Feature of Hong Kong Legislative Councial*, Hong Kong University Press, 2006, p. 62.

香港功能组别议席在香港政治发展史上具有独特的地位和影响，特别是回归以来的实践表明，立法会功能界别议席为香港各界团体的利益表达发挥了非常重要的积极作用，并得到相关各界的广泛认同。

二　关于立法会功能界别议席的改革或存废之争

长期以来，香港各派政治力量对立法会功能界别议席改革所持的态度颇有分歧，尤其在香港“双普选”临近之际，各方围绕立法会普选模式展开激烈论争，其核心是立法会功能界别议席的改革或存废问题。基于此，各派政治力量还提出了不同的改革主张及方案。

（一）早期关于“两院制”的改革方案及其终结

主张香港立法会实施“两院制”的论调，并非始自当下。事实上，“两院制”方案在香港基本法起草之初就曾被讨论过，但当时起草小组考虑到香港仅是一个城市，设立两个议院无甚必要，于是修改成直选议席与功能组别议席分别投票的制度。随着香港回归后行政与立法关系紧张局面的出现，以及对于将来议员全部普选后关于功能界别议席存废问题讨论的深入，“两院制”方案再次“浮出水面”。[①] 概括这些“两院制”方案的主要内容，要点如下。①关于两院的结构。参照西方国家两院制议会机构（例如英国的上议院/贵族院和下议院/平民院、美国的参议院和众议院等），主张将香港分区直选议席改为带有西方“下议院”性质的议席，并将设置这些议席的机构称为“地区院”，将功能界别议席改为带有西方“上议院”性质的议席，并将设置这些议席的组织机构称为“功能院”。②关于两院的产生方式。参照西方国家两院制下议员的选举方式，结合香港既有的功能界别选举做法，主张“地区院”由分区直选产生，而“功能院”则继续由功能界别选举产生。[②] 与此同时，也有人对“功能院”选举提出新的方案，即不单包括由功能界别选举产生，还包括由行政长官委任产生、普选产生等。[③] ③关于两院的权力配置。参照西方国家议会中上议院和下议院的关系，不

① 郝建臻：《香港特别行政区行政与立法关系》，法律出版社，2011，第152页。

② 《工商专联倡两院制推动普选》，香港《明报》2005年3月5日，A06版。

③ 刘乃强：《两院制时间表和路线图》，香港《信报财经新闻》2005年8月16日，A10版。

难推知，假如香港实行“两院制”，“功能院”的权限会小于“直选院”的权限。尤其在立法权上，通常认为“功能院”不能否决“直选院”通过的法案，但可以延缓其生效；但从实践来看，延缓其生效的运作，通常要受到延期时限、次数等法律规定的限制。①

从上述“两院制”方案来看，它能在一定程度上满足部分香港政党和居民全面实现普选的诉求，也永久性地保留了功能界别议席，是结合西方两院制和香港功能界别议席选举的一种折中方案，能够满足代表的广泛性和均衡性的要求。但它也暗含了诸多弊端，主要有以下几个方面：①它名义上以“功能院”方式保留了功能界别议席，实际上由于“直选院”的权限大于“功能院”的权限，这会限制功能界别议席积极功能的正常发挥。②功能界别议席的积极功能受到限制，就意味着行政长官施政的协同力量将减少，这既不利于行政长官依法施政，也不利于维护行政主导架构。③“功能院”设置后，功能界别议席的选举仍然要受到香港基本法中关于“立法会全面实现普选”的法理质疑，并不能从根本上解决其合法性问题。鉴于上述问题，2007 年香港《政制发展绿皮书》明确指出不再将“两院制”方案作为立法会改革的讨论对象。② 从国外两院制的实践来看，香港特区政府摒弃“两院制”方案不失为科学的抉择。因为国外实行两院制的国家大都是国土面积和人口规模较大的国家，至少是中等规模的国家，而小型国家大多实行一院制。香港作为一个城市，其政治类似城邦政治，在这样狭小的地区实行两院制，难以取得良好的运行效果。

（二）普选情势下关于功能界别议席的存废之争

虽然“两院制”改革方案已被特区政府摒弃，但围绕着立法会功能界别议席问题的改革论争从未停止过。尤其随着香港立法会逐步走向普选，关于功能界别议席的存废之争日趋激烈。从总体上看，目前存在两种对立的观点：一种观点认为功能组别和普选不相适应，应该予以废除；另一种观点则认为功能组别不能简单地予以废除，应经过“适应性改造”后予以保留。

---

① 陈咏华：《香港功能组别几种改革方案的利弊分析》，《一国两制和基本法》（内刊）2013 年第 1 期，第 125 页。

② 陈咏华：《香港功能组别几种改革方案的利弊分析》，《一国两制和基本法》（内刊）2013 年第 1 期，第 126—127 页。

1. 废除功能界别议席论

主张废除立法会现存的60个功能界别议席，将其全部交由分区直选产生。这种主张比较多地得到泛民派和少数建制派的支持，在他们看来，这是最接近普选真正含义的立法会普选模式，其与西方政党政治下政党主导的立法机构选举没有本质区别。由于是通过分区直选产生，那么在选举环节泛民派的优势就能表现得更加充分。概括起来，“废除功能界别议席论”的主要理据如下：①在“双普选”情势下，香港反对派强烈诋毁功能界别议席制度，认为这是一种“特权制度”。根据2004年香港特区政府的统计数字，香港28个功能界别的选民数字为192374人；与选民数字为320万的分区直选相比较，这被指责为“小圈子”选举。②立法会的功能界别议席除了要发挥广泛代表性的功能之外，还有一个重要功能即在立法会中增加与中央政府和行政长官的协同力量。其中，后者是泛民人士坚决主张将其废除的真正动因；也正因后者，功能界别制度成为泛民人士的“眼中钉”。③香港的普选应该按照《公民权利和政治权利国际公约》第25条的规定实行所谓普及而平等的选举。由于功能界别议席的存在而使香港选举制度中出现部分人拥有“一人两票”的现象。由于功能界别制度规定只有本界别成员才具有功能界别选举的投票权，而在分区直选中功能界别成员也具有投票权，这就使得香港立法会选举中存在着选举权不平等现象。泛民人士认为，这违背了“一人一票”的平等原则。④由于功能界别选举以界别分组来选出候选人，因而在讨论社会整体事务（例如讨论经济、医疗、教育、退休福利、基建等各种议题）的立法会以界别分组来选出候选人，未必能从社会整体的宏观角度来议事。他们会先照顾己方选民的利益，使社会趋向分化甚至对抗。⑤功能界别的划分并没有客观标准，例如医学界又是否需要细分为中医、西医，教育界又是否需要细分为小学、中学、大学及特殊教育，现有不同界别的选民门槛缺乏统一标准。⑥除了选举权的不平等问题之外，功能界别议席制度还存在其他一些问题。例如：现实功能界别议席的代表权在香港社会是否最大限度地体现了均衡性的问题；机构代表的设置是否真实反映了其所代表行业的投票意愿的问题；功能选区内部选举的民主程度与分区直选相比是否相对较低的问题；功能界别议员在立法会中的绩效表现是否缺乏公共性的问题；等等。[①] 概而言之，在泛民人士和

① 张定淮、李墨竹：《香港功能界别制度：性质、困境与前景》，载黄卫平等编著《当代中国政治研究报告》（第10辑），社会科学文献出版社，2013，第304页。

部分香港居民看来，功能界别议席制度与普选理念及实践有些“背道而驰”，所以他们一直主张废除立法会功能界别议席，全面实现分区直选。

2. 保留功能界别议席论

立法会功能界别议席制度目前是香港特别行政区代议民主制度的重要组成部分，其为香港社会的繁荣与稳定，以及中央对香港的有效管治发挥了积极的作用。中央政府、特区政府和建制派均一致肯定功能界别议席在香港回归以来为香港稳定所做出的贡献，于是主张在2020年立法会普选实现之后，仍继续保留功能界别议席。按照均衡参与原则，香港作为一个商业城市，为香港贡献了约九成生产总值的工商界、金融界等功能界别应该享有充分的代表权。普选是指立法会中的所有议席均由香港居民直接选举产生，需要废除的是当下功能界别议席仅由功能界内部选民和选民团体选举产生的办法。这与在立法会中继续保留功能界别议席并不冲突，只需要将功能界别议席的选举方式由过去依据功能界别选举产生变为由普选产生，即可使功能界别议席制度与普选之间的冲突得到协调。从维护行政主导架构和便于中央政府有效管治香港的角度看，继续保留功能界别议席确有必要。如果立刻废除功能界别议席，有可能对香港的行政主导架构产生巨大冲击；同时，功能界别议席是建制派争取立法会议席的重地，取消功能界别议席将严重削弱建制派的影响力。

由上可见，各方在立法会功能界别议席存废问题上的意见分歧很大，且短期内难以取得突破性共识。但需要指出的是，根据香港基本法的原则，对于功能界别议席的存废问题，中央政府拥有主导权和最终决定权。争议各方若能在分歧中寻求到共识性方案，那无疑是解决该问题的最佳方案；但如若不能达成共识性方案，那么最后只好由中央政府来决定功能界别议席的改革走向。

三　未来处理立法会功能界别议席的理性选择：“保留+改造”

笔者认为，鉴于香港基本法对于功能界别议席制度所做出的原则性规定，以及该制度在目前香港社会和政治运行中所发挥的实际作用，必须继续保留这一制度。但保留之后，也必须适时加以改进和完善，以适应和满足立法会普选的需要。

（一）今后应继续保留功能界别议席的理据和意义

1. 继续保留功能界别议席的正当法理

第一，符合香港基本法的原则和规定。香港基本法第68条规定：立法会“最终达至全部议员由普选产生的目标”。需要注意的是，“普选”并非意味着全部议员均由分区直选产生，也并非意味着要最终取消功能界别。“一人一票”的地区直选固然是普选，但却不是普选的唯一形式。现行的功能界别选举中那些以团体票或公司票为基础的间接选举，当然不能称为普选，但按照普选要求改造后具有广泛性和代表性的功能界别选举，亦是普选的形式之一。所以，基本法并没有否定功能界别在普选后的立法会中所扮演的适当角色。只要功能界别能够在改造后按普选的方式产生议员，达至普选的要求，就不存在所谓违反基本法的问题。事实上，有些功能界别（如教育界、法律界、会计界、医学界、卫生服务界、工程界、建筑测量及都市规划界、社会福利界等）已经实现了界别内的普及性直接选举。至于那些仍然采用间接选举的功能组别，则可以按普选要求进行改造。那种一概而论给功能界别加上背离普选、违反基本法标签的做法，是没有根据的。

第二，并非违背《公民权利和政治权利国际公约》。泛民人士指责2020年实行立法会普选后仍然保留功能界别，会违反《公民权利和政治权利国际公约》（以下简称《人权公约》）第25条b款关于“普遍和平等”的规定。从法理上看，保留功能界别尤其是按照普选的要求改造后保留功能界别，与《人权公约》中“普遍和平等”原则并不冲突。这是因为：①联合国在对《人权公约》第25条进行解释时强调，《人权公约》的规定仅仅是对落实选举权的一般价值的指引，而非要将任何一个既定的政治模式强加于任何地方，联合国认同没有一个适合所有人和所有国家的政治制度或选举模式；②在对“普选”的一般理解中，“普遍”所强调的是不能不合理地限制选举权，但并不排除法律对于选举权的合理限制；“平等”首先强调人人拥有平等的选举权，但是“平等”并不等于形式上的“一人一票”，当前各国普遍追求的是普选的实质平等，而“一人一票”未必能实现普选的实质平等；③当前各国对《人权公约》第25条存在着不同的理解，有些国家根据本国国情和宪法、法律规定对第25条予以了保留；在实践中，各国落实25条的具体制度也具有多样性。

第三，香港普选的法律根据是香港基本法，而非《人权公约》。1976年《人权公约》被引入香港时，港英政府对第25条涉及普选的b项条款做出

了保留，直至香港回归前，港英政府并未撤销这一保留。《人权公约》如何在香港实施的法律依据是《香港基本法》。中国政府已经通过《香港基本法》对因港英政府保留而无法在香港适用的公约第25条b款的实质内容，做出了明确的承诺并予以法律保障。《人权公约》的各项规定已经在香港基本法和相关法律中得到充分体现。香港普及而平等的选举将通过《香港基本法》而非借由《人权公约》来实现。既然香港普选的法律依据是《香港基本法》而非《人权公约》，按照普选的要求改造后保留功能界别也就不存在违反《人权公约》的问题。国际法是不能用来对抗、压制甚至凌驾于基本法之上的，这种做法实际上是在对抗和削弱基本法赋予中央政府的对香港政制发展的主导权。①

2. 继续保留功能界别议席的现实意义

第一，有助于维护行政主导架构。行政主导是香港特区政治体制的最大特点，而最能体现行政主导原则的规定，就是所谓分组点票机制：政府提出的法案，只需获得出席会议的全体议员的过半数票即为通过；立法会议员个人提出的议案、法案和对政府法案的修正案，均须分别经功能界别和地区直选议员各半数通过。分组点票机制的最大好处，就是政府的议案可以在较低门槛下通过，议员的议案则须经过较高门槛才能通过。这是确保公共行政效率的重要制度。然而，在分组点票机制中，功能界别议席制度扮演着关键角色，如果废除了功能界别议席，分组点票机制也将随之消失，立法会对政府的制衡作用会大大加强，这会对行政主导体制造成巨大冲击，从而使行政主导架构的运作更加困难。显然，保留功能界别议席制度是维护行政主导原则的内在要求。②

第二，有助于中央政府有效管治香港。功能界别议员是中央政府有效管治香港的重要依靠力量。实践证明，功能界别议员在中央管治香港的过程中发挥了不可替代的重要作用，并对中央与香港关系产生了积极的重要影响。保留功能界别议席有助于建制派赢得更多的立法会议席，从当下香港立法会议席在各政党或政团之间的分配情况来看，分区直选议席更多地被泛民派控制，功能界别议席更多地被建制派控制。如果继续保留功能界别议席，无疑对建制派更为有利。倘若废除功能界别议席，最大的受害者

① 饶戈平：《人权公约不能构成香港普选的依据》，《中外法学》2008年第3期，第456页。

② 李晓惠：《香港普选保留功能组别的法理依据与可行模式研究》，《政治学研究》2012年第5期，第84页。

则是大部分建制派政党，他们在立法会中的议席将会减少，实力将被大大削弱。从目前来看，建制派能够更多地配合中央管治香港。事实上，只有当行政长官取得立法会中建制派力量的有效配合后，其才能更有效地配合中央政府依法管治香港。

第三，有助于行政长官依法施政。保留功能界别议席有助于增加行政长官施政的协同力量。因为根据相关规定和解释，行政长官必须是“爱国爱港”、与中央保持一致的人士，行政长官的这一立场决定了其施政必然会遭到泛民派的抵制和制衡。泛民派向来擅长分区直选，由此不难预知：立法会普选之后，泛民派的议席会进一步增加，这就更需要保留立法会功能界别议席，以限制泛民派在立法会中的势力扩张，从而减少行政长官依法施政的阻力。否则，一旦废除功能界别议席，行政长官在立法会中的协同力量将减少，这不利于行政长官依法施政。因此，保留立法会功能界别议席，可以保持立法会中同行政长官相协同的政治力量，平衡或减少立法会中泛民力量对行政长官施政的掣肘。

第四，有助于社会各阶层的均衡参与。香港工商界对于香港经济发展的影响举足轻重，但他们人数较少。如若只采取单一的地区直选方式，人数较少的工商界就会在政治参与方面明显处于劣势，进而导致实质上的不平等。因此，所谓“均衡参与”主要是指如何确保工商界人士在香港政治发展中的必要而适当的参与。保留功能界别议席正是确保香港工商界实现均衡参与的制度保证。2004 年 4 月 26 日，全国人大常委会副秘书长在向香港人士强调均衡参与原则时指出：“没有工商界，便没有香港的资本主义，不能保持工商界的均衡参与，就不能保持原有的资本主义制度”，“要保持香港原有的资本主义制度，必然要求香港的政制兼顾各阶层、各界别的利益，既包括劳工阶层的利益，也包括工商界的利益，做到均衡参与”。[①] 均衡参与是香港政制发展的一项基本原则，在探讨香港立法会的普选模式时仍须遵循。如果全面废除功能界别议席，全部改为地区直选议席，均衡参与原则将从此消失，兼顾香港独特政制发展史以及有利资本主义发展的要求将无从体现，最终会损害香港的传统优势及国际商业中心的地位。

第五，有助于压缩政党（特别是泛民派政党）活动的空间。功能界别议席在一定程度上限制了香港政党政治的发展。在西方政党政治中，政党

① 《港存六不足　普选暂不宜》，香港《文汇报》2004 年 4 月 27 日。

和议会的关系通常表现为：议会是政党竞争和角逐的重要舞台，政党提名和支持其党员参与议会议员选举；政党通常在议会内组成议会党团，用以协调本党议会议员；政党是法律和政策草案制定的主体，并将法律和政策草案提交给议会审议通过予以合法化，从而发挥政党政策制定的功能。可以发现，西方政党在议会内的活动方式在香港表现得并不充分，其主要原因就在于立法会功能界别议席的设置限制了香港政党（尤其是泛民派政党）的活动空间。在立法会中设有功能界别议席的情况下，香港政党仅能角逐分区直选议席，而不能角逐功能界别议席。这样一来，香港政党的活动就受到了很大限制，这能有效防止香港政治走向政党政治，避免香港出现因政治参与膨胀而导致的政党恶性竞争，有利于香港社会的长期繁荣与稳定。

（二）应在保留基础上加以“普选化”改造

尽管保留功能界别议席存有上述法理依据和现实意义，但毋庸置疑，也存在一些问题，特别是与立法会普选的要求还存有相当的差距，这就需要按照普选要求对功能界别议席加以改造和完善。针对功能界别议席中存在的“选举权的不平等性”和“行业代表产生的欠民主性”等问题，学界提出了各种解决方案。代表性方案如下。

1. 全港“一人一票”制方案

有学者认为，在保留功能界别议席的前提下，可以通过“单一登记”即避免选民重复登记投票就可以解决部分人士“一人两票”问题。按照这种投票权的思路，凡是参加了功能界别选举登记投票的选民，就不可再参加分区直选的登记投票；反之，凡是参加了分区直选登记投票的选民，就不可再参加功能界别选举的登记投票。这样可以解决部分人士的“一人两票”问题，从而实现“一人一票”的平等投票权原则。

毋庸置疑，“一人一票”制方案是就如何实现普选制度与功能议席制度的相互衔接问题所进行的积极探索，在一定程度上既可以解决功能界别议席保留受到挑战的问题，又可以解决投票权的不平等问题。倘若从“普遍”和“平等”这两个原则分别来审视，该方案着重解决的是部分选民“一人两票”的不平等问题，体现了投票权的平等性。但该方案在落实“普遍”原则方面却存有瑕疵，因为该方案是以“限制一部分选民投票”（即要么参加分区直选登记投票，要么参加功能界别登记投票）的方式来实现“一人一票”，这实际上只能是“部分选民”的“一人一票”，而不是所有选民的“一人一票”，这与“普遍”原则的要求存有落差。

2. 全港“一人两票”制方案

有学者积极探讨功能界别议席的普选化方案，典型观点有以下两种。①“先界别提名后普选”方案，即先由原来的功能界别选民提名该界别的人士作为候选人，然后再交由全港选民普选。具体做法是，每名选民在选举地区直选议员的同时，也选出所有28个界别的35位功能界别议员。在建制派看来，这是“双普选”实施后的可行选择。原由功能界别提名并由部分人选举的方式与“普选”的价值理念有所冲突，确实难以继续维持，因此他们尽力捍卫现有的功能界别议席和立法会议员候选人提名权，并且将候选人的提名权掌握在功能界手中。[①] 从中央政府的角度来看，这个方案既照顾了未来立法会全面普选的情势又保留了功能界别议席，亦不失为可行的选择。对于温和泛民派来说，大多数愿意接受这种“改良版”功能界别议席模式。②“界别直接普选”方案，即全面扩大功能界别的选民基础。首先，将现时的28个界别的选民全面改为个人票；其次，将全港所有选民分别纳入不同的界别，使功能界别的选民基础与地区直选一样扩大至全港选民。全港每位选民将以“一人两票”制，分别在地区直选及功能界别选举中投票，以达到普选的要求。[②] 尽管上述两种方案存有不同，但并不存在不可逾越的障碍，均可以作为实现功能界别普选化的一种选择。在功能界别议席普选中，不采用分区直选中政党主导的提名方式，由各功能界先提名，然后再交由香港居民普选，这可以减轻泛民派对功能界别议席的冲击，更有效地让“爱国爱港”人士得到功能界的提名；全港“一人两票”制可以为保留立法会功能界别议席和立法会普选提供折中方案。这些方案中的合理因素值得中央政府在具体制定立法会普选方案和功能界别议席改革方案中加以考虑和借鉴。

从整体来看，“一人两票”制既符合基本法关于立法会全面普选的规定，又能够在既有立法会结构不变的前提下保留功能界别议席，应该是一种较好的折中方案，其被中央政府和香港各方政治力量所共同接受的概率较大。但是“一人两票”制在某些情况下也有其缺点：①依据基本法，单纯扩大选民基础或改变功能界别的划分，只需要特区本地立法即可，特区可以规避中央在香港政制发展问题上的主导权；②各方可能会在如何划分

① 陈丽君：《香港政党政治与选举制度研究》，中国社会科学出版社，2013，第353页。

② 李晓惠：《香港普选保留功能组别的法理依据与可行模式研究》，《政治学研究》2012年第5期，第89页。

功能界别问题上产生新的无休止争论；③普选情势下投给功能界别的选票有可能成为概念上的“虚票”，并非能达到保护各团体利益的初衷。可见，倘若要实施“一人两票”制，尚有许多具体问题需要进一步解决。[①]

四　余论

在一定意义上说，香港功能界别议席的设置是香港政治生态逐步演进的结果，属于渐进性的民主政治安排，有其独特的价值。从中央有效管治香港角度看，在香港立法会实施普选后的一段时期内仍有必要保留功能界别议席，以便保持立法会中与中央政府和行政长官相协同的力量。从香港泛民派政党和部分居民的角度看，他们认为继续保留功能界别议席的立法会普选并非真正意义上的普选，进而可能继续为此纠缠、对抗中央政府，继续主张废除功能界别议席。那么，功能界别议席能否作为一个过渡性的权宜之计，保留一段时间之后最终将其废除？就目前来看，这是一个很难回答的问题。因为这个问题的解决并非单单取决于功能界别议席自身，还取决于香港社会特殊的政治生态背景和一系列复杂的政治因素。从政治发展的角度来看，未来立法会功能界别议席的走向乃至存废取决于以下两个关键要素。

第一，香港的政治生态是否会得到改善。香港在政治发展过程中，其社会政治生态出现了严重的异化现象，主要表现如下。①民主工具主义。民主被用来作为反对特区政府和中央政府的工具，泛民派要求废除功能界别议席的“醉翁之意”很大程度上在于借民主来扩大活动舞台，借直接“民意”来增强其对抗中央和特区政府的“合法性”。②社会撕裂与对抗。回归后，香港社会一直存在着“泛民主派”和“建制派”两大对抗阵营，两者各自动员民众，互相攻击。香港政治发展过程中出现的上述问题或现象，反过来又会对香港功能界别议席的走向产生不可低估的影响，在一定程度上增大了中央政府在处理功能界别议席问题上的顾虑，甚至坚定了中央政府保留功能界别议席的决心。倘若这些异化现象不能得到有效解决，香港的政治生态就不可能得到改善和优化，也就无法消除中央政府对于废除功能界别议席的种种顾虑。

---

① 陈咏华：《香港功能组别几种改革方案的利弊分析》，《一国两制和基本法》（内刊）2013年第1期，第128—132页。

第二，是否要放开香港的政党政治。功能界别议席的产生和存在虽有合理性的一面，但其蕴涵的理念与现代民主也略有偏差。那么，在功能界别议席的去向问题上，怎样才能设计出一种既能防止行政和立法关系割裂又不违反基本法规定的方式呢？有人认为，普选实施后欲继续体现均衡参与原则，保障工商、金融等界别的充分代表权，不应再单纯地依靠功能界别议席制度，而应逐步有意识地支持与自身利益诉求契合的政党，或者组建新的政党以反映自身利益诉求。从理论上说，这个思路没有问题，但从现实层面看，这个问题却关涉到是否允许香港实行政党政治的问题，[①] 而后者又涉及香港社会的政治生态能否改善的问题。从选举与政党政治的关系来看，在未来条件成熟时，即香港社会的政治生态得到完全改善后，逐渐取消功能界别议席也并非一个不可协商的问题。但这个问题的协商和解决又主要取决于香港社会政治生态的改善状况和民主政治的成熟程度。就目前香港的政治生态和民主发育水平而言，这个问题不具有协商的空间，因为在目前香港社会充满民粹性和对抗性的撕裂状态下，倘若贸然废除功能界别议席制度，则只能增加香港社会的混乱。

由上可知，香港政治生态能否得到改善、是否放开香港政党政治与立法会功能界别议席的存废有着紧密的关联，三者互为因果，相互影响。在一定意义上说，三者是同一个问题的不同侧面。因此，香港社会应全面地、客观地、冷静地看待这一问题，深刻反思和检视自身在政治发展过程中出现的问题及原因，然后认真地、及时地对这些问题加以解决，从而为解决功能界别议席之争议创造良好的政治环境和条件。倘若香港的政治生态环境没有得到根本改善，政党政治便不会被解禁，功能界别议席也就不会被废除。因此，可以预见，立法会在实现普选后的很长一段时间内会继续保留功能界别议席。至于在继续保留功能界别议席一段时间后，是否会逐步废除功能界别议席，最终全面实现分区直选，这有待于中央政府届时依据香港政治生态的改善状况和政治发展的具体情况作出具体判断和决定。

---

① 王英津：《“双普选”对香港政治发展的影响与应对》，《探索与争鸣》2012 年第 6 期，第 71 页。

被党团政治绑架

——台湾“立法院”党团协商的制度困境*

林　红**

内容摘要：随着两岸经济社会交流日益走向制度化，台湾“立法院”在两岸关系中扮演的角色越来越重要，研究其关键性议事机制对于分析台湾岛内政治生态和突破两岸困局有特别的意义。党团协商是台湾“立法院”重要的议事机制，它的确立提高了“立法院”的议事效率和保障了少数派政党的议政空间，但是这一制度背后隐藏的党团政治却裹挟了“立法院”，使得高质高效的政治决策与社会治理难以预期，“立法院”也因此陷入了多重困境，如保障多数还是尊重少数的议事规则之困，服从民意还是服从党意的党团整合之困，以及密室政治还是透明政治的协商程序之困。党团协商制度能否在决策理政方面真正造福于台湾，取决于台湾“立法院”能否突破上述困境，找到制度的平衡点。

关键词：台湾“立法院”　议会政治　党团协商　议事规则　党团整合　透明政治

在国民党与民进党全线对抗的台湾政治生态中，政治共识的达成非常困难，公共政策的订立与执行常常深受其扰，高质高效的政治决策与社会治理难以预期。2008 年台湾实现了第二次政党轮替，马英九成为台湾地区最高领导人，同时国民党籍“立委”在“立法院”中占据了大多数的席位。

---

* 本文发表于《现代台湾研究》2015 年第 6 期。

** 林红，中国人民大学国际关系学院副教授。

这种行政权与立法权归于同一个政党即国民党的情形，表明台湾进入一个所谓的“一致政府”时期。从理论上讲，在这种有利的执政环境中，主政者应该对台湾的发展目标、社会治理有清晰的定位和妥善的规划，可以切实地担负起政治责任，利用党政配合，主导政局走向，确保施政顺畅。然而，现实与此恰恰相反，居于政治权力核心地位的“总统”马英九不仅没有成为一些观察家所担忧的“超级总统”，反而是在其职权范围内的执政也力不从心，行政权威无法得到有效贯彻，他的“黄金十年”愿景在政策层面的落实困难重重。马当局提出的包括“两岸服务贸易协议”、“两岸协议监督条例”等多项涉及两岸关系的重大政策议案因“立法院”的阻碍而延误，两岸关系发展速度放慢。尽管因“两岸服贸协议”引发的声势浩大的太阳花学运消散了，但“立法院”内部围绕这一议题的争斗却始终纷扰不止。令人不解的是，国民党既是“执政党”，又在“立法院”内是多数党，为何无法控制议案的进程？民进党在“立法院”内利用了什么样的机制，成功地阻碍了两岸协议的顺利审决？涉两岸类议题在“立法院”的曲折境遇表明，党团协商制度在其中起到了独特的作用。随着两岸经济社会交流的制度化发展，台湾“立法院”的影响不断增大，研究其关键性议事机制对于分析台湾岛内政治生态和突破两岸困局有特别的意义。

一　党团背景下的台湾“立法院”议事效率问题

台湾“立法院”是台湾地区最高民意机构和“立法”机构，在台湾政治体系中扮演着重要的角色。根据台湾学者的观点，“立法院”扮演着“人民的代理人、权力的制衡者、事项的参决者、荷包的控管者、‘总统’的问责者”等诸多角色[①]，这些角色总体上发挥着民意代言功能和决策中心功能，前者侧重于妥协和多元，后者则强调效率与一致。台湾民主转型以来，由于代议观念的普及，绝大多数台湾民众认为，只有通过他们选出来的“立法委员”在“立法院”中平等参与讨论和表决，政府决策才具有正当性。而在当前的权力政治框架中，“立法院”不但拥有高于地方议会及“行政立法”的“立法权”，而且扮演着对其他权力中心监督制衡的角色，拥有“调查权”、“预算审议权”、“弹劾权”、“罢免权”以及“人事同意权”等权力；此外，“立法院”还拥有涉及全岛性的重大事项决议权，如拥有对

① 林水波：《选举政治学》，五南图书出版公司，2011，第210—213页。

“行政部门”所提出的“戒严案”、“宣战案”、“媾和案”、“条约案”、“大赦案”、追认紧急命令及其他重要事项的“决议权”。

现代议会政治是立法权中心，更是政党政治的重要舞台，台湾政党间权力斗争最激烈的战场就是在“立法院”。尽管区域立委的当选较大程度取决于他/她个人与选民的互动，更依赖于个人的影响力，但是立委候选人出自哪个政党在选民心目中也是权衡的指标，政党在整个选举过程直到议会中的议案审议都起到至关重要的作用。根据台湾地区“宪制性规定”、“立法院议事规则”、“立法院职权行使法”等规定，台湾地区的法律制定程序分为提出法律议案、三读通过法案和法案公布三个环节，其中在主体部分的“三读”环节，又细分为“一读”→专业委员会审查→公听会（对外）/党团协商（对内）→“二读”→“三读”等议事程序。从中可以看到，作为团体组织的政党在议会中最直接的参与方式是通过党团协商这个特殊渠道。

党团协商的行为主体是议会党团，议会党团是西方议会政治中重要的政治组织，在美、英、德等西方国家的议会中都有不同的实践，其功能主要是通过内部组织的纪律以达成政党在议会运作的目标，借由组织运作产生集体力量，与其他党派在议会的政策决定上进行竞争、对抗或妥协，以贯彻政党的意志。[①] 在台湾，党团的约束力和活跃程度与政党的规模、组织和目标有关，党团活动以政党名义来组织，一般的目的是整合同党籍“立法委员”意见和协调与其他党籍“立委”、其他党团在决策审议中的关系。但是，设置在“一读”与“二读”之间关键环节的党团协商制度却被赋予了特别的意义。

在台湾政治中，党团协商一词常常与“朝野协商”、政党协商相混用，但严格意义上讲应该是“立法院”内政党“立委”的组织化活动，它在1999年“国会五法”[②] 修订前被称为“朝野协商”机制。1999年1月12日，台湾“立法院”通过“立法院职权行使法”，党团协商正式制度化。之后经历了2002年1月旨在提升职能委员会职权而压缩党团协商空间的改革，以及2008年4月对党团协商制度的透明化改革。虽然党团协商的效果在实

---

① 罗传贤：《立法程序与技术》，台北：五南图书出版公司，2006，第523页。

② “国会五法”指“立法院组织法”、“立法院各委员会组织法”、“立法院职权行使法”、“立法委员行为法”、“立法院议事规则”。“国会五法”的介绍参见田丽虹《国会助理工作手册：国会生态地图总导览》，台北：新自然主义出版社，2001。法条全文见台湾“立法院”网站，http://www.ly.gov.tw。

践中一直备受争议，但确已成为“立法院”议事程序中非常重要的一环。根据“立法院”的议事规则和“职权行使法”，法案在“一读”之后进入专业委员会的审查，如果遇到争议，委员会主席可裁决进行党团协商，通常由“立法院”院长或各党团向院长提出请求。协商由“立法院”院长主持，由该议案的院会说明人所属政党负责召集，各党团指派两名代表参加。协商一旦达成共识，即签名形成协商结论，经院会“二读”（立法院全体大会）宣读后，列入纪录，刊登公报。经院会通过的协商结论有一定的法律效力，对各党“立委”有约束性。①

党团协商制度的设计目的是使得朝野各党派在平等、尊重与和谐的气氛中沟通，凝聚共识，以利于争议法案顺利通过，因此被台湾学者称为“不仅是折衷妥协的政治艺术，也是责任扩散的一种机制与过程”。② 而针对“立法院”内国民党、民进党两大党全面对抗而小党泡沫化的政治生态，党团协商的具体用意一方面在于提高“立法院”的决策效率。因为台湾各政党在“立法院”互动过程中，在议程设定、资源分配和议案处理等方面常常发生分歧、摩擦和冲突，极大地影响了立法院“院会”的议事效率，造成社会资源的浪费。比如国民党常常凭借其席位优势，以数人头的多数决方式强行进行议案审议，引起了民进党等政党的激烈反制，采取非理性抗议行动，既损害了“立法院”权威形象，更损害了公共利益。党团协商制度可以使少数派政党有机会在决策上参与意见，提高决策效率。另一方面在于提供政党有效沟通的制度化平台。所谓有效沟通是指对于议政决策有积极帮助的政党互动，国民党与民进党在“立法院”之外的互动更多的是一种无制度约束的对抗与冲突，在“立法院”内提供这样一个平台和相应的制度约束，可以使对立的各个党团无论席次多少，政党规模大小，都可以平等交流，倾听和融合其他意见，反思与修正己方立场，从而建立共识，突破议案审议的瓶颈或障碍。

二　保障多数抑或尊重少数——党团协商的议事规则问题

台湾“立法院”遵循多数决的议事原则，这是代议民主的通行规则，

① “立法院职权行使法”，第68—74条。

② 罗传贤：《立法程序与技术》，台北：五南图书出版公司，2006，第595页。

这一规则可以使议事机构的“立法”行为符合和保障多数人的意愿和利益。在台湾“立法院”中，政党席位的多寡由选举决定，但多数党的影响能否稳定发挥与它的党团能力很有关系。一般而言，政党的影响通过其议会党团的运作来体现，党团可以整合立委意见，尤其是对政党“立委”进行纪律约束和意见统一，这有助于“立法院”中出现稳定的多数，使得决策具有稳定性和延续性。

理论上说，如果“立法院”已出现稳定而明确的多数时，党团协商已无必要，因为“多数”已可以成为决策的合法性基础。[①] 但是，少数党和一些学者担忧多数决可能导致“多数暴政”，担心占据多数席位的政党不能站在公道的立场上来主导整个议事过程，而是以一党之私来设定讨论议程和使法案内容合法化，通过更符合己方利益的政策主张，完全否决少数党的政策主张和制度设计，使得符合社会公益的制度或政策失去执行的机会。[②] 应该说，党团协商制度在发挥监督制衡作用，防范大党、多数党的独大滥权方面是有重要作用的。但是，如果权力分立和权责相符的宪政原则得到执政党的遵守，如果有设计良好、运转良好的选举制度和政党竞争机制，其实无论执政党在议会是少数派还是多数派，都不太容易出现一党独大而滥权的情况。

在宪政体制下，多数派政党不具有将其多数优势发展成为多数暴政的正当性，少数党派的议事权利同时需要得到尊重。众所周知，台湾政治生态高度分化和对抗，国民党、民进党两大党在利益、理念和目标上都有冲突，由于国民党基本上占据“立法院”多数席位，一旦其对于“立法院”少数党意见刻意无视或“恃多凌少”，可能会导致民进党、台联党等少数派政党采取非理性斗争的策略，从而直接影响“立法院”的议政决策质量与效率。因此，尽管明显存在着与“多数决”民主原则的冲突，但是出于尊重少数，争取各方均能接受的共识，以免在将来法案审议过程中产生对立与歧见，使得法案顺利通过审议程序，提升议事效率[③]，党团协商制度还是以平衡多数原则为名被推上了前台。根据台湾地区有关规定，“立法委员”无论政党背景如何，在法理上享有平等的议事权，党团协商制度在设计上

① 苏永钦：《国会改革　台湾民主宪政的新境界》，台北：财团法人新台湾人文教基金会，2001，第133页。

② 林水波：《选举政治学》，台北：五南图书出版公司，2011，第221页。

③ 陈清云：《调和“议会”冲突之“国会法”规范——以“立法院”之议事运作为中心》，台湾《军法专刊》2007年第1期，第19页。

偏重于保障少数党“立委”的权利，规定每个政党只要有三个以上席位都可以独立组织党团，或者不足三席时与其他党籍“立委”组成党团，平等参与党团协商，党团无论大小，只有两名协商代表。

但是，问题在于自从党团协商制度化以后，“立法院”的议事和立法制度开始偏离原本倚重的院会和委员会，朝向“党团协商中心主义”倾斜。党团协商最为外界诟病的，在于它降低了院会、委员会的作用。不仅党团协商可以将专业委员会审查中的议案或根本还没有交委员会审查的议案，径付二读、三读，形同“太上委员会”，架空了委员会的职权，而且一旦法案送交党团协商，被协商修正的比例往往很高，数量从第一次“国会”改革后的54.44%提升至第二次“国会”改革后的78.85%，其中有68.3%的议案受到实质的修改。[①] 这种现象在后来的届别中，并没有太大的变化。自1999年以来，这一原本以处理立法争议与冲突为主要目标的选择性机制几乎成为一项必经程序。在“立法院”目前国民党、民进党两分天下的实际情况下，党团协商已从可选项演变为几乎是必选项，只要是蓝绿争执不下的重要议题，基本上都要进行党团协商。[②] 本来党团协商的目的在于提高议事效率，但在蓝绿政党对立深重，重大争议问题的融通空间非常狭小的情况下，党团协商程序的增加，使法案反而陷于久拖不决。

从原则上看，更严重的问题还在于其先天即有的与“立法院”多数决原则相冲突的弊端，党团协商的出发点是尊重少数派意见，但实际运行中却出现了少数意见可能凌驾于多数意见的情况。台湾“立法院”准许设立党团的标准很低，只要有三名“立委”就可以成立党团，党团协商的代表推派并不是按党团比例分配，而是党团不分席位多少，一律可以派两个代表参加争议法案的协商，一律对法案拥有最后的发言权。在协商过程中，小党党团或无党籍“立委”组成的党团可以利用平等的协商权力与大党团讨价还价，左右协商结果，形成所谓“关键少数”的优势地位，只要有任何一个党团杯葛法案，协商结论便无法产生。因此，党团协商制度虽然达到了尊重少数的目的，但却不能避免少数绑架多数、罔顾多数民意的情况。

此外，台湾党团协商的作用很大程度上取决于各政党席位多少的对比情况。如果出现像选举制度改革之前第五、六届“立委”选举的“多党不

---

① 杨婉莹、陈采葳：《“国会”改革风潮下党团协商制度之转变与评估》，台湾《东吴政治学报》2004第19期，第135—136页。

② 王鸿志：《“立法院”政治生态与“两岸协议监督条例”之关系》，香港《中国评价》2014年8月号。

过半”的情况，各政党进行党团协商的意愿较大；但一旦出现了“多数党”尤其是稳定的“多数党”，情况则有很大不同。2008 年 1 月，“立法院”第七届“立委”选举实行“单一选区两票制”，“立委”席位减半，由此，小党的活动空间大受打压。第七届和第八届选举都出现了稳定的多数派政党，国民党在第七届中获得近 3/4 的席位，第八届中获得了 112 席中的 65 席。当“立法院”出现稳定的多数党国民党，尤其当这个多数党还是“执政党”时，国民党更倾向于利用“多数党”与“执政党”合一的绝对优势来通过法案，相应地对于通过党团协商制度来解决争议议案的意愿就更低了。在这种“一致政府”的体制下，“总统”可以“立法院”多数党的领袖身份面对“立法院”，而“立法院”也以对“内阁”的支持间接认可“总统”的主导角色。[①] 因此，即使党团协商不成功，多数党/执政党也能够在二读、三读中凭优势地位强行通过法案。在这种情况下，执政党党团与在野党党团处在不均衡的状态，执政党愿意通过党团协商机制释放的利益空间很有限，而因少数党抗争，争议法案在协商中被拖延或无果而终的可能性反而增大。

三　服从民意抑或服从党意——党团内部的意见整合问题

党团协商制度带有政党主导立法的明显意图，但是在党团内部整合方面，各党团都不得不面临民意与党意可能冲突的问题。在立法机构中，政党与议员都扮演重要角色，政党扮演集结利益与组织立法的角色，议员扮演反映民意与表达利益的角色。[②] 在利益取向上，政党偏重于政党利益，议员偏重于选民意见，片面强调议员或政党的角色，都不利于立法机构发挥立法与监督执政的功能。

关于“立法委员”的“立法”动机，安东尼·唐斯早已直白地指出，政治人物是追求个人利益的理性算计者，他们的所有作为，无不以获取连任为考量，所谓的政策主张或理念，事实上都是“纯为私利考量下的手段”而已。[③]“立法委员”们的去留由选民决定，他们是代表选民在“立法院”中问政，必然会以选区民意为依归，因此民意当然会成为他们提出政策主

① 田丽虹：《两岸关系的决策分析》，台北：新文京开发出版股份有限公司，2003，第 36 页。

② 苏永钦：《国会改革　台湾民主宪政的新境界》，台北：财团法人新台湾人文教基金会，2001，第 184 页。

③ Anthony Downs, *An Economic Theory of Democracy*, New York: Harper & Brothers, 1957, p. 28.

张的基础。但是，在“单一选区两票制”之下，党籍“立法委员”的当选与政党支持有特别的关系。政党在选举中具有吸引选票的能力，在“立法院”中有简化议题和提高决策效率的能力，为了当选以及使得自己的议案顺利通过，“立委”在“立法院”不能不调整立场，以配合政党诉求。某种意义上说，他们既是选民代表，也是政党代表，因此在进行政策抉择时，是在乎民意还是遵循党意，有时是比较困难的问题，毕竟民意与党意总有一定差异。

在“立法院”中，国民党、民进党两大议会党团常常使用“大棒加萝卜”的策略整合其党籍“立委”的政策意向，“政党借由立法院规则之外的组织地位，在法理上彼此平等的“立法委员”之间，建立起不平等的权力关系。利用这一关系，政党创造了酬庸诱因，使议员愿意积极配合政党的立场”。[①] 因此，“立委”与政党之间建立了休戚与共的认知和独特的阶层伦理，党籍“立委”不再是单纯的服从民意或党意，而是必须在民意与党意之间平衡。党团立场一般最明确、最忠实地体现政党利益，但由于“立委”们需要权衡选民利益和意愿，使党团意见常常不易统一，这直接影响到党团协商的意愿和效果。

在党籍“立委”与党团的关系方面，选举制度起到了关键性影响。从1992年到2004年的第二届到第六届台湾“立委”选举，采取的都是“单记非让渡投票制”[②]，每个选区有一名以上“立委”名额而且多余选票不能同党转让，当选门槛偏低，容易造成“少数当选”，操守不佳的候选人也有机会以相当低比率的票数当选，出现代表普遍性与选举平等性的问题。而对党团协商的影响在于，靠“少数当选”的“立委”为了改变在选区中支持率不高的状态，更注重选区或特定选民的意向，不服从党团意愿的情况更容易发生。同时，这种选制也容易造成激烈的党内竞争，致使一些候选人剑走偏锋，讨好特定族群，注重地方性与利益取向的选民服务，从而弱化政党凝聚力，影响党团协商的议事质量与效率。

从2008年第七届台湾“立法委员”选举开始，选举制度改革为“单一

---

① 苏永钦：《国会改革　台湾民主宪政的新境界》，台北：财团法人新台湾人文教基金会，2001，第132页。

② 台湾地区实行的“单记非让渡投票制”采用“大选区制”，即每个选区根据人口数的多寡产生一名以上的“立法委员”；在同一选区内有多名参选人参与角逐多个席位；选民实行一人一票制；候选人则按票数的高低来决定是否当选，其中，得票数较高的前几名当选，而当候选人得票数超过当选所需的票数后，其多出的票不得转移给同党候选人。

选区两票制”，“立委”人数减半，由225人减为113人，其中“区域立委”73名，不分区“立委”34名，原住民和侨选“立委”6名，每个选民投两票，一票投给“区域立委”，一票投给政党。在新选制中，政党的角色得到了加强，不分区“立委”的席位多少取决于政党得票数，“区域立委”虽然比较依赖候选人的个人素质，但具有地方组织和动员优势的政党如国民党、民进党等全力辅选也是取胜的重要因素。因此，新选制实施后，政党在选举中的重要性被提升了，对其党籍“立委”的掌控力在增加，党团协商的质量与效率有所改善。而党籍“立委”一般是高票当选，代表性较高，问政能力较强，也更善于在民意与党意之间寻找平衡，相对较能服从党团整体意愿，从而有助于党团内部的整合以及在党团协商过程中较为一致的行动。

但是，党团协商的政党定位与“立法委员”的选民定位存在先天的对抗性，并没有因选举制度的改革而消失，选制改革后的党团协商制度面临更严重的阻碍。首先，“单一选区两票制”和“立委”人数减半在制度设计上不利于小党生存。第七、八届“立委”选举中小党全面萎缩，“立法院”中党团数目大为减少。而党团协商则日益操控在国民党、民进党两大党团手中，党团协商效率在提高的同时，主导权也日益集中，国民党、民进党利用协商机制进行“党团分赃”的情况很难避免，这无疑会损害党团协商的程序意义与公信力。

其次，2008年以来，国民党身兼“执政党”和“立法院”第一大党，党团协商的形式意义大于实质意义，成为“立法院”推卸决策责任的机制。宪法学者认为，立宪主义的主要原则是法治精神之下的民意政治与责任政治，即既要反映民意，也要承担政治责任，而立法机构的政治责任就是确立一套永久性的法律规则，以限制政府的活动范围，并保障人民的合法权利。① 实施新选制后，各政党对其“立委”的控制得到了强化，党团协商更倾向于优先考虑政党利益与立场，然后才是反映民意与决策责任，许多议案久拖不决的根源其实在于政党利益无法平衡，再加上国民党、民进党缺乏理性沟通的传统，党团协商无法在政党利益纷争的政治生态下更好地反映民意。某种意义上说，台湾“立法院”被党团政治绑架了，党意打着提高“立法”质量与效率的旗号绑架了民意。

最后，从“立委”个体层面来看，出现两种不利于“立法院”履行功

① 刘庆瑞：《中华民国宪法要义》，台北：三民书店，1988，第1页。

能的倾向。一种倾向是由于立委人数减少，个别“立委”权力增加，专业委员会的功能被弱化。一些居于关键位置的立委可能对决策有更加重要的影响，如代表党团参与协商的“立委”和“立法院”院长，前者手握议案生杀大权，已逐渐取代专业审查，“委员会已审查通过的议案，有可能在党团协商中被其他未参与委员会的党团协商代表全部翻案”①；后者虽然在形式上不对党团协商构成实质性影响，但因其对程序性议事过程如会议开始、休会和终止等有重要影响而拥有无形的权力。② 马英九与王金平之间的纠纷与王金平的“立法院”院长身份和作为有直接联系。另一种倾向则是由于采取了单一选区的选举制，一般的“立委”尽管受到党团的约束，但还是花更多时间在经营地方，在“立法院”问政议政时间有限。③ 而且，他们常常会规避重大议题的“立法”，因为重大议题要花费时间与资源并且不见得有好的成果，多数“立委”更愿意去服务选区，或者只提出可以给其选区带来特殊利益的议案，以满足选民的意愿。④ 而对于进入党团协商程序的争议法案，他们也多是从选区民意的角度来做决断，缺乏大局观与长远考量。

四　密室政治抑或透明政治——党团协商的程序改革问题

1999 年，“立法院”党团协商实现了非正式化向制度化的转型，一些争议法案经党团协商程序得到了解决，一定程度上避免了“院会”中各党团之间的公开冲突。然而，旨在解决议事纠纷、提高议事效率的党团协商制度却无法满足公众对立法机构进行民主监督的要求。在实际运行中，党团协商因其协商过程不透明而被外界批评为搞“密室政治”、“暗箱操作”。

关于党团协商是否要接受监督，《“立法院”职权行使法》并无具体规定，第七十条第二项仅注明议案交由党团协商时，由秘书长派员支援，重点记录。在实务当中，党团协商常常是只对外公布法案协商结论，协商过

① 王业立：《“国会”中的政党角色与党团运作》，台湾《月旦法学》2002 年第 86 期，第 94 页。

② “立法院职权行使法”第 68 条规定，“为协商议案或解决争议事项，得由‘院长’或各党团向‘院长’请求进行党团协商”，由此可知“立法院长”在党团协商会议的启动方面发挥一定作用。

③ 李炳南：《二〇〇五年台湾宪改》，台北：海峡学术出版社，2008，第 259 页。

④ 苏永钦：《国会改革　台湾民主宪政的新境界》，台北：财团法人新台湾人文教基金会，2001，第 183 页。

程如何外界不得而知，如果当中涉及某种利益交换或党团分赃，恐怕就只有参与协商者得知了。据学者归纳，这些“密室政治”的形式大致有三种：一是如果某一党团提出的议案遭到否决，其协商代表有可能采取非理性的报复手段，反对其他党团代表所有提出的议案，形成议案互绑，出现要过一起过，否则都别过的现象；二是某个党团协商代表为了让下次协商中己方所提出的议案能顺利通过，有可能与对方形成默契甚至达成协议进行利益交换，先让对方所提议案通过来换取下次的便利；三是协商代表有可能利用手中的权利，使一些原本不在讨论事项中的争议性较强的议案成为优先审议的议案，或夹带在某些相关议案中进行偷渡。[①] 对于以上外界难以具体了解的利益交易，批评者认为，法案协商过程不公开，且未留下任何发言记录，协商结束后只留下协商结论，会引发外界的随意猜测和主观建构，而当法案最终付诸实施时，由于“无修正意旨的说明内容，执法者于适用法律时经常苦于无法探求立法者的原意，严重违背‘国会议员’代表民意并公开为其主张负责的代议民主精神”。[②] 就结果而言，党团协商过程不透明可能导致协商结果难以服众，不仅影响了政党形象，更因回避了公众和其他“立委”的监督而损害“立法院”公信力。

在议会政治中，议事公开是建立责任政治、信任基础和健全舆论机制的重要原则。对于执政党党团来说，需要向社会宣传政府的政绩、为拟制定的政策法案争取支持；在野党党团则要监督执政者的政策，公开自己的政策主张，以争取下次大选取得执政权。[③] 很显然，议事公开原则对于民主化改革后的台湾“立法院”具有至关重要的意义。但是，为了履行“立法”职责，提高议事效率，“立法院组织法”第5条又有相反的规定，即“‘立法院’会议公开举行，必要时得开秘密会议。另外当会议的秘密理由消失时，秘密会议内容仍有公开的义务”。[④] 这个“必要时”的判定就大有文章可做，而关于党团协商会议，“立法院”相关法规并未规范何为秘密会议或不为秘密会议，但是“密室政治”、“暗箱操作”等成为党团协商的代名词已充分说明它的秘密性。

自从党团协商制度化以来，“立法院”内外关于协商透明化的呼声就十

① 陈先才、杨昆福：《台湾“立法院”党团协商制度透明化进程解析》，《台湾研究》2012年第4期，第29页。

② 罗传贤：《法案审查程序与立法技术》，台湾《月旦法学》2002年6月第85期，第66页。

③ 陈淞山：《国会制度解读》，台北：月旦出版社股份有限公司，1994，第31—37页。

④ 台湾《“立法院”组织法》。

分强烈。2008 年，党团协商制度的透明化改革完成了“立法”程序，当年 4 月，“立法院”三读通过丁守中等人拟具的“立法院职权行使法第七十条及七十一条之一条文修正草案”，主要内容是增列党团协商全程录音录影的条文，并将协商期限从四个月压缩为一个月。但是，这种议事程序性的制度改革并未能在根本上改变政党利益与民主政治的冲突，它在政党间权力与利益的竞争中很容易被工具化或被异化。2013 年以来，由于“总统”马英九和“立法院院长”王金平不和，台湾当局的行政、“立法”部门关系紧张，引发了国民党对王金平用力甚多的党团协商机制的声讨，国民党党团认为王金平通过这一机制扩张在“立法院”的影响力，有滥权之嫌。从国民党的角度来看，党团协商并未能发挥国民党“一致政府”的多数优势与执政优势，国民党不仅被小党掣肘，而且被民进党牵着走，实在是意义不大。台湾“国安会”前秘书长苏起认为，台湾“立委”的支持系统非常薄弱，很多“立委”很想“立法”但无法发挥功能，只好转到斗争与揭弊，花更多时间跑选区，致使“立法”权力掌握在非常少数人手中，在一个非常不公开的场合决定许多事情。[①] 2013 年 9 月，在王金平卷入司法关说案之后，国民党“立院”党团提出包括落实协商表决机制、强化委员会功能、提高党团设立门槛、公开协商过程和拒绝立法机构暴力等五大立法机构改革主张。由此看来，即使已完成了程序上的透明化改革，党团协商仍然存在被政党利益甚至政治人物绑架的风险。

与此同时，党团协商制度不得不面临议事程序透明化后带来的新问题。这些问题包括。一，全程记录并公开党团协商过程可能会妨碍协商的顺利进行，在满足民主监督的同时，降低了议事效率，违背了党团协商的本意。公开协商过程容易使议程陷入较为冗长的协商辩论中，党团代表可能会模糊焦点议题，或者互相攻击指责，或者利用议事程序来阻挠议案。党团协商是“立法院”公开议事的一种特殊的补充机制，目的是通过寻求政党共识以提高议事效率，它在某种程度上采取秘密形式是由于政党政治中无法避免的利益与权力博弈。二，透明化改革之后，党团协商细节和协商代表间的互动几乎处于“曝光”状态，外界对协商过程了如指掌，外部压力影响了协商代表的积极作为，使得党团协商很难再成为一个旨在寻求共识的议事平台，而很容易成为各党团或协商代表的又一个政治秀场，与他们在“院会”上的表现一样，这将助长台湾“立法院”中演出作秀式的议事文

① 《苏起：党团协商　台湾地区民主最黑暗角落》，华夏经纬网，2014 年 6 月 25 日。

化，更会助长台湾媒体对刺激性、冲突性“议会新闻”的追逐。三，党团协商全程记录并公开会增加争议问题的协商难度，不利于一些敏感性较强或拥有长远利益的“法案”的协商，造成协商代表短视近利行为的出现。一些相对较为敏感或从长远来看有利于社会总体利益而短期内不利于赢得支持的议案有可能在协商中无果而终，或者是协商代表为了赢得民众近期的支持而牺牲长远利益，阻拦一些重大争议性问题的协商。

党团协商制度的目的是淡化争议和提升议事效率，涉及政党间权力与利益的复杂较量，其先天就具有某种“密室政治”的特点。要改变外界对这一制度“党团分赃”、“利益输送”的负面印象，取决于政党自律和“立法院”内部的制度约束，需要在民主原则与决策效率之间找到制度性平衡点。如果单纯依靠透明化改革或照搬议事公开制度来扭转，事实上已经使得这一制度的存在变得无意义了。

代议制的国别比较

后发展国家法治社会构建的政治生态分析

——以新加坡为例*

李路曲**

内容摘要：法律制度是整个政治制度的一部分，因此，只有在适宜的政治生态中才可能建立起高度法治化的社会。尤其是对于后发展国家来说，由于政治和法治现代化的任务要在比早发现代化国家更短的时间内完成，因而法治建设就更加需要政治因素的推动和保障，这也是法治建设的根本前提和基础。本文在后发展国家的背景下对推动和保障新加坡法治社会建立的政治生态进行了分析，对其法治社会构建的政治和法律基础、领导人的现代化意识和法治意识、一党长期执政条件下政治发展对法治建设的作用、社会文化与公平正义对制度和政策的影响等问题进行了分析，指出运用好这些政治因素对法治建设有着根本的和积极的促进作用。从新加坡的政治实践来看，西方一些传统的民主转型理论并不完全适用，在这种相对一元的政治体制内也可以发展起有效的监督机制，而这是法治社会的根本保障。这些经验对我国的法治建设有着重要的参考意义。

关键词：后发展国家　新加坡　政治生态　现代性　法治建设　公平正义

新加坡是一个高度法治化的国家，也是在第二次世界大战后独立的后发展国家中最早建成法治国家的。由于这一时期新兴的后发展国家在发展

---

* 本文部分发表于《中共中央党校学报》2015 年第 1 期。

** 李路曲，上海师范大学教授，主要从事政治比较学研究。

环境和发展模式上有诸多的相似之处，因此，其法治建设的经验为很多后发展国家所重视。同时，它还是一个一党长期执政和一定威权主义形态的、华人占多数的以及具有儒家文化传统的国家[①]，因此它的经验更值得我国重视和学习。因为，学习是一种潜在的比较，而比较需要对相关变量进行系统地比较或证实与证伪，这正是比较的困难所在。但如果对像新加坡与中国这样有着诸多衡定变量或干预变量的相似案例进行比较分析，就增加了我们从中离析出相异变化的可能性，进而得出我们可以学习、如何学习以及学习程度甚至不能学习的内容。简言之，就是在相似的条件下，为什么新加坡已经建成了法治社会而我国还正在建设之中？进而，向新加坡学习法治建设的经验，比向其他国家学习更为容易，更加实际，因而也更为有效。

一　现代性、政治秩序与法治建设

一般来说，由于经历了长期的革命斗争或民族主义斗争，革命或民族主义力量对革命的敌人或殖民主义者有着很深的仇恨，因而在独立后通常会全面废除旧的政治制度和法律制度，不但在政治层面以革命或民族主义政权取而代之，而且在政府的行政层面和法律层面也会取而代之，即取缔旧政府的行政系统及公务人员和旧的法律系统及从业人员，而以革命或民族主义队伍中的人员取而代之。这一做法，是特定时期的产物，有一定的历史必然性和合理性，但从有些国家包括新加坡的情况来看，这并不是最合理的选择，因为它在很大程度上削弱了政治和法律现代化的进程。

我们知道，推翻封建的或半封建的政权或殖民主义政权，建立新的民族国家，是政治发展的必经阶段，也是现代化发展的必要条件，无论是旧政权还是新政权的现代性程度更高一点，都不会削弱民族国家建立的这一时代意义。但是，无论是政治发展还是现代法律的发展，都是一个需要长期培育的过程，新的政权不可能在短时间内建立起一个完全超越传统政权的现代政治或法律体系，它只能在已有的现代化水平上，或者说在传统的社会内部已经发展起的现代性包括政治和法治中已有的现代性因素的基础上，进一步培育和发展这种现代性。在这一过程中，珍惜原有的现代性非常重要，否则可能会发生现代化的中断。尤其是一些殖民主义政权的现代性程度已经较高，在专业层面例如行政和法律方面要高于新兴的民族国家。

① 颜清湟：《新马华人社会史》，粟明鲜等译，中国华侨出版公司，1991，第265—271页。

然而，不幸的是，大多数国家在独立后由于革命或民族斗争的惯性都完全摒弃了过去政治和法治中的这种现代性，从而削弱了现代化的政治进程，即摧毁了旧的行政和法律系统，建立了“全新”的行政和法律系统。问题是，革命或民族主义力量由于长期从事革命斗争，没有培养起自己的专业系统和专业人员，尤其是已有的专业系统的现代性和规模还远远不能适应新的民族国家建设，因而这种取代实际上是在这一领域削弱了现代化进程。这一点，很多革命领袖也有所认识，毛泽东在中华人民共和国成立前夕就指出，要大胆使用旧政府中的专业人士，他们具有专业知识，以弥补城市建设之不足，这是新政权所需要的。[①] 但可惜的是，由于中华人民共和国成立后革命斗争的惯性及政治运动的频繁，这些人很快就被边缘化了。在很多国家发生了类似的现代化过程的中断。

在这方面，新加坡具有自己的特色。一方面，李光耀和人民行动党坚定地领导了推翻英国殖民当局统治的民族主义运动，懂得建立独立的民族国家是历史的必然选择；另一方面则认识到，推翻英国的殖民统治并不意味着要全盘否定英国的行政和法律制度。他在上台执政之初就说，英国人给我们留下了很好的法律体系，这一法律体制是长期实践和不断修成的正果，它已经扎根于新加坡社会，有很大的优越性，新加坡可以把它拿来。当然，他也懂得，要根据独立以后的国情对这种法律制度进行必要的修改，法律从业人员也要从忠于殖民当局转而忠诚于新的民族国家。[②] 李光耀的这一做法既保证了政治上的正确性，顺应了民族国家发展的潮流，同时也保证了法治建设的现代性和连续性。我们知道，英国是最早现代化的国家，英国在新加坡建立的法律制度一开始就具有现代性。早在19世纪初新加坡开埠时，殖民当局就已按照英国的法律制度来解放奴隶，[③] 其后的政治和法

---

① 《中共中央文件选集》（第17册），中共中央党校出版社，1992，第43页。例如，北京市旧政府人员4890人，留用3155人，占61.54%；北京市人民政府接管工作总结（1949年5月1日），第3页。北京市档案馆：《北平的和平接管》，北京出版社，1998年。重庆市旧政府人员6279人，留用5588人，占88.7%。《政务接管委员会工作报告》（1950年1月9日），第83页。中共重庆市党史工作委员会编《接管重庆》，1985。

② 新加坡联合早报编《李光耀40年政论选》，现代出版社，1994，第319—321页。

③ 当时一个著名的案例可以说明这一点：1824年，苏丹的一些姬妾奴仆因受不了他的虐待而逃亡，其中有27位马来姑娘向殖民当局投诉，当时的殖民官克罗福下令释放了这些姑娘，使她们成为自由人。当苏丹前往质问为什么擅自释放他的奴隶，克罗福回答说，英国政府的立场是信奉人类平等，不允许有奴隶存在。并说如果你不服气可以向总督上诉。苏丹没有办法，只能拂袖而去。郑文辉：《新加坡从开埠到建国》，新加坡：新加坡教育出版社，1977，第184页。

律建设都是以英国制度为蓝本的。

实际上，不仅英国在新加坡建立的政治生态和法律制度具有一定的现代性，而且现代法治精神也较早地注入进了新加坡的民族运动和整个政治与社会生活之中。这表现在作为民族主义运动领袖的李光耀就是剑桥大学法学院的优等生，并长期从事律师工作，尤其重要的是，他是以工会的法律顾问或律师身份来领导民族运动的，并在很大程度上也是因此而建立起自己的威信的。这一方面说明李光耀具有现代法律意识，另一方面也说明新加坡社会已经培育起了初步的法治意识，认同李光耀以律师身份来领导民族运动，具有在民族运动中融入法治精神的政治生态。

李光耀认识到法治建设要在一定的政治生态环境中进行，不仅强调法律从业人员要从忠于殖民当局转而忠于新的民族国家，而且具体的法律政策也要随着政治生态的变化而适时调整。例如，早在在民族运动方兴未艾之时的1955年底，李光耀考虑到当时人民群众高涨的民族主义情绪，为了争取群众反对殖民当局，表示如果人民行动党执政，将“撤销有违人权”的殖民当局制定的“紧急法令”。[①] 这说明在当时李光耀还是一个理想的民主社会主义者，主张法律制度应以充分地保护人民群众的自由为界限。然而在三年之后，新加坡的形势发生了一些变化，面对国内民族主义运动的发展尤其是左翼激进势力的扩展和英国殖民当局的退让，李光耀的态度也随之进行了调整。他为了抑制左翼激进势力的发展和争取英国殖民当局的妥协，于1958年10月8日做出承诺，如果人民行动党在普选中获胜，他会保留殖民当局一直实行的“紧急法令”。他指出，“只要‘紧急法令’是马来亚维系安全所必须的法令，‘紧急法令’即是新加坡所必须的法令”。[②] 李光耀还进一步说，人民行动党对“紧急法令”的立场，是在全盘考虑形势和预料将有政治危机的情况下形成的。[③] 同时，他也指出，实行“紧急法令”并不是解决危机的根本办法，根本的办法是发展经济和民主力量，否则会出现极权。李光耀的这些观点，说明虽然他具有现代法治意识，但具体推行什么样的法律制度应该随着政治生态的变化而变化。不过，李光耀的现代法治意识是明确的，即尽管法律政策要随着政治生态的变化而进行

① 阿列克斯·乔西：《勇往直前的李光耀》，台北：台湾新生报社出版部，1970，第55页。

② 阿列克斯·乔西：《勇往直前的李光耀》，台北：台湾新生报社出版部，1970，第69页。

③ 1959年10月14日李光耀在新加坡议会发表讲话，此时他已就任总理数月，他说，人民已授予他继续使用“紧急法令”的权力。阿列克斯·乔西：《勇往直前的李光耀》，台北：台湾新生报社出版部，1970，第71页。

调整，但法治建设的目标不应该因此发生变化。我们注意到，很多革命的或民族主义政党在取得政权之前主张民主自由，但在取得政权之后则推行集权统治。新加坡的变化也遵循着这一趋势，但是不同的是，新加坡人民行动党执政后并没有建立起绝对的威权主义统治，形成新的特权阶层，而是建立起了对党和政府高层的法律约束，先是依法治国，此后再向构建法治社会发展。

20世纪60年代初，李光耀结合新加坡政治发展的现实对他的法治观做了进一步的阐述。他说，对任何法律制度的评价，不在其理想概念的伟大或壮观，而在于其是否能在人与人之间或民众与政府之间建立起秩序与公平。在他看来，要建立起公平和正义，首先要建立起秩序。“因为没有秩序，法律根本就不可能执行。秩序一旦建立，在一个基础稳固的社会中，法令也就有了强制性，唯有在这种情形下，依照既定的法律处理人民与人民及国家与人民之间的关系，才能成为可能。同时，当一个国家内部日益混乱，当局不能藉现行法令有效控制之时，为了维持秩序，往往就必须制定新的、有时候且是激烈的法令，以使法律能继续处理人际关系。而另一种选择是放弃秩序，任其进入混乱及无政府状态。”[①] 显然，李光耀在这里所说的“秩序”，就是不为英国和一般西方民主国家所认可的一种政府集权，是支持政府通过强力手段取得社会稳定的一种“紧急法令”式的法律制度，也是这一时期在新兴国家中纷纷建立起来的威权主义体制。也就是说，在他看来，要在新加坡建立一个法治社会，首先必须有铁的手腕，采取一些“不合法”的所谓“人治”的专断措施来打击那些强有力的破坏秩序的力量，然后才能建立起西方意义上的“合法”的法治社会。李光耀的这些观点就是在20世纪60—70年代人民行动党政府对政治反对派和私会党徒保留特别拘留权的理论根据，也是它日后进行严格的社会管理的理论和实践依据。这时李光耀已经暂时放弃了他前些年主张的民主社会主义理念，认为那不符合当时的社会和政治发展状况。

尽管新加坡建立法治社会的先决条件是利用非常手段建立政治秩序和维持政治稳定，但这只是新加坡依法治国的基础，而不是其依法治国的主要内容。这表现在两个方面：一是即使是在威权主义时期，它也与当时的很多新兴国家有很大差异，即在其威权主义体制内尽可能建立完备的法律制度，尽可能地依法治国，而不是依据政治权力或革命法规行事。例如，

① 阿列克斯·乔西：《勇往直前的李光耀》，台北：台湾新生报社出版部，1970，第71页。

在20世纪60—70年代人民行动党政府可以依据“紧急法令”对左翼反对派进行抓捕，这虽然很大程度上是授权给政府利用手中的政治权力进行抓捕，但同时政府也不能完全不顾法律的约束，它要在法庭上进行审讯，向媒体公布审判的过程和结果。① 20世纪80年代人民行动党对右翼的反对党领袖进行打压，这时尽管存在着利用政治权力进行打压的质疑，但它已经更为严格地按照法律程序进行斗争了，这时李光耀、吴作栋等最高领导人都要到法庭上去控告反对党领袖，亲自出席法庭辩论，通过法院的审判来制裁反对党领导人。② 二是新加坡领导人具有明确的法治建设目标和法律意识，这一点对于那一时期后发展国家的领导人来说或许更为重要。虽然他们是运用行政和军事手段建立秩序，但其目的是为日后的依法治国创造条件，是为了日后不再使用行政和军事手段创造条件，而不是谋一党之利。

由此看来，新加坡法治建设的第一步是靠强势的政党和领导人使用政治权力及强力部门来建立稳定的政治秩序，在没有法律可依或法律没有得到有效执行的情况下，敢于运用国家权力来打击和消除破坏和抑制法律建设的力量，使法治建设具有稳定的政治生态。即使在这一阶段也并不是说政治权力可以完全不依法行事，而是要优先建构国家的稳定和秩序，使其有效地运作，同时在这一特定的秩序环境中要尽可能地推动法律建设。换言之，其动用国家权力的目标是进行法制建设，而不是扩张国家权力。

二　推进法治建设的方法及其特色

回顾第二次世界大战后独立的后发展国家法治建设的历史，我们看到，尽快完成从革命意识形态向执政性的意识形态和法治意识的转变，树立明确的现代法治观念，不割断历史，持之以恒地进行法治建设，坚持法律面前人人平等的原则，是法治建设成功的基本路径和规律。这一点说起来容易，做起来并不容易。多数国家沿着这一路径发展的过程都较为缓慢和曲折，而新加坡较快地做到了这一点。这可以从以下几个方面来看。

第一，由于在独立之初人民行动党政府就认识到英国殖民当局建立的法律具有相当的现代性，因而在对其进行了少许的修改后基本把它保留了

① Riaz Hassan, *Singapore: Society in Transition*, New York: Oxford University Press, Lot. 3., 1976, pp. 52-89.

② 参阅李路曲《新加坡现代化之路：进程、模式和文化选择》，新华出版社，1996，第453—456、481—485页。

下来。这样，既没有中断法治建设的进程，也保留了法治的现代性因素，这对其法治建设是非常有利的，也是难能可贵的。与此相比，很多后发展国家在独立后完全废除了过去的法律体系，以革命的或民族主义的法规取代了具有一定现代性的法律体系，这就中断了法治建设的历史，迟滞了法治建设的进程。我们看到，由于外部现代化的输入，东亚各国传统体制或殖民体制所建立的法律制度相比国内传统的政治和法律制度都有更多的现代性，殖民者直接建立的现代性可能更多一些。因此如何对待这一时期的法律制度对于法治建设是一个很重要的问题，是能否保持其现代法治的现代性的问题。不幸的是，多数国家都因革命或民族运动的惯性而废除了原有的法律体系，而不是对其进行修改并保留法律从业人员以保留法治建设的专业性的一面。

从政治文化变迁的视角来看，这种中断也不利于法治建设。由于政治文化的变迁是一个长期的渐进的过程，它不可能随着政权的更替而很快的变化，因此，对过去的尤其是具有一定现代性的法律体系进行改革而不是摒弃，会与社会有更多的适应性，会使人们更易接受。实际上，这也是在更大程度上保持了法治建设的连续性。而以革命或民族主义法规取而代之，从实践上来看，缺少现代性，并且可能在很大程度上是一种“中断”。这种法治建设的“中断”在大多数国家都延迟了至少三四十年的时间，在另一些国家则可能延迟上百年的时间。

同时，由于这一时期原有的法制建设已有了一定的现代性，因此在进行一定修改的基础上继承原有的法律体系，还有两个优点，就是在建国之初就可以做到法律完备和立法及时，可以做到有法可依。尽管过去的法律并不能完全适应新的形势，但是如果出现法律的空白或造成无法可依的局面，或者说革命法规缺乏现代性，那么要比适度地延用过去的法律更糟。也只有在保证法制系统一定的稳定性和连续性的基础上，才有利于根据变化的形势及时地进行立法。如果废除了原有的法律体系，重新建立起一套全新的法律体系，不仅立法工作浩繁，而且很可能会出现法治建设的空白，会使人们在很多问题上无法可依，更无法做到随着形势的变化而及时地制定新的法律。对于新加坡来说，由于其领导人认识到了原有的法律制度有较多的现代性而较少受传统的意识形态的影响，因而新加坡的立法很少受到政治的干扰，立法者顾虑较少，一旦发现某些行为无法可循或需要修订法律，国会很快就会很快做出反应，或者立法，或者对法律进行修改。

第二，结合国情和政治发展的水平，渐进而实在地推进法律面前“人人平等”原则的实施。“人人平等”是自近代以来人们追求的政治理想，作为一种理想和目标，它是美好而远大的，但人们经常所要面对的是现实的选择而不是理想的宏大，因此，如何选择实现这一目标的路径，或者说在社会和政治发展的不同阶段选择什么样的法律制度是更为现实、更为重要的事情。“法律面前人人平等”是现代法律的基本原则，人们都承认，但是实行什么样的法律制度和法律行为才能真正地贯彻这一原则，进而在不同的国情或发展阶段上把这一原则贯彻到什么程度才有利于这一原则的发展，则存在着很大的分歧。实际上，更重要的是在现实中包括在社会发展的不同阶段如何有效而尽可能地实现这一原则。对此，一个国家政策的取向包括采取何种法律措施就很重要。由此看来，要想使法律有效地得到实施，首先是要在不同的社会发展水平上实施不同的法律政策。例如，任何一个国家的分配政策都要在贡献与平均之间进行调整，既不能完全按照市场原则实行多劳多得，这样会急速地扩大贫富差距，使一些人暴富而很多人越来越贫困化，也不能完全平均分配，从而抑制了人们创造和劳动的积极性。如何在这两者之间进行平衡，尤其是随着社会的发展进行调整，对于经济和社会的发展有着重要的意义。

对于很多国家来说，在长期的革命或民族主义运动中孕育出了强烈的革命的平等主义，由于其惯性作用，在这些国家独立之后仍然起着重要作用，在相当一个时期中主导着分配制度，新加坡一度也不例外。随着各国的发展战略从以反封建和反殖民主义为中心向以经济建设为中心的转变，平均分配原则已经不再适用，它抑制了人们的工作积极性以及经济的发展。因此，能否改变这一分配制度以调动人们的积极性就是制度建设也即法律建设的一个重要的分水岭。在 20 世纪 70 年代，新加坡发生了这样一种情况，先后有多名政府的部长和高官因为收入过低而提出辞职，这引起了时任总理李光耀的重视。他经过思考指出，这些高官才华横溢，如果经商可以获得很高的收入，政府应该通过提高他们的收入而把他们留住，这样才能保证政府提供高效而廉洁的服务。[①] 在经过国会多次辩论后通过法律提高了政府高官的收入，并在此后多次随着经济的发展而适时地提高收入。新加坡政府的高效而廉洁在世界上名列前茅，与它在法律上保证政府官员的收入是分不开的。较早地认识到这一点并实行相应的制度改革，既有利于调动官员的积极性，又弥补了法制建设的空白。

---

① 新加坡联合早报编《李光耀 40 年政论选》，现代出版社，1994，第 481—496 页。

对于很多后发展国家来说，社会经济中的平等主义思潮是与政治上的等级制度并行不悖的，这种等级制度的过度膨胀是阻碍法治建设的重要因素。各国在限制等级制度或特权方面存在着很大的差异，这是影响它们法制建设的一个重要因素。政治上的等级制度或特权并非意味着在其间没有法制建设的空间，其实，后发展国家法治建设之间的差异主要表现在：在相似的等级政治制度中谁的法治建设更为有效，谁能够在更大程度上和更多方面贯彻“人人平等”的法治原则。在这方面，新加坡也能够根据自己的国情逐步地推进，因而也更为有效，这表现在以下几个方面。

第一，人民行动党及其领导人尽可能地依法平等地行事，并且随着政治环境和法治环境的变化而不断强化“人人平等”的法律内涵。20 世纪 60—80 年代，一般后发展国家还处于威权主义时期，为了保持政治稳定，各国对反对派都采取高压手段，新加坡也不例外。但有所不同的是，新加坡的镇压在一定程度上是通过法律手段完成的。正如前述，无论是在 20 世纪 60 年代对待左翼反对派、20 世纪 70 年代对待民族主义分子还是在 20 世纪 80 年代对待右翼反对派，都要最高领导人亲自向媒体说明、到法庭做证或进行法庭辩论，从法律上阐明这种镇压的合法性。虽然对于法庭的判决会有不同的看法，也不一定是完全公平的，但这种对法律程序的尊重在当时是难能可贵的，也为法治精神的培育增加了养料。

第二，在党政关系方面，人民行动党逐步做到依法治国，逐步减少党的特权，使党不能凌驾于国家宪法和法律之上。具体来说，在选官制度上，它逐步改变了完全由执政党遴选政府官员的选官制度，而是由执政党提名、通过选区选举来选拔政府的高官，按照公务员制度来选拔一般公务员。执政党认真贯彻了不插手政府事务和经济的原则，党主要是组织选举，按照选举的结果来提名政府人选，在宪法和法律的范围内提出而不是强制推行党的主张，通过它的党员来宣传党的纲领和政治价值观。党进行宏观的指导，政府政策的产生是在政府内而不是党内，尤其是具体的经济、行政和社会管理由政府各部门和相关社会组织负责，在政府机构、国有企业和社会组织中并不设党的组织，这就在根本上保证了党不干预法律的实施。

第三，适时地推进和强化法治建设，逐步地从建立法治，即对执政党和政府的高官进行法律约束，然后到依法治国，再到建立法治社会。经过 20 世纪 60 年代的党内斗争和政治斗争后，新加坡的政治稳定，经济发展，人民生活得到了改善。李光耀看到，进一步推进法治建设的时机来到了，过去那种因为生活没有保障而难以增强自己的律己精神的时代过去了。同时，新加坡的特殊之处还在于，正如前述，它几乎没有经过一个依据革命法规和党的纪律来替代法律的时代，一开始就推行现代法律制度来约束政府官员，包括党和政府的高级领导。例如，在20世纪70年代国家发展部长郑章远因腐败而入狱，郑是开国功臣，李光耀的战友，他向李光耀求情，但李光耀没有为他向法院求情。[①] 在基本确立法治后就是依法治国，是在整个国家层面建立法制并切实贯彻执行。在20世纪70—80年代，新加坡在国家层面完成了领导体制的改革，开国领袖们和老一代领导人通过正常的退休制度退出了政治舞台，新一代领导人必须通过制度化的遴选机制进入体制；[②] 同时，通过严厉的反腐败措施基本解决了官员的腐败问题。最后是建设法治社会，自20世纪90年代开始，新加坡从国家层面向社会层面来普及法律意识，要求全体人民都拥有浓重的法律意识，并在社会实践中遵纪守法，按照法律来规范自己的行为，政府则严格执法。同时按照宪法和法律来充分保护公民的合法权益和人身自由，例如，21世纪初以来，新加坡因政治异见而被起诉的现象已经没有了。

第四，新加坡法治得以强化的一个重要原因是，它依据法治建设的规律和自己的国情来进行法治建设，并不是完全照搬英国的法律。例如，新加坡的法律审判在相当长的一个时期中不像西方那么复杂，受程序的约束较小，可以遵循较简单的法律程序判罪。从许多后发展国家的现实来看，如果法律定罪一定要有严格的程序和足够的证据，那就会耗费很长时间。用李光耀的话说，会使很多罪犯得不到及时的制裁。这种情况对于独立后政治斗争还比较激烈的时期有一定的合理性，有利于维护政治稳定。如果继续使用，则要求司法人员有较高的素质，如果执法人员的素质较高，采取较快而简捷的程序制裁犯罪可以在一定程度上保证有效性。

关于新加坡的司法队伍建设，人民行动党政府不但保留了殖民当局建立的司法系统，而且从专业化和现代化考虑，对司法人员的录用坚持了专业性和法治原则，即所有的法律从业人员都要从优秀的法律专业人士中选拔。这一点很多后发展国家在相当一个时期都没有做到，它们在很长一个时期中是依据的是革命原则，是从革命队伍中依据政治原则而不是在专业人士中依据法律原则来选拔法律从业人员。这虽然保持了对党和国家的忠

---

① 吕元礼：《新加坡治贪为什么能?》，广东人民出版社，2011，第103—122页。

② Cartyn Choo ed., *The PAP and the Problem of Political Succession*, Pelanduk Pub., 1984, pp. 85－121.

诚，但专业化能力或依法办事的能力则被大大削弱了。

具体来说，在早在建国之初的20世纪60年代，新加坡的警察都是从学习法律的大专毕业生中选拔，他们的文化素质和法学水平较高，并且还要经过专业的严格训练。法官和律师的学位更高，很多都是从英国留学归国的，20世纪70年代以后的新一代法官和律师大多是由获得硕士以上学位的人士充当。他们对法律的理解非常深刻，执法水平较高。另外，法官的职务十分神圣，一经当选，就终身任职，除非失职，且待遇优厚。职务的神圣性，增加了法官的责任感。同时，法院有基本的独立性，不受政党和政府的干预。法院的判决一经宣布，就必须执行，不执行者必会受到强制。这样，法律的权威很早就被树立了起来，没有人敢违抗法院的制裁。

三　法治社会建设成功的基本经验

为什么一些后发展国家的法治建设不那么成功甚至还很落后，而新加坡法治建设的努力却如此成功或者说较早地建成了法治社会呢？对于很多国家来说，这曾经是一个理论问题或意识形态问题，而现在这主要是一个实践问题；对于少数国家来说，这在很大程度上还是一个理论问题。对此，可以从以下几个方面来分析。

第一，独立后能否尽快地完成从革命斗争向现代化建设的国家发展战略的转变，进而能否对自己的政治发展的阶段即现代性程度做出正确的判断，对现代法治建设有着深刻的影响。很多后发展国家的执政党和领导人在建国之后的相当长一个历史时期中主观地把政治和法律分为不同阶级性质的政治和法律，以革命法规代替法律原则，缺乏对政治形势和国家主要任务的正确判断，致使其长期没有完成从革命目标向现代化发展的转型，也就很难有效地进行现代法律制度的建设。例如在一些传统的社会主义国家里，成立后很长一段时间里，认为社会主义的法律是一种全新的法律，必须在全面废弃资本主义法律的基础上才能实行这种新型的法律体系，在没有弄清哪些是资本主义的、哪些是人类共有的财富的基础上刻意划清与资本主义法律的界限，致使一些现代法律的精髓也被抛弃了。废除的不仅仅是资本主义的法律，更多的是废除了一般的法律原则，因而只能以传统的法规来替代现代法律制度。只有在经历了许多曲折后才认识到这一点。还有很多新兴的民族国家往往以民族主义的甚至是传统的政治原则取代现代政治和法律原则，它们实行民族的实际是威权的或具有封建性的政治手段而不是现代法律制度进行统治。当然，无论是前者还是后者，都与当时特定的时代背景有关，正如李光耀所言，从当时的政治发展情况来看，只有先利用政治的强力手段建立起社会秩序，才能进行法制建设。问题是在不得已使用政治手段时，是否尽可能地运用法律程序，在政治稳定后是否尽快推进法律建设，这是各国之间的差别所在，也是能否促进法治建设的重要原因。李光耀和人民行动党政府较早地认识到了这一点，从而促进了新加坡的法治建设。

第二，相对于已经成熟的民主体制法制建设主要依赖于政治制度和公民监督而言，后发展国家的法制建设要处理好领导人个人的作用、内部制约机制与司法的相对独立性之间的关系。在建立法治社会的过程中，新加坡人民行动党和政府的高层领导尤其是李光耀本人的“人治”起了重要的作用。李光耀是学法律出身的，在剑桥法学院受到了现代法治思想的熏陶，也目睹和亲身体验到了法律在英国这个法治社会中的作用，因此，他决心在新加坡也建立一个严明的法治社会。同时，英国在新加坡打下了一定的法制基础，这也有利于新加坡进一步地进行法治建设。但是新加坡建国之初的政治现实使李光耀认识到，必须首先依靠政治手段和领袖个人的强力手段来为推进法治建设创造条件。因此，他在进行国家政权建设和政治斗争时，运用国家政权的力量打击反对派和社会不稳定势力，同时在这一过程中尽可能依法行事，运用媒体保持行动的公开性和透明性，依靠法院保证程序的合法性。尽管新加坡在这一时期并非没有受到执政党领导人利用政治权力打击反对派的指责，但是人民行动党已经在当时的条件下尽可能做到有法可依，这在当时已经是难能可贵的了。在政治形势稳定后，新加坡主要推行依法治国，这是很多后发展国家在这一时期都难以做到的。

从西方的民主理论出发，一些人认为新加坡法治社会的建立在很大程度上有赖于领导人个人的作用，因此偶然性很大，如果换了一个不那么懂法和执法不那么坚决的领导人，它的法治建设就很可能遭到破坏。尤其是新加坡是一个小国，最高领导人有秉公执法的决心很容易威及全国各地，而在一个大国就不容易了，即使领导人有决心也是鞭长莫及。李光耀 1992 年在菲律宾演讲时也说：“高层的政治领袖如果以身作则，树立榜样，贪污之风就可以铲除。只要把两三个高官绳之以法，就足以产生杀鸡儆猴的作用。这是新加坡的经验。”[①] 显然，在一个大国中仅靠查办两三个高官还远

① 新加坡联合早报：《李光耀 40 年政论选》，现代出版社，1994，第 353 页。

远不够。这种看法不无道理，也曾是新加坡领导人指出须解决的问题。然而这种看法现在看来并不全面，或者说它在一元体制内可以在很大程度上解决这个问题。

尽管仍是一党执政，但新加坡对高层领导人的制约机制应该说已经建立起来并且成熟，这表现在两个方面：一方面，在一个法治思想已经深入人心、对所有人的法律监督机制都已经健全的国度中，领导人能够贪赃枉法而不受监督和制裁吗？人民行动党执政的合法性很大一部分来自于它的廉洁自律，有损于这个形象的领袖肯定会丧失其担任公职的合法性。这也一直是人民行动党领导人回击反对党人的最有力的武器之一。近些年来，民众和反对党对执政党领导人及其政策的监督越来越严格，也越来越有效，例如2011年大选后，民众对政府高官的高薪提出了批评，使得政府不得不考虑适度削减高薪,[①] 更不用说民众对违法行为的监督了。

另一方面，尽管是一党长期执政，新加坡司法的独立性已经越来越大。过去，除人民行动党及政府的最高层对法院有实际的控制权外（即使在当时，这种控制权也并不合法，但实际存在的，但一般只是在十分重要的政治斗争问题上才能够表现出这种控制），所有人都不能凌驾于法院之上。而在近20年来，新加坡司法部门的独立性越来越大，由于反对党的活跃和政治透明度越来越高，执政党的领导人并不能对司法进行干预。现在看来，在一党长期执政的体制中也完全可以发展一定的民主政治并保证司法独立。

很多后发展国家都在其政治发展的不同时期没有处理好领袖个人、体制内制约机制与体制外制约机制之间的关系，在需要发挥政党和领袖个人的强力作用的时期，却全盘照搬西方式民主，从而导致政局的混乱；在政治稳定后需要建立内部的制约机制或进行法制建设，却仍然使用政治斗争的手段推行个人强权政治，以人治代替法治；在政治发展较成熟后，又不能建立起相应的民主制度，致使政治体制的监督机制和法律制度无法有效地发挥作用。简言之，领袖个人和制度的作用都很重要，至于哪一个要发挥更重要的作用，要依据本国的国情和发展环境来定，尤其是要把两者有机地结合起来。在一个公众已经对现代法治观念有了普遍认同的国度中，过于强调领袖个人的作用显然是不合时宜的。而在一个还保留着较多传统体制和传统意识的国度中，如果不重视领袖个人的作用，或者说如果没有一个强力推动法制建设的政党或铁腕领导人，那么法律建设就难以推动。

① 《新华每日电讯》2012年11月2日。

当然，即使是强势的政府推动法治建设，也要考虑到现有的法治环境，要尽可能地按照法律办事，逐步而有序地推进，更重要的是其建立秩序的目标应是建立法治社会而不是建立少数人的特权。

第三，沿着“依法治国”向“法治社会”的治理路径，首先在国家层面建立法治运作的制度和机制，保证政府官员的廉洁，再向全面构建“法治社会”发展，确立全社会的法治意识和法律规范，以国家推动社会，以社会监督政府，相辅相成，形成法治建设的有机互动。以廉政建设为例，它首先是国家层面的制度建设任务，是对政府官员进行约束，但是要想建立一个有效的廉政制度和机制则离不开全社会的法治建设。

无论是政治制度还是法律制度，其制度设计和执行方式都要与主流的社会文化相适应，否则难以保持其有效的运作。一般来说，社会转型时期腐败现象会大量增多，这是因为社会文化和制度转型所产生的空白，会削弱人们的忠诚感和道德约束，在很多后发展国家都表现为官员缺乏自律感，缺乏操守，妄取份外之利，不尽职内之责，凌驾于法律之上。尤其是在实际的反腐败过程中，不但对高级官员的违法行为很少予以追究，而且即使是在其违法行为被揭露出来之后，处理也比一般的平民百姓和低级官员轻得多，这实际也是传统的等级制度和文化遗留的表现。这又使得一些高官难以坚定地进行廉政建设和打击腐败，这是一些后发展国家无法建成法治社会的重要原因。

过去人们总是把新加坡治理腐败成功的主要原因归结为法律严明和执法严厉，但这是一种过于简单的说法，因为法律严明和执法严厉一定要与国情或政治生态相适应，或者说与特定的社会文化相适应，否则很难得到贯彻。新加坡的廉政建设是在考虑国情和发展的基础上，把公平正义、执法严厉和精英主义等原则有机地结合了起来，形成了自己的特色。

从理论上讲，法律严明、执法严厉是治理腐败的最基本的手段，非此不能保证政府的廉洁，这毫无疑问。但是这一原则是相对的而不是绝对的，换言之，在任何社会的任何发展阶段，都不是法律制定得越严、执法越严厉越好，而是法律和执法都要适度或“合理”，在适度和“合理”的基础上是越严越好。否则，大多数官员甚至普通人都可能被看成是违法或腐败了。历史上或现代社会中都不乏这样的例子：过严的禁烟禁酒令使烟酒泛滥成灾；不准经商或阻碍经商的法令促使商人们以金钱铺路，无孔不入。那么，是什么对法律严明和执法严厉的实现程度起决定作用呢？无疑，政治生态或社会政治文化环境是要考量的最重要的因素。

在从传统社会向现代社会转型的过程中，如果一个社会的占主导地位的政治文化的现代性程度很高，那么它对腐败的抑制性就强，这就是为什么一般来说发达社会比发展中社会的腐败现象要少的原因。在现代性较高的文化中，人们对社会和国家的责任感、荣誉感、忠诚感和权利义务感也较强，因而对现代的价值准则有普遍的社会认同，对于违背公共道德的腐败行为有着明确的是非判断，因此，政府治理腐败时也就比较能得到大多数人的赞同。相反，在一个缺乏现代性或传统性较强的文化氛围中，人们的是非标准往往是把传统的、家族的、小集团的和地方的利益置于社会的、公众的和国家的利益之上，这样，国家在治理腐败时就很难不受到来自狭小的传统势力的抵制，甚至国家领导人也可能成为一种狭小的传统势力的代表。许多后发展社会腐败现象丛生，政府治理腐败的措施苍白无力，从深层次来看就是这个原因。

在新加坡，由于英国殖民当局长期推行了具有一定现代性的法律和政治建设，更由于其建国后一直推行开放的政治和经济政策，因而其社会政治文化的现代性程度高于一般后发展国家。它的现代的政治价值观较早地在社会中居于主导地位，在大众中得到内化。在大多数新加坡人的行为准则中，公共意识总能战胜小集团的或个人的意识。没有这种内在的现代文化机制，法律严明和执法严厉就没有坚实的社会基础，就会像在很多后发展国家都实行过的一些“过于”严厉或“过于”现代的法规一样，收效甚微。即便如此，新加坡并不只是一味地严格立法和执法，它也有疏导或松弛的一面，在公平和正义之间不断地进行协调。

李光耀曾系统地阐述精英主义的治国理念和高薪揽才及养廉的政策，指出新加坡是靠精英来管理国家的，唯此才能保持政府的高效和廉洁。如果实行平均主义的分配政策，那政府只能招聘到平庸之辈，这会使政府的效率很低，还可能出现腐败。由此，国家给政府的高级官员提供了很优厚的待遇，这对他们努力工作和奉公守法有很强的激励和约束作用。具体来说，政府强调要用“接近市场价格的办法”来解决高级官员的待遇问题，根据经济发展的状况来决定高官的收入。自20世纪80年代以来，新加坡总理的工资比美国总统的工资高出许多，20世纪90年代以来高出1—5倍①，而一般下级公务员的工资又比美国下级公务员的平均工资更低一些，

---

① 以2012年为例，新加坡总理的年薪约218万美元，这比美国总统的年薪40万美元高出5倍多，部长的工资也达到150万美元；《新华每日电讯》2012年11月2日。

非熟练工人的工资和待遇更低一些，这样，新加坡的收入差距相对较大。

从制度上采取措施提高高级官员的工资，表面上看很容易，但实际并非全然如此，它要受社会文化的影响，否则难以取得合法性。因此，其他国家能否照搬，不仅要从制度上考虑，还要考虑它与自己的社会文化是否相适应。从一般意义上讲，一项“合法的”分配政策未必就是“合理”的，例如新加坡总理的薪金比美国总统的薪金高出5倍。新加坡的高薪是一种在特定的发展阶段和文化背景中的符合国情的一种选择。从政治生态来看，在威权主义和政府的作用较大时，高薪揽才有利于政府的高效而廉洁；在不同的文化中，人们对“合法”与“合理”的看法是有差异的，例如，英国传统文化对平等的评价要比美国文化对平等的评价更低一些，而对精英和等级更为看重。新加坡曾经是英国的殖民地，吸收了英国的传统文化，又有儒家文化传统的影响，这使新加坡社会有着较厚重的精英主义的文化土壤。

新加坡的高薪揽才以及收入差距的拉大，虽然用西方的平等主义文化或马克思主义的平等价值来看是不合理的，但在新加坡的现实中，它从自己的精英主义文化氛围中取得了合法性和合理性。也就是说，在一定的文化氛围中，合法性与合理性在相当程度上取决于社会的认同。“理想”和“正义”要受特定的文化或社会认同的制约；只要公众默许这种分配体系，那么不管它是否具有“合理”性，它都获得了“合法”性。既然是合法的，就能规范人们的行为，它要比“非法”而“合理”的分配方式更有利于增加官员的荣誉感和自律精神。如果一个后发展国家要实行高薪揽才的政策，或者说高薪到什么程度，贫富差异在什么程度，需要重视的一个问题是必须考量自己的社会文化状况，或者说在多大程度上可以培育出对精英主义认同的社会价值观念。

需要指出的是，新加坡精英主义的分配政策并非不考虑“公平”的一面，而是对“公平”作出了符合自己的国情的理解，或者说较好地处理了公平与效率的关系。它在实行高薪揽才政策的同时，在多方面保持了基本的社会公平。这可以从两项基本的分配政策来看，一项是住房政策。新加坡自20世纪60年代开始实行公共组屋计划，到目前为止，它已经经过三次升级，使全国80%以上的人住在组屋中，[①] 不仅组屋的品质和面积不断提

① “到2010年，新加坡约82.4%的人口居住在政府提供的组屋中，其中94.8%的人口拥有组屋产权，只有5.2%是租赁住房”（李俊夫等：《新加坡保障性住房政策研究及借鉴》，《国际城市规划》2012年第4期）。

升，而且价格也比商品住宅低一半以上。可以说这一计划基本解决了全国从低收入到中等收入的国民的住房问题。另一项是最低生活保障。新加坡的最低生活保障线较一般国家更高一些，大约与美国持平，2014 年的标准约是 1000 新元，凡是低于这一标准的都可以得到政府的补贴。所以，新加坡的高薪揽才是在不断提高人们较高的基本生活保障的前提下推进的，或者说收入差距是在这个区间拉开的，这是新加坡政府对公平与效率的一种符合国情的理解。21 世纪以来，伴随着国内民主进程的推进，民粹主义思潮在新加坡国内也有所膨胀，群众要求平均分配的压力有所高涨，尤其是反对党利用这一点对人民行动党施加压力。面对政治生态的“新常态”，李显龙总理表示，“治国既要有人情味，也要有理性坚持，关键是在情与理之间取得平衡”，“争取民心固然重要，政府制定政策时却不能只从感性出发，而不做理性权衡”。[①] 应该说，人民行动党政府所坚持的公平与效率的平衡，保证了新加坡的较快发展。

需要强调的是，无论是 20 世纪 70 年代李光耀宣扬精英主义，还是现在担任总理的李显龙坚持理性的治国理念，人民行动党政府始终明确地把自己的精英治国的理念灌输给社会，只不过是随着政治生态的变化而有所调整。这一点对处于转型中的后发展国家，尤其是民主和民生问题已经越来越成为领导人争取民心的工具的时期，或者说被一些领导人和政党无序使用的时期，显得很珍贵。很多后发展国家的政党和领导人为了争取民众，或者实行过于民粹和民主的政策，或者实行民粹的和集权的治国方式，都阻碍了经济和社会的发展。

第四，新加坡人民行动党不断推进的政治改革和宪政建设为法治社会的构建提供了保障。尽管人民行动党政府是在保证自己一党长期执政的前提下进行宪政建设的，但这不意味它不发展民主政治，相反，它为了保持自己的合法性，会适时地主动而渐进地推进国家的民主化，只不过新加坡的民主化始终是在人民行动党的理性化的主导下推进的。

法治必须在一定的政治制度中孕育成长，而人民行动党所设计的政治架构和不断推进的政治改革有利于保持执政党的合法性，这是其能够建成法治社会的重要原因。按照经典的西方政治学的理论，法治社会只有在多元民主政体下才能建设成功。从理论上讲，要从根本上消除凌驾于其他权

① 游润恬：《李显龙总理 10 月 3 日在新加坡国立大学的演讲》，联合早报网，http://www.zaobao.com/，2014 年 10 月 4 日。

力之上的权力，就必须依靠多元体制来实现权力的制衡，这并没有错，在一些民主国家也得到了证实。但这一理论在政治哲学上是依靠制度对“恶”的制约，在现实中是把领导者当作权力的无限扩张者来看待的，而民众在对权力的制约方面无所作为。然而从世界范围来看，当代政治的发展已经使长期执政的政党及其执政者不可能不受到社会或民众的监督，包括在威权主义和一党长期执政的国家中，不但非制度化的监督越来越有效，而且制度化的监督也被建立起来。尤其重要的是，执政者的改革意识和民主意识也越来越强烈，主动推进民主和法制建设，这与过去有很大的不同①。因此，在现代一元体制下权力制衡和法治建设也有很大发展的空间。

绝对意义上的权力制衡是不存在的，它只是人们对权力制约的一种理想，即使是在西方多元体制中，权力制衡也是不完全的，尤其是这种权力制衡的程度和效率经常表现出矛盾的一面，过度的权力制衡会损害执政效率包括法律运作的效率。同时，在一元的政治体制中也可以把制衡机制发展到很高的程度，也可以在很大程度上处理好制衡与效率的关系。由此看来，无论是多元化的政治体制还是一元化的政治体制，在现代政治发展中都可能发展出有效的制衡机制，建立有效的法律体制。应该说新加坡较好地处理好了这两者的关系，建成了一个高度法制化的社会，同时建立了高度法制化和高效的政府体制。

实际上，这里所提到的一元体制和多元体制，或一党长期执政的体制和政党轮流执政的体制，是一种类型学，而在现实中，两者之间没有绝对的界限。一元体制要想建立起完善的监督机制和法律制度，就要在体制内发展出一定的多元性或民主，而多元体制要想保证其运作的效率，就要在体制内给政府或法律系统一定的独立的不受约束的权力。所以，在一元体制内法治社会的发展一定是伴随着一定程度的民主化进程而推进的，因为这意味着立法和司法体制一定要有相当的独立性，意味着任何人和政党都不能再超越于法律之上并受到法律的监督和约束，尤其是政府对于法律的干预要大大减少。新加坡的执政党和政府领导人对立法和司法的干预是逐步减少的。20 世纪 60—20 世纪 70 年代政府可以直接动用警察和内务部队拘捕反对派人士，20 世纪 80—20 世纪 90 年代这种情况基本不再发生了，执政党的特权表现在大选后其领袖总是把反对党的个别领袖告上法庭，致

① 〔美〕塞缪尔 · P. 亨廷顿：《第三波——20 世纪后期的民主化浪潮》，上海三联书店，1998，第 202—203 页。

使其或者被罚得倾家荡产，或者被迫流亡海外。但无论是运用警察拘捕还是通过法庭打压反对派，其趋势是在逐渐弱化的，尤其是在21世纪以来，已经没有在大选后与反对党对质公堂的情况了，而反对党无论是在国会中还是选区中，与执政党和政府合作的情况也越来越多。从新加坡政府自身的情况来看，现在不但没有人可以公开地干预法律的执行，不存在官官相护的情况，而且对权力的监督已经迫使所有官员包括领导人在内都必须在法律的边界内谨慎行事。从现今的立法过程来看，国会辩论已经非常透明，所有立法和重要法规的制定都要经过充分的辩论，这已经成为立法的主要程序。在辩论重要问题时，新加坡的领导人和部长们经常坐在旁听席上倾听议员们的发言。执政党议员和反对党议员都可能对政府的政策进行批评，不会受到干预。辩论时也允许旁听，媒体可以进行全程跟踪报道，并及时反映民众对政府提出的方案和辩论各方的意见和态度，从而使民意极大地影响着立法的结果。这是立法相对独立和民主的重要表现。在这种相对民主和开放的政治氛围中，在法治观念已经深入人心的情况下，很少有官员敢于干预法律。

四　结论

对于后发展国家而言，在民族独立后难能可贵的是尽快地把国家的发展战略转移到现代化建设方面，与此相适应国家领导层要树立明确的现代化意识和现代法治意识，对现代法治建设的规律和重要性要有足够的认识。同时，随着政治发展并根据国情构建适于法治建设的政治生态，处理好政治稳定和政治发展以及现代法治建设的关系。在基本完成了由革命党向执政党的转型或民主政治有所发展的时期，法治建设能否成功已经主要不再是理论的说教，而主要是一个实践问题了，主要是政府是否能够持之以恒地强有力地推动法治建设，尤其是要让社会各个群体和各个阶层以至全体人民共同参与来构建法治社会。

麻烦的半总统制：乌克兰总统与议会的关系

古莉亚*

内容摘要：总统与议会是乌克兰宪政框架的两个核心构成要素。自1996年宪法颁布以来，乌克兰政治体制在半总统制的两个亚类型之间摇摆，总统与议会的关系几经变迁，始终未能制度化。而且，总统与议会围绕政府任免、立法和宪政改革的方向，矛盾冲突不断。总统与议会之间不稳定且持续冲突的关系，对乌克兰政治制度的顺畅运作和国家的有效治理造成了极为不利的影响。

关键词：半总统制　乌克兰总统　议会

2013年底，乌克兰爆发了十年里的第二次大规模政治动荡。危机尚未完全结束，学界已经开始针对其成因进行探讨。不少学者认为，政治制度存在的问题是乌克兰危机爆发的原因之一。①

总统与议会是乌克兰宪政结构的核心构成要素，两者之间的关系对政治制度的运作和国家治理状况具有直接且重要的影响。本文试图考察1996年确立半总统制之后乌克兰总统与议会的关系。第一部分介绍半总统制的概念和相关理论；第二部分分析乌克兰总统与议会关系的宪法框架；第三部分展现政治实践中两者关系的演变；第四部分总结本文的主要发现。本

---

* 古莉亚，山东大学（威海）法学院讲师，主要研究方向为欧洲政治。

① 冯绍雷：《解读基辅之乱》，《东方早报》2014年2月24日；萧瀚：《乌克兰血火启示录》，2014年2月26日，共识网，http://www.21ccom.net/articles/qqsw/qyyj/article_20140226101285.html。

文的研究表明，1996 年以来，多种因素导致乌克兰总统与议会难以形成稳固的相互关系，双方矛盾冲突不断，对该国的政治稳定和经济社会发展造成极为不利的影响。

一

两次世界大战之间的魏玛德国是半总统制最早的历史原型，“半总统制”这一术语的出现则是以法兰西第五共和国的政治体制为背景。1959 年，一位法国记者首先使用“半总统制”一词。1980 年，法国政治学家莫里斯·迪维尔热（Maurice Duverger）第一次对其从理论上予以定义，将之视为不同于总统制与议会制的一种独立和特别的政府形式。迪维尔热认为，半总统制包括三个特征：总统由普选产生；总统拥有可观的权力；除总统外，存在着总理与内阁部长，他们掌握行政权，议会可以通过不信任案迫使他们解职。由于“可观的权力”难以界定，罗伯特·埃尔吉（Robert Elgie）遂将半总统制的定义修改为“大众选举产生的固定任期的总统与对议会负责的政府并存的政治体制”。[①] 无论是根据迪维尔热还是埃尔吉的定义，乌克兰 1996 年宪法建立的体制均属于半总统制。

实际上，除了土库曼斯坦、爱沙尼亚和拉脱维亚之外，苏联加盟共和国独立之后都选择了半总统制。学者们通常将苏联地区流行半总统制归因于共产主义时期国家的运作分为战略和管理两部分这一传统。[②]

作为总统制与议会制妥协的产物，半总统制赋予总统、总理和议会在权力分配上一定程度的灵活性和空间，但也造成了同属这一类型的国家无论是正式宪法规定还是实际政治行为方面都存在着广泛的多样性。因此，对半总统制进行更细致的区分非常必要。其中，马修·舒加特（Matthew Shugart）和约翰·凯里（John Carey）于 1992 年提出的分类得到广泛使用，他们将半总统制划分为总理总统制（premier-presidential system，也译作议会总理制）与总统议会制（president-parliamentary system）两种亚类型。在总理总统制下，政府只对议会多数负责；在总统议会制下，政府对总统与议

---

① 关于半总统制概念的演变，见 Robert Elgie ed.，*Semi-Presidentialism in Europe*，Oxford：Oxford University Press，1999。

② Kimitake Matsuzato，“Semi - Presidentialism in Ukraine：Institutionalist Centrism in Rampant Clan Politics，” *Demokratizatsiya* 13（1）（2005）：48 - 49.

会双重负责。[1] 根据这一区分，1996 年到 2004 年以及 2010 年到 2014 年期间，乌克兰属于总统议会制；2004 年到 2010 年和 2014 年 2 月至今，乌克兰属于总理总统制。

一般认为，从行政机构与立法机构关系的稳定性来看，议会制优于总统制，总统制优于半总统制。在半总统制的两种亚类型中，总理总统制优于总统议会制。

议会制下的政府由议会多数产生，政府提出的法案绝大部分能够顺利得到通过，两者关系较融洽。总统制下，政府对总统负责，总统与议会在政府任免权上的冲突并不多见。但是，当总统与议会多数不一致时，立法上的府院之争比较激烈。

半总统制下总统与议会的关系在立法方面与总统制类似，取决于议会多数的性质。与议会制和总统制相比，半总统制的突出特征在于总统与议会更容易就政府的任免权发生矛盾。在总统议会制下，由于政府同时向总统与议会负责，如果总统与议会多数的立场不一致，政府的双重忠诚必将导致冲突与僵局。在总理总统制下，政府只对议会负责，从而消除了导致总统与议会斗争的大部分诱因；不过，由于总统拥有通过解散议会间接迫使政府辞职的权力，围绕政府任免权发生激烈冲突的可能性仍然存在。

可以说，半总统制本身蕴含着易于引发总统与议会冲突的因素。而在采用半总统制的各个国家，由于体制设计的区别和政治过程中其他因素的影响，两者间关系还存在着一定程度的差异。因此，要了解乌克兰总统与议会的关系，必须考察乌克兰宪法的相关规定及制度运行的实际状况。

二

总统与议会的相互关系是以宪法条文为依据的。独立以来，乌克兰出现了两个版本的宪法：1996 年宪法（2010 年恢复），2004 年宪法（2014 年恢复）。这两部宪法分别建立了总统议会制和总理总统制，它们对乌克兰总统与议会的权力做出了以下规定。

首先，从政府的任免权来看，与其他半总统制国家相比，乌克兰宪法建立的宪政体制较为分散，总统与议会拥有更加对称的权力。根据 1996 年

---

① Matthew Shugart and John Carey, *Presidents and Assemblies: Constitutional Design and Electoral Dynamics*, Cambridge: Cambridge University Press, 1992.

宪法，政府的任免权主要由总统掌控，总理及内阁其他成员由总统提名，总统可以解散内阁。但是，议会拥有对提名的批准权，并且可以通过不信任案推翻政府。2004 年宪法削弱了总统的权力，加强了议会的权力。总统必须根据议会多数联盟或多数党的建议提名唯一一位总理候选人；在内阁成员当中，总统只保留了对外交部长与国防部长的提名权，其他成员皆由总理提名。2004 年宪法剥夺了总统直接解散内阁的权力，但是作为补偿，加强了总统解散议会的权力。1996 年《宪法》当中，总统只可以在一种情形下解散议会：当议会全体会议在一次例会的三十天期间内不能召开时。而 2004 年宪法增加了总统可以提前解散议会的另两种情形：议会未能在一个月内成功组建议会多数联盟，或在内阁辞职后六十天内未能组成内阁。

第二，为了保证议会对政府的有效控制，在议会内部组织方面，2004 年宪法引入了一些新的规定。在新一届议会产生的 30 天内，乌克兰议会应当形成包括多数议员的执政联盟。议会的任期从 4 年延长至 5 年。2004 年宪法还增加了一项相当有争议的条款，规定通过某一政党候选人名单进入议会的议员必须加入竞选时所属的议会党团，否则将被剥夺议员资格，这项条款旨在帮助议会政党结构保持稳定。

第三，在立法方面，乌克兰总统享有立法倡议权和否决权。总统制定的法律法案由议会优先审议。议会通过的法案需由总统在十五日内签署，某项法案如果被总统否决，议会需以法定人数 2/3 以上多数推翻总统否决，随后，总统必须在十日内签署和正式颁布该法律。2004 年宪法引入了有利于议会的另外两项条款：如果总统没有在宪法规定的时限内签署某项法律，该法律由议会主席签字并立刻正式颁布施行；对于议会通过的宪法修正案，总统没有否决权。

第四，两部宪法关于议会对总统的弹劾权的规定没有发生变化。经过专门调查委员会调查，在议会以 2/3 以上法定人数通过总统有罪的决定，并由宪法法院确定程序合宪之后，议会可以弹劾总统。①

1996 年《宪法》和 2004 年《宪法》对乌克兰总统和议会的权力做出了不同倾向的规定。在政治制度的实际运行当中，除以《宪法》规定的框架

① 1996 年和 2004 年宪法官方乌克兰语版见乌克兰议会网站，http://zakon. rada. gov. ua. 英文版：http://www. venice. coe. int/webforms/documents/? pdf = CDL （2005） 036 – e。于洪君：《乌克兰宪法》，《外国法译评》1997 年第 1 期。

为基础外，总统与议会之间的关系还要受到是否存在稳定的议会多数、政党体系的制度化程度、领导人的性格与偏好等因素的影响。

三

独立初期，乌克兰总统与议会“经常存在超乎寻常规模的矛盾和斗争”。[①] 1996 年宪法的制定和 2004 年宪法的修订曾两度让人们看到两者关系稳定化的希望。然而，在政治实践当中，乌克兰总统与议会的关系始终未能找到恰当的平衡点。

（一）1996 年至 2004 年：库奇马时代

库奇马时代，政党体系的分裂以及政治庇护主义的存在，导致乌克兰议会难以建立稳定的多数。在与议会就政府任免权展开的斗争中，库奇马大部分时候是胜利者。一方面，分裂的议会面临着集体行动的困境，难以使用通过不信任案推翻政府的权力，政府的解职权成为库奇马保证自身地位的工具。1996 到 2004 年，乌克兰政府频繁更迭，共产生了 7 任总理及内阁。总理成为总统的挡箭牌，库奇马通过将总理解职来缓解民众对乌克兰经济发展缓慢和政治腐败低效的不满。解职也是消除未来威胁的手段。1997 年，库奇马解除拉扎连科的总理职务，防止这位表现优秀的政治家得到公众更广泛的认可，成为自己在总统竞选道路上的对手。[②] 另一方面，在政府的任命上，通过恐吓反对者、使用职位或金钱贿赂等手段，库奇马获得了议会对 6 任总理提名的批准。议会只对 1999 年的总理任命产生了实质性影响。1999 年 12 月，库奇马提名普斯托沃伊坚科为总理，未能得到议会支持。考虑到议会的态度，同时为了解决乌克兰当时面临的外债清算与重组问题，库奇马转而提名时任国家银行行长的尤先科为总理候选人，随后得到议会批准。

分裂的议会也为总统提供了在关键法案上构建临时多数的机会。但是，总的来看，除尤先科任总理的短暂时期外，政府将提议转换为立法的比例呈逐年下降趋势，表明以总统为主导的行政机构与议会之间的合作并不顺

① 马贵友：《乌克兰政局：想要稳定不容易》，《东欧中亚研究》1998 年第 5 期。

② Thomas Sedelius, “Towards Presidential Rule in Ukraine: Hybrid Regime Dynamics under Semi-Presidentialism,” *Baltic Journal of Law & Politics* 5 (1) (2012): 40

畅。特别是在涉及议会整体制度利益的内阁法制定过程中，总统与议会爆发了最为激烈的斗争。议会 9 次投票通过有利于加强议会对内阁控制权的法案，总统连续 9 次否决。虽然议员们无力构建三分之二以上的多数推翻总统否决，但总统提出的修改建议也无法获得多数议员的支持，内阁法的制定以失败而告终。[①]

在这 8 年里，唯一获得较为稳定的议会多数支持的总理是尤先科。1999 年底，一共拥有约 240 名议员的右翼和中间政党组成支持尤先科政府的多数政党联盟。然而，这一局面持续的时间并不长。2001 年 4 月，库奇马成功说服中间政党和无党派人士脱离议会多数联盟，他们与在尤先科经济改革中利益受损的左翼议员联合起来通过了对政府的不信任案。[②] 2001 年 5 月，尤先科向总统辞职。

除了就政府任免和立法进行斗争外，总统与议会双方还围绕宪法改革的方向争论不休。议会中的左翼政党一直对 1996 年宪法不满，要求加强议会的权力。库奇马则一贯坚持总统权力应当进一步增强。2002 年夏，库奇马再次提议进行宪法改革，然而，这次他却要求加强议会权力。2004 年 4 月，议会就此进行投票，最终以 6 票之差未能通过。橙色革命爆发后，作为重新进行总统选举第二轮的交换条件，反库奇马派别接受了总统的提议。12 月 8 日，乌克兰议会以压倒性多数通过宪法修正案，将乌克兰的宪政体制从半总统制下的总统议会制调整为总理总统制。

（二）2004 年至 2010 年：尤先科时代

2004 年 12 月 26 日，尤先科获得乌克兰总统大选的胜利。由于宪法修正案到 2006 年才能生效，尤先科还有一年的时间在总统议会制下行使总统权力。然而，尤先科没有顺利地将他掌握的总统大权转换为实际影响。总统与总理季莫申科的联合只维持了 7 个多月，尤先科在推动议会立法上也不成功，甚至无法保证他所领导的“我们的乌克兰”的议员投票支持总统提出的法案。[③]

---

① Oleh Protsyk, “Troubled Semi – Presidentialism: Stability of the Constitutional System and Cabinet in Ukraine,” *Europe-Asia Studies* 55 (7) (2003): 1088.

② Kimitake Matsuzato, “Semi – Presidentialism in Ukraine: Institutionalist Centrism in Rampant Clan Politics,” *Demokratizatsiya* 13 (1) (2005): 58 – 59.

③ Paul D’Anieri, “What Has Changed in Ukrainian Politics? Assessing the Implications of the Orange Revolution,” *Problems of Post-Communism* 52 (5) (2005): 84.

2006年1月1日，乌克兰的宪政框架转变为总理总统制。人们普遍期待新体制下总统与议会能够形成稳定的合作关系，随后四年的政治实践却意味着这一期待落空。

在2006年3月进行的议会选举中，由于所有政党均未获得半数以上席位，各政党必须联合组成执政联盟。利益分配和政见分歧导致政党之间的协商困难重重。直到7月，亚努科维奇领导的议会第一大党地区党与社会党、共产党才结成“议会反危机联盟”，形成议会多数，并推举亚努科维奇为总理。10月4日，“我们的乌克兰”决定加入议会反对派。分属不同阵营的总理与总统很快发生冲突。2006年12月1日，在议会多数的支持下，亚努科维奇解除了外交部长塔拉修克的职务。12月5日，尤先科签署命令，要求塔拉修克继续履行外长职责。总统与议会对抗了近两个月后，2007年1月30日，塔拉修克最终辞职。

在其他方面，议会与总统也难以达成共识。整个2006年，因为得不到议会的多数支持，尤先科无法将竞选时的改革承诺转换为法律。与此同时，亚努科维奇的地位却不断增强。2007年1月，乌克兰议会正式通过独立以来的首部内阁法，该法进一步削弱了总统的权力。3月，社会党11名议员宣布以个人名义加入多数派阵营，至此，“反危机联盟”议员人数达到260名。面对亚努科维奇力量的上升，4月2日，尤先科以议员脱离本党加入其他政党的做法违背宪法为由，宣布解散议会。亚努科维奇及其领导的议会多数派表示不接受总统的决定，双方的支持者走上街头进行抗议，局势陷入动荡。5月底，双方达成妥协，同意提前进行议会选举，以解决宪法危机。

9月30日选举结束后，经过新一轮联合谈判，季莫申科联盟与尤先科领导的“我们的乌克兰”达成协议，组成议会微弱多数，季莫申科再次出任总理。然而，格鲁吉亚问题上的不同立场以及总统与总理的个人权力斗争，导致执政联盟十分脆弱。2008年9月，季莫申科联盟与反对党地区党在议会投票中携手，通过法律限制总统权力、增加总理权力，“我们的乌克兰”随即宣布退出执政联盟。10月8日，尤先科宣布解散议会并提前举行议会选举。季莫申科表示议会不接受这一决定，乌克兰再次陷入宪政危机。直到2008年12月初，危机才以原执政联盟再次组成而结束。

根据其他国家的经验，有两种方式可以保证总理总统制顺利运行：总统只承担象征性的职责，将行政部门的领导权交给总理，这是冰岛、奥地利和保加利亚的做法；或者总统获得议会多数的支持，成为政府的（非正式）领导人，总理只是总统的助手，这是法国方式。[①] 而尤先科既不愿意放弃对政府的领导权，又无法在议会中建立支持总统的稳定多数，导致在总理总统制下，乌克兰总统与议会屡次发生激烈斗争。

（三）2010 年至 2014 年 2 月：亚努科维奇时代

2010 年 2 月 14 日，亚努科维奇成为乌克兰新一任总统。此后直到 2014 年 2 月出逃，由于总统在绝大部分时间里得到以他领导的议会第一大党地区党为核心的议会多数联盟的支持，再加上恢复总统议会制之后再度拥有强大的总统权力，亚努科维奇比其前任能够更有效地掌控政府和影响议会。

亚努科维奇当选之后，议会各党派力量重新分化组合，原执政联盟迅速解体。3 月 10 日，地区党、利特温联盟、共产党与一些独立议员组成新的议会多数联盟。11 日，亚努科维奇提名地区党另一位领导人阿扎罗夫为总理，得到议会批准。同时，议会也批准了总理提名的内阁其他成员。在这届内阁当中，除总理是总统多年的政治伙伴外，副总理阿布佐夫和克柳伊夫是以亚努科维奇为中心的内部集团的成员，能源部部长斯塔维斯基则与总统关系紧密。

2010 年 10 月 1 日，乌克兰宪法法院裁定 2004 年宪法修正案违法，乌克兰回到 1996 年宪法规定的总统议会制，总统在任免政府方面获得更大的权力。2012 年 10 月议会选举结束之后，亚努科维奇重新任命总理及内阁成员。对于亚努科维奇来说，任命权既是用来控制各个重要政治集团的工具，也是维系总统内部集团团结的纽带。因此，阿扎罗夫总理的新一届内阁成员主要来自两个集团：亚努科维奇家族，包括负责经济事务的副总理、财政部部长、内政部部长、能源部部长；寡头政治集团，经济部长听命于乌克兰首富阿克梅托夫，管理天然气事务的副部长则属于另一寡头费塔什的集团。[②]

在立法方面，由于议会内的反对派无法形成反对总统的多数，总统提出的一些争议较大的法案得以通过。然而，在议会内外，总统面临着反对派的强烈抗争。2010 年 4 月 27 日，乌克兰议会以 236 票批准了关于将俄罗斯黑海舰队在乌境内驻扎期限延长至 2042 年的协议。在议会讨论表决过程

---

① Thomas Sedelius, "Towards Presidential Rule in Ukraine: Hybrid Regime Dynamics under Semi-Presidentialism," *Baltic Journal of Law & Politics* 5 (1) (2012): 38.

② 张弘：《波罗申科时代的乌克兰：新总统 vs 老难题》，2014 年 6 月，中国俄欧亚研究网，http://euroasia.cass.cn/news/746357.htm。

中，有人向议长投掷鸡蛋，反对派与支持总统的议员一度发生肢体摩擦。在议会外，反对派的数千名支持者们集会抗议。此后，类似的冲突一再上演。

总的来看，亚努科维奇比尤先科在加强和行使总统权力上更加成功。然而，正是凭借强大的总统权力，亚努科维奇逐渐使自己的家族占据了国家的政治中枢，大肆获取经济利益，引起民众的广泛不满。在对外政策上，总统的亲俄立场虽然转化为一系列法律文件，但是与亲欧派的反对党及民众的冲突日趋激烈。2013 年 11 月，亚努科维奇突然宣布中断与欧盟的联系国协定签署进程，引发大规模民众抗议。2014 年 1 月，“亚努科维奇下台”成了团结所有示威者的口号，总统众叛亲离。2 月 21 日，议会通过法律恢复 2004 年宪法修正案，乌克兰又回到了总理总统制。

（四）2014 年 5 月至今

2014 年 2 月 22 日，议会解除亚努科维奇的总统职务，决定提前举行总统大选。5 月，波罗申科当选为乌克兰总统。基于总理总统制框架，2 月 27 日上任并仍然得到议会多数支持的亚采纽克政府留任。然而，总统与总理及议会的关系并不融洽。以祖国党领导人身份出任总理的亚采纽克被看作是季莫申科的代言人，而季莫申科正是波罗申科当时的主要政治对手。至于议会，波罗申科认为，当前的议会在过去的一年半时间内充当了前总统亚努科维奇的“支柱”。[①] 因此，解散议会成为总统的最佳选择。8 月 26 日，总统波罗申科宣布解散议会。在 11 月的议会选举中，以乌克兰总理亚采纽克为首的“人民阵线”，以 22.14% 的选票获得了这次选举的胜利。乌克兰总统领导的“波罗申科集团”获得 21.18% 的选票退居第二位。不过由于波罗申科联盟凭借在多数派选区获得大胜，成为议会第一大党。

经过议会各党派的谈判，组成了乌克兰新一届政府。其中，总理、国防部部长、外交部部长、内务部部长和司法部部长等关键职务人选仍来自上届政府。顺利连任的总理亚采纽克此时已经成功摆脱季莫申科的影响，作为一位独立、富有经验的政治活动家，他与波罗申科总统有着反俄、亲西方的共同态度。然而，双方在对俄罗斯及国内反对派采取温和还是强硬措施、更亲美还是更注重与欧洲保持紧密联系等立场上依然存在的差异，以及两人围绕权力而展开的竞争，为乌克兰政局带来变数。

---

① 陆振华：《乌克兰议会再洗牌》，《21 世纪经济报道》2014 年 8 月 27 日。

四

从以上对乌克兰总统与议会关系的宪法框架和政治实践的分析，可以看出，自1996年宪法颁布以来，乌克兰总统与议会之间的关系难以稳定化和制度化，始终以冲突为主旋律。而且，与理论预测不一致，在总理总统制下，尤先科总统与议会间的斗争比总统议会制时代更为激烈和频繁，政治危机不断发生。大体而言，导致以上现象出现的原因有以下三点。

（一）掌握权力的政治家出于自利动机违背或肆意改变政治体系的游戏规则

处于何种职位和环境决定了乌克兰政治家对于宪法的态度：总统希望拥有一个强大的总统职位，总理希望出现一个强大的议会，但是一旦成为总统，前任总理就会改变他的立场。2002年，尤先科的名望迅速上升，得到大量民众的支持，被舆论认为是最有希望赢得下一届总统大选的政治家。于是，库奇马的态度发生戏剧化转变，从一贯要求增加总统权限转而提议削弱总统权力。[①] 同样，担任总理时，尤先科和亚努科维奇是议会总统制的坚定拥护者。一旦他们成为总统，就转而支持总统议会制。

既定的宪法规则往往得不到政治家的切实遵守。尤先科担任总统期间，一直没有按照总理总统制的宪政框架对总统的行为做出调整。2014年2月，乌克兰议会则以“非常时期”为理由，未根据宪法规定的弹劾程序就将亚努科维奇总统解职。甚至乌克兰宪法的三次修订都是在匆忙间完成，没有完全遵守宪法程序，只是为了符合特定政治人物的需要：2004年的宪法修正案没有听取宪法法院的意见；2010年宪法法院废除修正案时未经议会投票；2014年，在宪法法院做出结论之前，议会就决定恢复2004年修正案。

在缺乏对宪法规则的尊重与敬畏的情况下，总统与议会的稳定合作成为乌克兰政治家追逐自身利益的牺牲品。

（二）不成熟的政党体系带来的负面作用

高程度的分裂和组织上的不稳定是乌克兰政党体系的特征。乌克兰政

① Oleh Protsyk, “Troubled Semi－Presidentialism：Stability of the Constitutional System and Cabinet in Ukraine,” *Europe-Asia Studies* 55（7）（2003）：1087.

党存在着明显的个人化倾向。季莫申科联盟、祖国党、利特温联盟、我们的乌克兰、打击党、波罗申科联盟等乌克兰主要政党都是以领袖的个人威望为基础形成和发展的。个人化的政党没有稳定的主张与纲领，往往因一时一事决定自己的立场。

庇护主义也对政党体系的制度化产生了负面影响。乌克兰政党的纪律较差，党的领导者难以有效控制本党议员如何投票。总统为了保证在关键提案上得到议会的通过，往往利用手中的资源，通过收买或恐吓的方式，煽动反对党议员背叛，形成支持自己的临时议会多数。乌克兰的寡头们则控制着议会中近五分之一的议员。这些议员或为独立议员，或时而改换门庭，他们听命于寡头，随时可以转换自己的立场。

此外，选举制度存在的缺陷、总统议会制下议会不拥有组阁权等因素，也是导致乌克兰政党体系发展不成熟的原因。分裂的政党体系使乌克兰议会难以形成稳定多数，总统与议会的关系随着政党的频繁分化组合而不断发生变化，无法形成稳固的合作关系。

（三）乌克兰独特的政治文化的影响

与大革命后的法国类似，乌克兰的政治文化夹杂着两种不同的情结：对强权人物的渴求和对议会民主的认同。2004 年的橙色革命和 2013 年底开始的大规模民众抗议，显示出乌克兰民众对专制总统的强烈不满。与此同时，又有许多乌克兰人认为，乌克兰需要有统一的意志、坚强的政府行为能力和严明的法令。尤其是尤先科时代频繁的政治斗争使人们感到厌倦，他们期待出现能够引领国家摆脱困境的强势总统。[①] 总统议会制和总理总统制在政治文化中都可以得到支持，这是导致乌克兰宪政框架屡次发生变化、总统与议会关系无法稳固的深层次原因。

东西部间的区域差异是乌克兰政治文化的又一特征。东部居民讲俄语者较多，多信奉东正教，更加认同于保守主义；西部居民讲乌克兰语者较多，多信奉天主教，较为认同自由主义。东西部传统的历史、语言与文化分裂进一步被选举斗争和历任总统采取的政策强化，成为乌克兰各政党之间、总统与议会之间爆发冲突的重要根源。[②]

---

① 何卫：《2009 年乌克兰总统大选述评》，吴恩远主编《俄罗斯东欧中亚国家发展报告》（2010），社会科学文献出版社，2010，第 183 页。

② 张弘：《政党政治与政治稳定——乌克兰案例研究》，《俄罗斯中亚东欧研究》2013 年第 1 期。

乌克兰独立后的两部宪法没有能够带来稳定的制度间关系，总统与议会的不断斗争造成连续的政治动荡。目前，乌克兰已经恢复2004年宪法确立的总理总统制。在尤先科时代，这一体制的运行状况不尽如人意。对半总统制的理论分析大多认为总理总统制优于总统议会制：不仅在总理总统制下总统与总理及议会发生冲突的可能性较小，而且这一类型更有利于政党体系的制度化和民主的巩固。[①] 对于乌克兰来说，总统波罗申科与新一届议会能否避免重蹈覆辙，明确各自在总理总统制下的定位并建立良好的合作关系，将是解决当前危机、保证国家政治稳定和推进各领域改革的关键。

---

① Oleg Zaznaev, "Understanding Semi - Presidentialism in Political Science: A Review of the Latest Debate," *World Applied Sciences Journal* 30 (2) 2014: 196.

编后记

中国人民大学国际关系学院政治学系于2014年12月6—7日举办了“人大政治学论坛2014暨代表制与国家治理——纪念人民代表大会制度建立60周年”学术研讨会，在一个新的起点上从历史、理论、个案、比较等多方面研讨了人民代表大会制度和国家治理的相关议题。本论文集选取的18篇会议论文，从不同的侧面和维度深入探讨了代表制对国家治理的重要意义。

本论文集的编选和出版得到了各位作者的鼎力支持；进入出版流程后，中国人民大学国际关系学院的领导和相关同事从多方面给予了热情关心和帮助，政治学专业博士生黄晨同学和周思勤同学承担了非常烦琐细致的事务性工作；社会科学文献出版社的领导和编辑同人也付出了辛勤劳动。在此一并致谢！

编者

2017年6月于北京

图书在版编目(CIP)数据

代表制与国家治理 / 王续添主编. -- 北京 : 社会科学文献出版社, 2018.2

ISBN 978 - 7 - 5201 - 1237 - 6

Ⅰ.①代… Ⅱ.①王… Ⅲ.①人民代表大会制 - 研究 - 中国 Ⅳ.①D621

中国版本图书馆 CIP 数据核字 (2017) 第 203597 号

代表制与国家治理

主　　编 / 王续添
副 主 编 / 张广生　孙　龙

出 版 人 / 谢寿光
项目统筹 / 宋浩敏
责任编辑 / 宋浩敏

出　　版 / 社会科学文献出版社 · 独立编辑工作室 (010) 59367150
地址: 北京市北三环中路甲 29 号院华龙大厦　邮编: 100029
网址: www.ssap.com.cn
发　　行 / 市场营销中心 (010) 59367081　59367018
印　　装 / 北京季蜂印刷有限公司

规　　格 / 开　本: 787mm × 1092mm　1/16
印　张: 19.25　字　数: 322 千字
版　　次 / 2018 年 2 月第 1 版　2018 年 2 月第 1 次印刷
书　　号 / ISBN 978 - 7 - 5201 - 1237 - 6
定　　价 / 89.00 元

本书如有印装质量问题, 请与读者服务中心 (010 - 59367028) 联系